Brian Draper

Spirituelle Intelligenz – Wege zum sinnerfüllt

Brian Draper

Spirituelle Intelligenz –

Wege zum sinnerfüllten Leben

Aus dem Englischen von Maren Klostermann

Präsenz

Englische Originalausgabe:
Spiritual Intelligence. A new way of being
© 2009 Brian Draper
Lion Hudson, Oxford, England

Für Mercy,
meine Tochter und Freundin

Bibliografische Information der Deutschen Bibliothek

Die Deutsche Bibliothek verzeichnet diese Publikation in der
Deutschen Nationalbibliografie; detaillierte bibliografische Daten
sind im Internet über http://dnb.ddb.de abrufbar.

© 2010 Präsenz Kunst & Buch
Gnadenthal, 65597 Hünfelden

Umschlaggestaltung: Schupmann + Partner, Mainz
Druck: CPI-Ebner & Spiegel GmbH, Ulm

ISBN: 978-3-87630-098-6

www.praesenz-verlag.de

Inhalt

Dank

Seit einigen Jahren arbeite ich in enger wechselseitiger Verbundenheit mit den Menschen bei MCA, einer Unternehmensberatung in Winchester; wir sind bestrebt, ein Modell für eine neue Seinsweise im privaten und öffentlichen Sektor zu entwickeln. Wir versuchen, ganz normalen Menschen zu helfen, ihre spirituelle Intelligenz und dadurch ihr einzigartiges Potenzial zu entfalten. Einige Ideen in diesem Buch haben sich aus unseren gemeinsamen Erfahrungen bei dieser Arbeit ergeben – aus den Gesprächen, den Momenten der Klarheit, den Meetings und Workshops, den geteilten Niederlagen, Erfolgen und Epiphanien.

Ich danke Alison für ihre Energie und Ermutigung, Nick für seine beruhigende Präsenz, Sarah für ihr revolutionäres Herz, für ihre Geduld und Liebenswürdigkeit, Andrew für wertvolle kreative Durchbrüche und spirituelle Begleitung, Ellen für ihr Talent, mich über mich selbst lachen zu lassen, und Michael, den Gott in die Welt gesetzt hat, um seine ganze Pracht zu zeigen.

Die Idee für die Icons kam mir, als ich am London Institute for Contemporary Christianity tätig war. Ich danke Mark Greene, der mir die Möglichkeit gab, die Idee auf eigene Faust weiterzuverfolgen. Dank auch an alle anderen dort tätigen Mitarbeiter für ihre anhaltende Freundschaft, Unterstützung und Ermutigung.

Ein herzliches Dankeschön auch an James Evans für seine einfühlsame Unterstützung, für seinen Mut und seine Inspiration bei dem Bemühen, die jungen Menschen, denen er sich widmet, wieder aufzubauen und ihnen neue Hoffnung zu geben. Sein Lebenswerk erzählt weit mehr über spirituelle Intelligenz, als ich es mit meinem Buch vermag.

Zu großem Dank verpflichtet bin ich schließlich auch Kats, Eden und Mercy, weil sie meinem Kopf und meinem Herzen den Freiraum ließen, ohne den ein Autor nicht schreiben, ein Denker nicht denken und ein Mensch nicht leben kann.

Einleitung

In unserer Konsumgesellschaft, die auf schnelle Lösungen ausgerichtet ist, sind wir gewohnt, zu bekommen, was wir wollen und wann wir es wollen (auch wenn wir es uns gar nicht leisten können).

Man kann sich sogar einen falschen Universitätsabschluss im Internet kaufen, um sich ein prestigeträchtiges, wenn auch gefälschtes Zeugnis an die Wand zu hängen. Die meisten von uns gehen natürlich nicht ganz so weit! Doch für viele Menschen dreht sich alles mehr oder weniger um den äußeren Schein – wie man ans Ziel kommt, ist nicht so wichtig. Hauptsache, es *sieht so aus*, als hätte man es erreicht.

Ironischerweise können wir mit dieser Einstellung recht weit kommen. Wir entwickeln die notwendigen Fähigkeiten, um zu versierten Selbstdarstellern im „Überlebenskampf" zu werden und uns von der Masse abzuheben, als wäre das Leben ein einziger großer Wettbewerb. Wir sagen uns selbst, dass dies tatsächlich der einzig richtige Weg sei. Das Problem ist, dass wir Experten in der Kunst des Täuschens, nicht der Kunst des Lebens werden – wir machen anderen vor, dass wir zu den Gewinnern gehören und es wirklich weit gebracht haben, und geben uns allmählich selbst dieser Illusion hin.

Wie groß ist dein Haus? Wie schnell fährt dein Auto? Auf welche Schule gehen deine Kinder? *Wow, du hast echt was aus dir gemacht!* Ich muss mich mehr ins Zeug legen, um Schritt zu halten ...

Uns schwillt die Brust vor Stolz, wenn wir sehen, wie andere uns bewundernde Blicke zuwerfen, während wir sie auf der Straße des Lebens überholen – und wir *fangen an, selbst an den Hype zu glauben*. Wir sagen uns, dass wir tatsächlich wichtig und erfolgreich sein müssen (auch wenn wir es tief drinnen nicht wirklich glauben), weil alle anderen uns dafür halten ... und so brechen wir zu einer Reise auf, die verlangt, dass wir halten, was wir versprechen – und so sind, wie die anderen uns sehen. Für den Rest unseres Lebens müssen wir die Illusion um jeden Preis aufrechterhalten, damit man uns ja nicht auf die Schliche kommt.

Das Problem ist, dass wir diesen Weg recht lange beschreiten können, doch irgendwann gelangen wir an einen Punkt, an dem es nicht mehr weitergeht. Wir geraten in eine Sackgasse, ohne unser wahres – grenzenloses – Potenzial je zu verwirklichen. Selbst die Chefs der erfolgreichsten Unternehmen spüren vermutlich, tief in ihrem Innern, dass sie an Grenzen stoßen, wenn sie eine Rolle spielen, den Boss mimen, eine Maske tragen und sich selbst und ihre Mitarbeiter so gnadenlos antreiben, dass sie vergessen, wer sie eigentlich sind.

Am Ende tragen wir die unterschiedlichsten Masken in dem angestrengten Bemühen, anderen zu gefallen, ihre Liebe oder ihren Respekt zu gewinnen und nicht „entlarvt" zu werden ... und so häufen wir immer mehr Schichten an, wie Kalkablagerungen auf einem Kessel, bis wir unser authentisches Selbst und den ursprünglichen Sinn unseres Daseins schließlich vergessen haben.

Was die Frage aufwirft: Wie ist unser authentisches Selbst beschaffen und worin liegt der eigentliche Sinn unseres Daseins?

Innehalten, um nachzudenken

Rufen Sie sich auch manchmal die unbeschwerte Zeit ins Gedächtnis, als Sie so jung waren, dass Sie im Leben noch nichts erreicht hatten, außer zu spielen, Baumhäuser zu bauen, Würmer zu sammeln und Puzzles zusammenzusetzen ...? Wer waren Sie damals?

Halten Sie einen Moment inne und überlegen Sie: Hören Sie auf die Stimme dieses Kindes. Wie klingt sie? Was sagt sie?

Wann haben Sie begonnen, die Schichten in Ihrem Leben

anzuhäufen? Wann hat es angefangen, dass Sie Prüfungen bestanden haben oder daran gescheitert sind? Dass Sie zu einem Bewerbungsgespräch eingeladen wurden oder eine Absage erhielten? Wie haben diese Erfahrungen Sie geprägt? Wissen Sie noch, wie Ihre erste große Liebe Sie erhört oder abgewiesen hat? Welche Gefühle hat das in Ihnen ausgelöst? Durch welche Erfahrungen haben Sie gelernt, Ihr Selbstgefühl entweder zu verteidigen oder es durch Angriffe auf andere zu stärken? Was war der Kern Ihres Wesens, bevor Sie gelernt haben, wie Sie anderen gefallen oder wie Sie sich auf dem Spielplatz behaupten können? Was war der Kern Ihres Wesens, bevor Sie eine Begabung entdeckten, mit der Sie andere Menschen beeindrucken konnten?

Wir vergleichen uns ständig mit anderen, nur um festzustellen, dass wir uns unzulänglich fühlen, weil die anderen etwas haben, das uns fehlt und das wir auch haben wollen. Wir wollen immer mehr. Wir wollen auch so einen Mann oder so eine Frau haben wie unser Nachbar oder so einen hohen Lebensstandard oder so viel Glück im Leben ... Aber warum? Was wollen wir *wirklich*, wenn wir ganz ehrlich sind? Das ist eine der wichtigsten Fragen, die wir uns bewusstmachen sollten, wenn wir erwachen.

Wollen wir erfolgreich sein? Wollen wir im Leben etwas darstellen? Sicher, und das ist ganz natürlich. Doch die Art, wie wir diese Antriebskräfte nutzen und in welche Richtung wir sie lenken, entscheidet am Ende darüber, wer wir wirklich sind.

Im Grunde unseres Herzens streben wir nach mehr, weil wir tief im Innern wissen, dass es mehr geben muss, was unser wahres Selbst ausmacht und was wir mit unserem Leben anfangen können. In unserem Herzen brennt die Sehnsucht, zu erkennen und gleichzeitig zu *erinnern*, wer wir wirklich sind. Es ist der tief empfundene Wunsch, wieder eine Verbindung zum ursprünglichen Grund unseres Seins herzustellen, uns als Teil der

Schöpfung zu begreifen und zu entdecken, was diesen einzigartigen Menschen ausmacht, der die Welt auf seine ganz eigene Weise berührt und unverwechselbare Spuren hinterlässt, den es nur einmal unter sechs Milliarden gibt, der das Leben durch seine einzigartige Iris auf einzigartige Weise wahrnimmt und gestaltet.

Unsere persönliche Geschichte hat ein weit größeres Potenzial, als uns bewusst ist. Sie umfasst so viel mehr als die materiellen Güter, die wir anhäufen, die Anzahl der Nullen auf unserem Gehaltsscheck oder alle anderen Dinge, die uns normalerweise ein Gefühl von Sicherheit geben. Eine gute Geschichte kann man sich weder kaufen noch mit falschen Ausschmückungen verschönern. Sobald man sie ans Licht des Lebens hält, wird klar, dass es nicht um die äußeren Dinge geht, deren Reiz wir so oft erliegen.

Wovon wird die Geschichte handeln, die man bei Ihrer Beerdigung erzählt? Was werden Ihre Arbeitskollegen, Freunde und Angehörigen darüber sagen, wie Sie gelebt und geliebt haben? Sie haben die Chance (*vor* dieser Beerdigung!), eine viel reichere, schönere und bedeutungsvollere Geschichte zu verfassen als das übliche Skript, aber nur wenn Sie den Mut haben, aufzuwachen und sich diese Möglichkeiten bewusstzumachen ebenso wie die harte Tatsache, dass Sie zur Zeit noch schlafen. Und das ist der Punkt, an dem wir unsere Reise beginnen müssen.

Wer sich für diesen Weg entscheidet, findet kein schnelles Standardrezept für eine „spirituelle Seinsweise", kein neues Lifestyle-Produkt für den Massenkonsum. Wie alle wirklich wichtigen Dinge im Leben zeichnet sich das Angebot durch ein subversives Element aus – es kostet kein Geld. Dennoch fordert es einen hohen Preis, nämlich ein ganzes Leben voller Engagement, Leidenschaft, Opferbereitschaft und selbstloser, selbstverschwenderischer Liebe.

Was ist „spirituelle Intelligenz"?

Die Autorin Evelyn Underhill erklärte einmal: „Es gibt keinen speziellen ‚Sinn fürs Mystische', den einige Menschen besitzen und andere nicht. Vielmehr ist es so, dass jeder menschlichen Seele ein bestimmtes latentes Potenzial für Gott innewohnt und dass es sich bei einigen Menschen mit erstaunlichem Reichtum entfaltet."[1]

Wir alle verfügen über spirituelle Intelligenz, weil sie einen Teil unserer Gesamtintelligenz, unseres ganzheitlichen Seins bildet. Doch wir nutzen dieses Potenzial nur selten – entweder weil wir (bestenfalls) der weltlichen Strömung der letzten beiden Jahrhunderte nachgegeben und akzeptiert haben, dass man Spiritualität den Geistlichen in den Kirchen, Synagogen oder Moscheen überlassen sollte, oder (schlimmstenfalls) weil wir glauben, sie spiele in unserer wissenschaftsorientierten, säkularen Welt keinerlei Rolle mehr.

Im Leben der meisten Menschen geht es so hektisch zu, dass sie sich selten die Zeit nehmen, über den Reichtum nachzudenken, der sich in unserem Herzen und in unseren Traditionen verbirgt – ein Reichtum, der uns hilft, zu entdecken, wer wir wirklich sind, und Sinn und Ziel in unserer scheinbar willkürlichen, zersplitterten und alltäglichen Existenz zu finden. Wir können diesen Reichtum nutzen, um die ganzheitliche Verbundenheit wiederherzustellen, nach der sich viele von uns tief in ihrem Innern sehnen – mit der uns umgebenden Welt, mit anderen Menschen, mit uns selbst und mit jener höheren Macht, die oft als Gott bezeichnet wird.

Im Jahr 2000 sprach die in Oxford arbeitende Physikerin, Philosophin und Autorin Danah Zohar zum ersten Mal von „spiritueller Intelligenz", die den zentralen Bestandteil unserer Intelligenz ausmache, weil unsere Werte und Überzeugungen in ihm genährt würden und weil wir mit seiner Hilfe darauf hinwirken könnten, unser kreatives Potenzial zu entfalten. Lange Zeit haben wir uns ausschließlich auf unsere rationale Intelligenz (IQ) konzentriert und sie als wichtigstes Mittel betrachtet, um an uns selbst zu arbeiten und unseren Weg durchs Leben zu finden. Dennoch ist sie nur Teil eines größeren Ganzen. In den neunziger Jahren machte Daniel Golemann den Begriff „emotionale Intelligenz" allgemein bekannt und trug dazu bei, dass Unternehmen und Organisationen inzwischen darüber nachdenken, wie ihre Mitglieder lernen können, besser mit Emotionen umzugehen und erfolgreicher und einfühlsamer mit Kollegen zusammenzuarbeiten. Erst vor kurzem hat Zohar darauf hingewiesen, dass wir auch unsere spirituelle Intelligenz nutzen können, um unserer Arbeit und unserem Leben Sinn und Bedeutung zu verleihen.

„So viele von uns", schreibt sie, „leben mit dem Gefühl schmerzlicher Zersplitterung. Wir sehnen uns nach etwas, das der Dichter T. S. Eliot eine ‚Art tieferer Vereinigung, tieferer Gemeinschaft' genannt hat, doch finden wir dafür in unserem ichbezogenen Selbst oder in den gegebenen Symbolen und Institutionen unserer Kultur nur wenige Ressourcen. Spirituelle Intelligenz beruht auf jenem innersten Teilbereich des Selbst, der mit einer Weisheit jenseits des Ichs oder des bewussten Denkens verbunden ist. Es handelt sich um die Intelligenz, mit deren Hilfe wir nicht nur bereits bestehende Werte erkennen, sondern auch kreativ neue Werte entdecken."[2]

Ich will in diesem Buch nicht versuchen, Zohars Argumente oder Theorien im Einzelnen zu erläutern. Vielmehr möchte ich das Konzept der spirituellen Intelligenz nutzen, um der Frage nachzugehen, was es bedeutet, sich auf eine transformative Reise einzulassen – eine Reise, die sich zu gleichen Teilen aus Kontemplation und Handeln zusammensetzt.

Entdeckungsreise für die Seele: Vier symbolische Etappen auf vier verschiedenen Ebenen

Ich habe das Buch in vier Abschnitte unterteilt, die vier getrennte „Reisen" umfassen. Jede Reise führt ein wenig tiefer in unsere spirituelle Intelligenz. Wir beginnen mit Ebene 1: „Wir sind, wo wir sind". Auf dieser Ebene schauen wir uns einfach nur an, wo wir stehen und wie wir uns bewusster machen könnten, wer wir sind und welche reicheren Möglichkeiten das Leben bereithält.

Ebene 2 führt uns auf eine Reise, die unser Bewusstsein für unser „falsches Selbst" weckt – für eine Identität, die wir für uns selbst durch das unablässige Geplapper unserer vom Ego getriebenen Gedanken schaffen. Im dritten Abschnitt erkunden wir „das wahre Selbst": Wer sind wir wirklich, tief in unserem Innern, und wie finden wir unseren *Sweet Spot* – jenen Teil von uns, jene Essenz oder jenen Kern, von dem aus wir müheloser, glücklicher und erfolgreicher leben könnten? Schließlich untersuche ich noch, was es bedeutet, wenn unser Leben in Fluss gerät, wenn wir jenen geheimnisvollen Ort erreichen, an dem wir keine Antworten mehr brauchen und das Leben, wie wir es kennen, allmählich durch eine neue ganzheitlichere Seinsweise ersetzt wird.

Jede „Reise" ist in vier Etappen unterteilt (die jedes Mal identisch sind): „Erwachen", „Mit anderen Augen sehen", „Den Wandel leben" und „Das Gute weitergeben". Jedes Stadium hat sein eigenes Sinnbild. Der Wecker steht für das „Erwachen", das Auge für die „neue Sichtweise", Pinsel und Palette verweisen auf „den gelebten Wandel" (und symbolisieren unsere einzigartige, kreative Reaktion auf Einsichten, die wir über uns selbst gewinnen), und der Pfeil zeigt an, dass wir das Gute „weitergeben".

 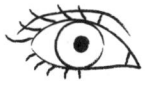  

Die Icons oder Sinnbilder beschreiben einen Prozess spiritueller Reifung: Wir erwachen und erkennen alternative Möglichkeiten, sehen die Welt mit anderen Augen, gestalten unser Leben neu und übertragen die Vorteile unseres persönlichen Wandels an die Menschen in unserer Umgebung.

Ich habe bewusst eine bildliche Darstellung gewählt (das „Icon-System"), um dem Leser klare Anhaltspunkte dafür zu geben, in welchem Stadium der Reise er sich gerade befindet, und um verständlicher zu machen, warum er einen Schritt nach dem anderen, in der vorgeschlagenen Reihenfolge machen sollte. Insgesamt umfasst die Reise 16 Schritte, weil Sie die vier Icons oder Stadien auf vier verschiedenen Ebenen durchlaufen.

Bei der Beschreibung dieser Reise geht es nicht darum, irgendwelche Normen für den richtigen Weg aufzustellen. Sie steht für einen von vielen möglichen Ansätzen, wie man die Prozesse darstellen kann, die wir durchlaufen, wenn wir unsere spirituelle Intelligenz erschließen, um unser ganzes Potenzial zu entfalten. Dennoch kann ich in diesem Buch hoffentlich dazu beitragen, dass Sie anfangen, Momente in Ihrem Leben zu erkennen, in denen Sie für neue Möglichkeiten wach werden, die Welt aus einer anderen Perspektive wahrnehmen, Ihr praktisches Verhalten verändern oder die frohe Kunde Ihrer Transformation auf andere Menschen übertragen und sie auf positive Weise mit neuer Hoffnung „anstecken".

Eine Anmerkung zu meinem eigenen spirituellen Hintergrund

Bitte bedenken Sie beim Lesen, dass ich dies alles aus meiner persönlichen Perspektive schreibe. Ich biete keinen allumfassenden Überblick über verschiedene spirituelle Ansätze, sondern stelle bestimmte Prinzipien spiritueller Intelligenz vor, die sich in den einzelnen Stadien der Icon-Reise ergeben. Meine eigenen Erfahrungen spirituellen Erwachens beruhen in erster Linie auf der christlichen Tradition. Von daher ist es nur natürlich, dass meine

Beispiele hauptsächlich aus dieser Quelle fließen. Doch dieses Buch handelt nicht davon, dass man religiös werden sollte, und es versucht auch nicht, den Leser zu einer bestimmten Auffassung hinzuführen. Vielmehr hoffe ich, dass es allen Lesern, ganz gleich, wer sie sind, woher sie kommen oder an was sie glauben, einige grundlegende Einsichten für die Lebensreise vermittelt.

Kapitel 1: Erwachen

Die große Tragödie des Lebens liegt nicht darin, wie viel wir leiden, sondern darin, wie viel wir versäumen. Der Mensch wird schlafend geboren, lebt schlafend und stirbt schlafend ... Schlafend bekommen wir Kinder, ziehen sie groß, schließen wichtige Geschäfte ab, übernehmen politische Ämter und sterben. Wir wachen nie auf. Darum geht es bei der Spiritualität – ums Aufwachen.

Anthony de Mello[1]

Stellen Sie sich vor, es ist früh am Morgen und Sie erwachen gerade ganz allmählich aus einem tiefen und in vielerlei Hinsicht wohltuenden Schlaf. Sie sind noch schlaftrunken, aber Sie wissen, Sie haben eine Wahl: Sie können aufwachen und sich den Aufgaben und Chancen des Tages stellen oder sich wieder auf die andere Seite rollen, die Augen schließen, die Decke über den Kopf ziehen und wieder in Bewusstlosigkeit abgleiten. Manchmal kann es schwer sein, sich selbst in den Fluss des Lebens zu ziehen.

Sehen wir den Tatsachen ins Auge: Wir alle haben die Wahl. Wir alle kommen im Leben immer wieder an den Punkt, an dem wir entscheiden können, ob wir einen kostbaren Moment nutzen und dem Leben wacher und bewusster begegnen wollen oder ob wir den Moment verstreichen lassen und uns lieber wieder unter der Decke unserer schläfrigen Existenz verkriechen, weil wir Angst haben, uns mit der Realität unseres Hier und Jetzt auseinanderzusetzen oder unsere Zukunft zu gestalten.

Drücken Sie nicht auf die Schlummertaste

Jeden Morgen haben wir die Chance, aus weit mehr zu erwachen als aus unserem rein körperlichen Schlaf. Allmorgendlich erhalten wir Gelegenheit, auch spirituell zu erwachen. Aber es kostet einige Mühe, so wach zu werden, dass uns bewusst wird, was es bedeutet, ganz lebendig zu sein.

Auf den ersten Blick erscheint es am einfachsten, sofort das Radio oder den Fernseher einzuschalten, den Raum mit ablenkenden Hintergrundgeräuschen zu fluten, (bestenfalls) hastig ein Frühstück hinunterzuschlingen und zügig mit den anstehenden Aufgaben weiterzumachen, sei es, dass man die Kinder zur Schule fährt oder losrast, um die Bahn zur Arbeitsstelle zu erwischen – ohne ein einziges Mal innezuhalten, um den Tag bewusst, mit ganzem Herzen und mit allen Sinnen zu begrüßen.

So wie wir den Tag beginnen, setzen wir ihn normalerweise fort. Wenn wir nicht aufpassen, verbringen wir auch den Rest des Tages wie Schlafwandler. Man kann schlafwandelnd durch eine ganze Woche gehen. Aus einem Tag wird eine Woche, aus der Woche ein Monat, aus dem Monat ein Jahr und aus dem Jahr schließlich ein ganzes Leben.

Versuchen Sie doch einmal, Ihren Wecker so zu stellen, dass er fünf Minuten früher klingelt als gewöhnlich. (Das ist alles, was Sie im Moment tun müssen.) Wenn er losrasselt, drücken Sie nicht auf die Schlummertaste, sondern nutzen Sie die zusätzlichen fünf Minuten am Anfang Ihres Tages, um spirituell zu erwachen. Spiritualität ist wie eine Brücke zwischen unserem Sein und unserem Tun. Und wir sollten auf unser Sein achten, bevor wir zum Tun übergehen.

Probieren Sie ein paar Tage lang einfach Folgendes aus, wenn Sie morgens erwachen:

Stehen Sie auf und setzen Sie sich auf einen Stuhl oder bleiben Sie aufrecht stehen, wenn Ihnen das leichter fällt:

* Atmen Sie langsam ein und aus und achten Sie auf Ihre Atmung; nehmen Sie sich einen Moment Zeit, um dankbar für den neuen Tag und das Geschenk des Lebens zu sein.
* Machen Sie sich die Stille um sich herum bewusst und achten Sie auf einzelne Geräusche, die diese Stille unterstreichen. Denken Sie daran, dass alles, was Sie an diesem Tag tun, aus dieser Stille hervorgeht und wieder in sie zurückkehrt.
* Schauen Sie auf Ihre Hände. Denken Sie daran, dass Sie nicht einfach nur durch den Tag treiben, sondern von Anfang an zur Gestaltung dieses Tages beitragen. Nehmen Sie sich vor, dass jeder Mensch, den Sie heute berühren, ob körperlich, seelisch oder spirituell, diese Berührung als segensreich empfinden soll und dass die Arbeit Ihrer Hände aufrichtig, fürsorglich und wohltuend wirken soll.
* Schauen Sie jetzt Ihr eigenes Spiegelbild an: Ganz gleich, ob Ihnen der Anblick gefällt oder nicht – machen Sie sich bewusst, dass dieser Mensch, den Sie im Spiegel sehen, ein wichtiger Bestandteil des Tages ist, der vor Ihnen liegt. Sie sind nicht nur ein passiver Beobachter, der das vorbeiziehende Leben betrachtet, sondern Sie übernehmen eine aktive Rolle darin, einen Part voller Schönheit und mit großem Potenzial.

Ein seltener Moment des Erwachens

Neulich morgens joggte ich einen Hügel ganz hinauf. Von oben sah ich den Weg, der sich durch Blumen und Bäume abwärtsschlängelte – ein herrlicher Anblick. Ich beschloss, diese Wegstrecke zurück so bewusst wie möglich in mich aufzunehmen. Ich sah auf die Blumen und die Bäume und dankte Gott für die Schönheit des Naturbildes, das sich mir darbot. Und ich spürte, wie sofort eine Reaktion zurückkam: „Du bist Teil der Schönheit dieses Bildes."

Woraus können wir erwachen?

Vielleicht fragen Sie sich, *aus was* Sie eigentlich erwachen sollen. Es ist ja gut und schön, davon zu reden, dass wir aus einem „spirituellen" Schlaf erwachen sollen – aber was genau bedeutet das? Nun ja, wir alle schlafwandeln (oder rasen) auf die eine oder andere Weise durchs Leben: Einige sind beruflich so stark eingespannt, dass sie nur noch fürs Wochenende leben (an dem sie nichts anderes tun können, als sich vom Stress zu erholen), andere sind total gelangweilt von dem, was ihnen das Leben in einer Konsumgesellschaft zu „bieten" hat, wieder andere sind lethargisch oder ausgebrannt, getrieben von Versagensängsten oder berauscht von Erfolgsaussichten.

In unserer Moderne gibt es viele Dinge, die uns blockieren und daran hindern, das Leben in seiner ganzen Fülle und seinen reichen Möglichkeiten wahrzunehmen. Wenden wir uns einem Beispiel zu – dem Fernsehen.

Der durchschnittliche Fernsehkonsum beträgt 4–5 Stunden pro Tag. Vielleicht sind Sie kein Durchschnittsmensch, doch die meisten von uns gehören dazu. Und wenn man ehrlich ist, sind die meisten Sendungen, die man sich anschaut, wie bewegliche Tapetenmuster, die uns einlullen und unsere Gedanken abschweifen lassen. „Fernsehen ist der belebte Triumph der Langeweile", schrieb der sogenannte „alternative USA-Reiseführer" Speed Leitch. Vermutlich hat er Recht.

Zugegeben, einige wunderbare Sendungen sind bildend, informativ und unterhaltsam. Aber schalten Sie wirklich immer nur genau die Sendung ein, die Sie sehen wollen, und schalten Sie dann gleich hinterher wieder ab? Wahrscheinlich nicht. Die meisten von uns lassen den Fernseher angeschaltet und dulden seine Präsenz, Abend für Abend, vielleicht mit einem Gläschen Wein in der einen und der Fernbedienung in der anderen Hand.

Der erste Schritt besteht darin, sich einfach bewusstzumachen, dass man möglicherweise fernsehsüchtig ist oder sich (bestenfalls) allabendlich verführen lässt. Dann fällt es auch leichter, ein wenig Abstand zu gewinnen und zu beobachten, wie man sich fühlt, wenn man längere Zeit vor dem Fernseher gesessen hat: höchstwahrscheinlich abgestumpft, gereizt und energielos.

Versuchen Sie einmal, eine Woche lang ohne Fernsehen auszukommen. (Warum erschrecken Sie bei dieser Vorstellung, wenn Sie nicht fernsehsüchtig sind?) Vielleicht machen Sie einige erstaunliche Entdeckungen: Zu Beginn der Woche werden Sie wahrscheinlich feststellen, dass es Ihnen ständig in den Fingern juckt, weil Sie die Flimmerkiste anmachen möchten. Als Nächstes überlegen Sie vermutlich, was Sie sonst mit dem Abend anfangen sollen. (Es ist ein ziemlich großer Zeitraum, den Sie füllen müssen.) Dann fällt Ihnen möglicherweise auf, dass die Kreativität schon durch die bloße Suche nach einer alternativen Beschäftigung zu wachsen beginnt, ganz gleich, ob Sie lesen, sauber machen, beten, sich unterhalten, einen Spaziergang machen, Zeitung lesen oder auch nur innehalten und einfach „Sie selbst" sind (wann haben Sie das zuletzt getan?). Möglicherweise fällt Ihnen auch auf, dass Sie jetzt, wo die Kakophonie der Soap-Figuren, der Werbespots und „Reality"-Kombattanten verstummt ist, anfangen, sich selbst zuzuhören, vielleicht zum ersten Mal seit langer Zeit. Und vielleicht bemerken Sie, dass Sie anfangen, sich auf Ihre Abende zu freuen, und eine Energie in sich entdecken, von der Sie glaubten, dass sie Ihnen schon vor langer Zeit abhanden gekommen sei. Das ist tatsächlich eine Form des Erwachens aus einem spirituellen Schlaf.

Was tun wir, wenn der Strom ausfällt?

Einer meiner Lieblingsautoren ist Douglas Coupland, der Autor des Bestsellerromans *Generation X*. In einem bezaubernden kleinen Buch mit dem Titel *Amerikanische Polaroids* stellt er eine sehr geistvolle Frage: Was tun wir, wenn der Strom ausfällt?

Ein Stromausfall kann merkwürdigerweise etwas sehr Schönes bewirken: Wir holen die Kerzen heraus, und plötzlich verändert sich die Stimmung. Wie Coupland anmerkt, fangen wir an, Lieder zu singen, einander Geschichten zu erzählen, also etwas von unserer Verbundenheit und Menschlichkeit wiederzuentdecken. Wenn der Strom ausfällt, besinnen wir uns wieder auf das Wesentliche. Zu den glücklichsten Erinnerungen meines Ehelebens gehört ein kurzer Campingurlaub in Frankreich. Wir zelteten in einem Wald. Es war stockdunkel und still, und am Ende spielten wir bis zum Morgengrauen Scrabble auf einem Campingtisch im Freien. Irgendwie waren wir füreinander und die uns umgebende Welt auf eine Weise präsent, die wir noch nie zuvor erlebt hatten, während wir einfach nur still dasaßen und die Gesellschaft des anderen genossen. Warum tun wir so etwas nicht, wenn wir wieder zuhause sind? Manchmal ist ein Stromausfall nötig, damit wir uns daran erinnern, was jenseits der Geräuschkulisse und der Ablenkungen liegt. Couplands Fazit lautet: „Ich habe mich entschieden, mein Leben in einem ständigen Stromausfall zu leben." Als ich diese Worte das erste Mal las, ging mir ein Licht auf (oder auch: aus).

Irgendwo müssen wir anfangen, und das Fernsehen ist ein guter Ausgangspunkt, weil wir seinem Reiz so leicht erliegen und ihm so viel Zeit widmen. Unsere Fernseh-Kultur erzeugt eine alternative Realität für uns, ersetzt unsere Fantasie durch ein Drehbuch, das von anderen geschrieben wurde, die wollen, dass wir einschlafen und von den Dingen träumen, die sie uns gern verkaufen möchten.

Doch aus welchen weiteren schlafwandlerischen Zuständen sollen wir erwachen? Diese Frage können nur Sie selbst wirklich beantworten. Wenn Sie tagtäglich nach derselben starren Routine leben, stellen Sie vielleicht fest, dass Sie auf Autopilot geschaltet haben oder in einer Tretmühle gefangen sind. Diese

Situation sollten Sie erkennen, damit Sie aus dem Zustand des Schlafwandelns erwachen; das Erwachen beginnt mit größerer Bewusstheit.

Vielleicht stellen Sie auch fest, dass Sie sich bei der Arbeit zu häufig ins Internet flüchten – nicht weil Sie böswillig Zeit vergeuden, sondern weil Sie Angst haben, sich dringenderen Aufgaben zuzuwenden, oder weil Sie ganz allgemein dazu neigen, das Leben aufzuschieben. An manchen Tagen kommen Sie vielleicht sogar mit dem Gefühl nach Hause, kaum etwas anderes getan zu haben, als „die Zeit totzuschlagen". Aus diesem schlafwandlerischen Verhaltensmuster sollten Sie erwachen.

Möglicherweise müssen Sie auch aus dem Dornröschenschlaf anderer Verhaltensmuster erwachen, an die Sie sich so sehr gewöhnt haben, dass sie quasi automatisch ablaufen. Ist Ihnen bewusst, wie Sie sich verhalten, wenn andere Menschen Sie kritisieren oder verärgern? Fällt Ihnen auf, dass Sie vorschnell oder voreingenommen urteilen? Sind Sie sich darüber im Klaren, ob Ihre Hilfsbereitschaft gegenüber anderen dazu führt, dass Sie keine Zeit mehr für sich selbst haben? Oder ob Sie so stark mit sich selbst beschäftigt sind, dass Sie keine Zeit für andere haben?

Vielleicht gibt es sogar eine blockierende Erfahrung: Eine gescheiterte Beziehung hat tiefe Angst vor Zurückweisung hinterlassen, die Sie davon abhält, sich gegenüber anderen Menschen wirklich zu öffnen. Ein furchteinflößender Lehrer könnte Ihre Risikobereitschaft erstickt haben, weil Sie Angst hatten, vor anderen bloßgestellt zu werden ... Glücklicherweise kann man diese automatischen Verhaltensmuster erkennen und sie ablegen. Doch im Moment müssen Sie noch nicht darüber nachdenken, wie Sie diese Muster „in Ordnung bringen" und sie nicht einmal bewerten. Für den Anfang müssen Sie nur innehalten, um sie zu bemerken.

Wie erwachen wir? Zwei Übungen ...

Der Kontaktkreis: Eine Rundum-Reflexion

Um aufzuwachen und sich bewusstzumachen, wer Sie sind und wie Sie dorthin gekommen sind, wo Sie jetzt stehen, können Sie zum Beispiel Rückmeldungen von Menschen suchen, denen Sie vertrauen. Bitten Sie eine repräsentative Gruppe aus verschiedenen Bereichen Ihres Lebens (Menschen, die Ihnen vertraut sind und denen Sie vertrauen) um eine kritische Einschätzung Ihrer derzeitigen Situation. Es geht nicht darum, dass andere Gelegenheit bekommen, Sie zu ändern, sondern dass Sie die Chance erhalten, wach dafür zu werden, wie Sie von anderen gesehen werden, und diese Perspektiven zu nutzen, um etwas über sich selbst zu lernen. Die eine oder andere Rückmeldung ist vielleicht schwer zu verdauen, doch wenn sie als Geschenk angeboten wird, sollten wir sie auch als behutsamen Weckruf betrachten, der uns bewusster für unsere derzeitige Situation macht. Begnügen Sie sich fürs Erste damit, diese Informationen einfach entgegenzunehmen. Kämpfen Sie nicht dagegen an, bestreiten Sie nichts und versuchen Sie nicht, irgendetwas zu verändern. Entdecken Sie einfach neu, wer Sie in Wahrheit sein könnten.

Ein Tag als Spiegel Ihres Lebens – Mustererkennung

Eine weitere hilfreiche Methode, um zu erwachen und sich die eigene gegenwärtige Realität bewusstzumachen, besteht darin, sich selbst einen Tag lang zu beobachten und diesen Tag als Mikrokosmos des gesamten übrigen eigenen Lebens zu betrachten.

Suchen Sie einen einigermaßen typischen Wochentag aus und notieren Sie sich, was Sie tun, mit wem Sie zusammen sind, wie Sie sich an verschiedenen Punkten fühlen und wie Sie auf die verschiedenen Situationen reagieren.

Sobald Sie das getan haben, „treten Sie einen Schritt zurück" und betrachten Sie diesen Tag, als wäre er repräsentativ für die Art, wie Sie Ihr gesamtes Leben gestalten. Vielleicht gibt es einige ungewöhnliche Ereignisse, die nicht typisch sind – wenn das der Fall ist, klammern Sie diese Ausnahmen fürs Erste einfach aus. Konzentrieren Sie sich vielmehr darauf, ein ehrliches Bild eines typischen Tages zusammenzustellen.

Versuchen Sie, Dinge zu beobachten, die ein Muster ergeben: Wie beginnen Sie Ihren Tag? Wenn Sie berufstätig sind: Wie viel Zeit brauchen Sie, um an Ihren Arbeitsplatz zu kommen? Wie verbringen Sie die „tote" Zeit auf dem Anfahrtsweg? Wie verläuft Ihr Vormittag? Welche Wirkung üben die Menschen, mit denen Sie zusammenleben oder -arbeiten, auf Sie aus? Wie wirken Sie auf die anderen? Wie gestaltet sich Ihr typisches Mittagessen? Treiben Sie Sport? Bereiten Sie das Abendessen selbst zu, wärmen Sie sich ein Fertiggericht auf oder holen Sie eine Kleinigkeit aus der Imbissbude? Wie fühlen Sie sich, wenn der Abend näher rückt? Wie viel Alkohol trinken Sie? Wie ist Ihnen zumute, wenn Sie ins Bett gehen? Sind Sie angespannt und gestresst? Oder ruhig und gelassen?

Wie viel Geld haben Sie ausgegeben und wofür? Wie lange haben Sie ferngesehen? Wie viel Zeit haben Sie ohne die Geräuschkulisse von MP3-Playern, Autoradios oder CD-Playern und ohne die Musikberieselung in Fahrstühlen und Supermärkten verbracht? Wie viel Zeit haben Sie dem Gebet oder der Kontemplation gewidmet? Haben Sie anderen Mut gemacht? Wie oft haben Sie aus spontaner Freundlichkeit gehandelt oder sich insgeheim großzügig gezeigt? Wie viel haben Sie von anderen Menschen bekommen (emotional, physisch, spirituell ...) und wie viel haben Sie gegeben? Wie lange haben Sie geredet und wie lange haben Sie zugehört?

Natürlich ist nicht jeder Tag gleich. Doch wenn Sie den Rhythmus und die Form eines einigermaßen typischen Tages beobachten, entdecken Sie vielleicht wiederkehrende Themen. So stellen Sie möglicherweise fest, dass Sie normalerweise allabendlich eine halbe Flasche Wein leeren, was etwa 3 Euro pro Tag und summa summarum etwa 21 Euro pro Woche oder 90 Euro pro Monat ergibt. Noch wichtiger – es könnte darauf hindeuten (je nachdem, wie Sie Alkohol „nutzen"), dass Sie allabendlich eine Fluchtmöglichkeit suchen, um die Belastungen des Tages oder die Angst vor dem Morgen zu vergessen – was alles in allem sehr viel Zeit ergibt, die Sie auf der Flucht verbringen.

In positiver Hinsicht stellen Sie vielleicht fest, dass Sie sich jeden Tag ein paar Minuten mit dem Mann vom Sicherheitsdienst vor Ihrem Bürogebäude oder mit den anderen Eltern am Schultor unterhalten. Diese Minuten summieren sich und ergeben ein Muster, bei dem Sie sich selbst in zwischenmenschliche Beziehungen einbringen: Sie investieren in andere Menschen, die sich vielleicht häufig unsichtbar und vergessen fühlen, und diese Investition bringt langfristige Gewinne sowohl für Sie als auch für andere.

Nehmen Sie diese Beobachtungen in Ihre Gedanken oder Gebete auf und bitten Sie die Menschen, die Ihnen am nächsten stehen – und einen essenziellen Teil Ihres Tages bilden –, ebenfalls darüber nachzudenken. Gibt es irgendwelche Muster, die Sie gern durchbrechen möchten? Gibt es andere, die Sie bestärken wollen? Welche kleinen, scheinbar unbedeutenden Elemente Ihres Tages summieren sich mit der Zeit und wachsen zu einem bedeutungsvolleren Beitrag an?

Was lässt uns erwachen?

Normalerweise empfangen wir die Augenblicke des Erwachens als Geschenk. Häufig ergeben sie sich, wenn es uns gelingt, mit dem Reden oder sogar mit dem Denken aufzuhören, und wir stattdessen zuhören. Und sehr häufig entstehen sie durch kleine, scheinbar unbedeutende Ereignisse, die ganz leise und unauffällig daherkommen. Das sind die Momente, in denen wir besonders achtsam sein und die Ohren spitzen sollten. Die Bibel umfasst zweifellos Geschichten von Engeln, die im Himmel singen, und auch von einer geisterhaften „Schrift an der Wand" (beim Fest Belsazars), aber ein Moment des Erwachens kommt eher wie beim Propheten Elia daher – als „sanftes, leises Säuseln".

Die Bibel sagt: „Ein starker, heftiger Sturm, der die Berge zerriss und die Felsen zerbrach, ging dem Herrn voraus. Doch der Herr war nicht im Sturm. Nach dem Sturm kam ein Erdbeben. Doch der Herr war nicht im Erdbeben. Nach dem Beben kam ein Feuer. Doch der Herr war nicht im Feuer. Nach dem Feuer kam ein sanftes, leises Säuseln." Und das sanfte, leise Säuseln sprach zu Elia. Es war die Stimme des Herrn.

Es ist schwer, irgendetwas in der uns umgebenden Welt bewusst wahrzunehmen, wenn man ständig abgelenkt ist; es ist schwer, die leise Stimme oder das sanfte Säuseln zu hören, wenn man die ganze Zeit redet oder nur nach singenden Engeln im Himmel Ausschau hält.

Es gibt die vielfältigsten Auslöser für ein Erwachen. Angefangen bei direkten Eingriffen Gottes, die uns wie ein Blitz aus heiterem Himmel treffen, bis hin zur schlichten Schönheit einer Blüte, an der wir normalerweise achtlos vorübergehen, kann alles zu einem lehrreichen Moment der Klarheit oder „Epiphanie" werden. Manchmal ist nichts anderes erforderlich, als innezuhalten und etwas zu bemerken, auf das wir sonst nicht achten, sei es der Obdachlose auf der Straße oder die Augenfarbe eines Freundes. Die genauere Betrachtung von etwas, das wir normalerweise keines zweiten Blickes würdigen, kann uns helfen, die uns umgebende Welt oder auch uns selbst bewusster wahrzunehmen.

Wir sollten also stets die Augen offenhalten und darauf gefasst sein, dass jede Situation zum Auslöser werden kann – ob eine plötzliche Krankheit, der Verlust von etwas, das uns viel bedeutet, ein bewegendes Buch, der Bruchteil eines zufällig mitgehörten Gesprächs, eine Liedzeile, eine direkte Erscheinung, ein Urlaub oder ein Erfolgsmoment bei der Arbeit. John Eldredge berichtet in seinem Buch *Finde das Leben, von dem du träumst* von einem Freund, der einen Sonnenuntergang beobachtete und darauf vorbereitet war, von diesem Erlebnis berührt zu werden: „Wir haben diese Woche einige unvergessliche Sonnenuntergänge erlebt", schrieb er. „Es war, als ob der Vorhang der Atmosphäre für einen Moment gelüftet worden wäre, damit ein Stück vom Himmel ins Meer fallen kann. Ich stand da und musste applaudieren ... gleichzeitig hätte ich mich am liebsten hingekniet und geweint."[2] Wir können durch einen unerwarteten Schock aus dem Schlaf gerissen werden, so als ob uns jemand einen Eimer kaltes Wasser über den Kopf schüttete. Andere Formen des Erwachens geschehen langsamer, weniger spektakulär. Doch wenn wir darauf achten, werden wir fast immer feststellen, dass es einen Widerhall in unserem Innern gibt. Es gibt einen Moment, in dem man das Gefühl hat, die Zeit stehe still, und in dem sich die Nackenhaare sträuben. Und in diesen Momenten ist es, als ob etwas oder jemand zu uns spräche.

Raum schaffen

Menschen mit spiritueller Reife entwickeln tägliche Rhythmen, die ihnen ein aufmerksames Zuhören ermöglichen. Suchen Sie die Gesellschaft von Menschen, die über spirituelle Weisheit verfügen, und Sie werden feststellen, dass diese selten (wenn überhaupt) angespannt wirken oder versuchen, einen bestimmten Ablauf zu erzwingen. Das ist die geistige Haltung, die Sie auf Ihre eigenen Momente der Reflexion übertragen sollten. Die meisten Menschen leisten sich nur dann Momente der Ruhe und des Rückzugs, wenn sie Anleitung für ihr Leben suchen, Antwort auf die Frage, welche Richtung sie einschlagen oder welchen Weg sie wählen sollen, zum Beispiel weil eine berufliche Veränderung, ein Umzug oder eine finanzielle Entscheidung ansteht. Doch die bedeutungsvollsten Momente des Erwachens ergeben sich häufig, wenn wir bereit sind, diese Fragen des „Wohin jetzt?" oder „Was nun?" loszulassen. Tatsächlich müssen die meisten von uns sehr vieles loslassen, bevor sie neue Aufgaben übernehmen können.

Deshalb sollten wir in mindestens zweierlei Hinsicht Raum in unserem Leben schaffen. Wir müssen Überflüssiges beseitigen, damit die leise, sanfte Stimme zu uns durchdringen kann. Doch während wir „aufräumen", müssen wir gleichzeitig darauf vorbereitet bleiben, dass sich dieser Prozess des „Raumschaffens" immer weiter fortsetzt – wir müssen erkennen, was wir erst aufgeben müssen, damit wir unseren Weg mit leichterem Gepäck fortsetzen können. Wie der Dichter, Priester und Mystiker John O'Donohue einmal schrieb, bewegen sich die meisten von uns in einem solchen Dickicht des Überflusses, dass sie die eigentlichen Konturen der Dinge nicht mehr erkennen. Das Dickicht muss gerodet werden, damit wir sehen, wo wir sind und wer wir sind. Erst wenn wir unser Leben vom Banalitätsgestrüpp befreit haben, können wir lernen, die Stimme der eigenen Seele zu vernehmen und „uns selbst zu belauschen". Wo Verwirrung herrscht, gibt es keine klare Perspektive mehr. Wenn wir die „Lichtung" in unserem Leben erweitern wollen, dürfen wir uns nicht an gewohnte Pläne und Programme klammern, doch genauso müssen wir uns davor hüten, uns zu stark an die Erfahrungen, die der neue Freiraum uns eröffnet, zu „binden". Sonst versuchen wir am Ende, zu besitzen, was uns nicht gehört, oder beten die Erfahrung als solche an und fixieren uns auf die Stimme und nicht auf das, was sie zu sagen hat.

Innehalten, um nachzudenken

Halten Sie einen Augenblick inne, um nachzudenken: Wann haben Sie zuletzt einen Moment des Erwachens erlebt? Vielleicht ist es erst wenige Wochen her. Vielleicht liegt es auch schon Jahre zurück. Was ist geschehen? Wie ist Ihnen dieses Erwachen bewusst geworden? Durch wen oder was wurde es ausgelöst? Was haben Sie empfunden?

Haben Sie diesen Moment der Klarheit genutzt, um Ihr Handeln zu verändern? Wenn ja, was ist geschehen?

Wenn nicht, was hätte geschehen können? Wie hätte sich Ihr Leben verändern können, wenn Sie gehandelt hätten?

Es ist eine Sache, ein Erwachen zu erleben. Wie wir ganz zu Anfang dieses Kapitels gesehen haben, ist es etwas anderes, aus dem Bett zu springen und die guten Gelegenheiten des neuen Tages beim Schopf zu packen. Damit wir nicht auf die Schlummertaste drücken, um wieder unter die Bettdecke zu schlüpfen, ist es entscheidend, dass wir uns solche Momente einprägen und dann auf sie reagieren – oder, besser gesagt, zulassen, dass sie ihre Wirkung auf uns entfalten. Deshalb müssen wir sozusagen zu der Reise unserer vier Icons aufbrechen, um vom Erlebnis des Erwachens dazu überzugehen, die Welt auf ganz neue Weise, mit anderen Augen zu sehen – auch wenn diese Augen vielleicht ein paar Mal zwinkern müssen, um sich nach der Dunkelheit einer langen Nacht an den sonnendurchfluteten Morgen zu gewöhnen.

Kapitel 2: Mit anderen Augen sehen

Du bist mein Gott ... und da ich dich erkannte, da nahmst du mich
an, auf dass ich sähe, es sei wahrhaftig, was ich sehen könnte,
ich aber sei noch nicht imstande, es zu sehen. Du machtest die
Blendung meiner geschwächten Sehkraft zunichte, da du mächtig
über mir strahltest.
Augustinus

Augustinus schrieb diese Zeilen vor 1600 Jahren: „Öffne die
Augen", scheint er zu sagen, man muss kein Zen-Meister sein,
um zu spüren, dass die Dinge nicht immer sind, was sie zu sein
scheinen. Es gibt mehr im Leben, als wir mit unseren normalen
Augen zu sehen vermögen.

Der Verfasser des Buches Kohelet weist darauf hin, dass Gott
die Ewigkeit in das Herz der Menschen gelegt hat (Buch Kohelet
3,11). Es ist ein faszinierender, bewegender und wunderschöner
Vers. Im tiefsten Innern flüstert jedem von uns eine leise Stimme zu, dass das Leben *epischer* sein könnte und sollte. Wenn
wir großartige Filme sehen oder die Klassiker lesen oder jenen
Melodien lauschen, die uns kleine Schauer über den Rücken ja-
gen und den Soundtrack unseres Lebens bilden, spüren wir, ob
wir es wollen oder nicht, wie unser Herz berührt wird. Das ist,
was John O'Donohue „sich selbst belauschen" nennt.

Die Tiefe versucht, zur Tiefe zu rufen, von den unterschiedlichsten Orten, und das Rufen hört nicht auf. Es weigert sich
aufzugeben. Jedes Mal, wenn wir den Kopf aufs Kissen legen,
jedes Mal, wenn wir eine Geburt oder einen Tod erleben, jedes
Mal, wenn wir in unserem gewöhnlichen Alltag auf einen unerwarteten Schatz stoßen, jedes Mal, wenn wir die Sterne betrachten, ist leicht zu erkennen, dass unsere Seelenleben weit mehr
umfasst, als wir oft bereit sind zuzugeben.

Leider gelingt es uns nicht immer, unser eigenes Leben als das sich entfaltende heroische Abenteuer zu *sehen*, nach dem wir uns sehnen. Unser hektischer Alltag oder zähe Routinen erzählen häufig eine ganz andere Geschichte: Eine Sache läuft nicht so, wie wir sie geplant hatten; wir sind nicht so, wie wir zu sein hofften; wir fühlen uns gelangweilt oder abgelenkt oder unerfüllt ... und können uns selbst beim besten Willen nicht als Abenteurer, Pioniere, Helden oder tapfere Krieger in einer schönen, neuen Welt sehen.

Die Kluft zwischen unserer tiefempfundenen Sehnsucht und der Wirklichkeit unserer manchmal tristen Existenz erscheint vielen Menschen als so unüberwindlich, dass sie sich am Ende gestrandet, enttäuscht und manchmal verzweifelt fühlen.

Auf andere wirkt diese Lücke dagegen inspirierend und spornt ihre Fantasie an, je nachdem, wie man die Dinge sieht.

Und hier kommt der von Augustinus beschriebene Glaube ins Spiel. Es geht darum, zu glauben, was man nicht sehen kann. Dieses Vertrauen versetzt uns von einem Ort an einen anderen – aus einer Situation, in der wir den Status quo akzeptieren, in eine neue Situation, in der wir, ganz gleich, wie sie beschaffen ist, damit belohnt werden, dass wir sehen, was wir glauben. Der Sänger Bono von der Gruppe U2 hat das in dem wunderschönen Song „Walk On" mit anderen Worten ausgedrückt: „Wir packen einen Koffer für einen Ort, den niemand von uns je gesehen hat; für einen Ort, an den man glauben muss, um ihn zu sehen."

Glauben und Sehen gehören zusammen als zwei Facetten derselben spirituellen Intelligenz: Es geht darum, das Leben mit anderen Augen zu sehen, darum, dass Sie einen langen, intensiven Blick auf Ihren Seinszustand, auf unser aller Sein werfen und bemerken, dass die Dinge tatsächlich anders sein können, als sie zu sein scheinen.

Bedeutende Schriftsteller, Theologen, Dichter, Musiker und Maler sind wie kulturelle „Seher": Sie empfinden und sehen die Welt auf andere Weise und fordern uns auf, unsere Kreativität zu nutzen, um zu sehen, was sie sehen – oder noch entscheidender: es *aus ihrem Blickwinkel* zu betrachten. Sie helfen uns, die Kluft zwischen unserer existenziellen Sehnsucht und der Realität, in der wir uns wiederfinden, zu überbrücken.

Doch letzten Endes können sie uns das Sehen natürlich nicht abnehmen. „Mit anderen Augen sehen" ist keine passive Übernahme einer fremden Perspektive. Es ist eine Entdeckungsreise und wir alle tragen die notwendigen Mittel für diese Reise in uns. Bono bringt es auf den Punkt: Wir müssen die Koffer packen – aufbrechen und den Weg verfolgen, von dem unser Erwachen uns eine flüchtige Ahnung ins Herz gelegt hat.

Zu den besten Reisen, die wir unternehmen, gehören solche, bei denen wir nicht erkennen können, wohin der Weg führt – wir wissen einfach, dass wir aufbrechen müssen. Diese Reisen können beängstigend, aufregend, anspruchsvoll oder erfüllend sein. Doch eines steht fest: Man fühlt sich lebendig, wenn man sie unternimmt. In diesen Situationen müssen wir einfach glauben, dass wir einen Ort erreichen, der sich von unserem Ausgangspunkt unterscheidet (manchmal kehren wir auch an den Ausgangspunkt zurück, sehen ihn dann jedoch mit völlig anderen Augen). Nur wenn wir in gutem Glauben aufbrechen, sind wir fähig, mit anderen Augen zu sehen, wo die Reise uns hinführen könnte. Und nur dann beginnen wir zu erkennen, dass der Weg wichtiger ist als das Ziel – und dass dieser Weg darüber entscheidet, wo wir schließlich ankommen.

Marcel Proust hat einmal darauf hingewiesen, dass die wahre Entdeckungsreise nicht darin besteht, neue Landschaften zu erforschen, sondern darin, mit neuen Augen zu sehen. Wenn wir anfangen, die Möglichkeiten einer neuen Lebensweise zu erkennen, nimmt unsere Reise eine neue und hoffentlich bessere Richtung an.

Wie sehen Sie die Welt?

Die menschliche Iris ist etwas Bemerkenswertes: Keine Regenbogenhaut ist wie die andere – nicht einmal bei eineiigen Zwillingen weist sie das gleiche Muster auf. Weil sie ein unverwechselbares Erkennungsmerkmal ist, hat man (in unserer angsterfüllten Welt) eine Sicherheitstechnik entwickelt, mit der unsere Regenbogenhaut, zum Beispiel bei Passkontrollen, gescannt und registriert wird.

Und hier noch etwas Bemerkenswertes: Der jüdischen Tradition zufolge sind wir „wunderbar gestaltet". Diese Worte finden sich in Psalm 139, der auf poetische Weise davon erzählt, wie Gott uns im Mutterschoß zusammengewoben hat; Gott weiß um die Anzahl der Haare auf unserem Kopf und die Anzahl der Tage in unserem Leben. Dennoch sind wir alle einzigartig. Niemand lacht genauso wie Sie, sieht genauso aus wie Sie, liebt so wie Sie. Der Psalm besagt, dass jeder von uns auf einzigartige Weise etwas von dem Bild des unsichtbares Gottes widerspiegelt.

Und diese Einzigartigkeit lässt auch jeden von uns die Welt auf seine ganz eigene Weise sehen. Niemand sieht sie ganz genauso wie ich; niemand sieht sie ganz genauso wie Sie. Das ist wirklich erstaunlich. Und deshalb ist es wichtig, wie Sie die Welt sehen.

Innehalten, um zu sehen

Schauen Sie einen Moment von Ihrem Buch auf:

Was sehen Sie?

Wie sehen Sie?

Was hoffen Sie zu sehen?

Was *erwarten* Sie zu sehen?

Innehalten, um nachzudenken

Was ist einzigartig daran, wie Sie die Welt sehen? Was haben andere über Ihre Sichtweise gesagt? Wenn man Sie bäte, von Ihrer Vision zu erzählen, wie würden Sie sie beschreiben? Gibt es bestimmte Details, von denen Sie glauben, dass niemand sonst sie erkennt? Was möchten Sie anderen Menschen gern zeigen?

Wie haben Sie dazu beigetragen, dass andere die Welt in einem neuen Licht sehen? Denken Sie an eine Situation, in der Sie die Art, wie ein anderer die Welt sieht, verändert haben.

Letzten Endes müssen wir uns fragen, wie wir auf die Art, wie wir die Welt wahrnehmen, *reagieren* wollen. Auf diese Frage verweist unser Sinnbild für die folgende Reise-Etappe, auf der wir überlegen werden, wie wir durch ein kreatives Handeln darauf reagieren können, dass wir die Welt mit anderen Augen sehen. Doch zunächst müssen wir eine neue Perspektive gewinnen. Genau genommen ist es sinnlos, dass wir uns in irgendwelche Aktivitäten stürzen, wenn wir nicht zunächst innehalten, um zu sehen und abermals zu sehen, um zu staunen und nachzudenken. Getreu dem Motto: „Tu nicht einfach irgendwas, steh herum!"

Muße

Was soll'n die Mühen dieser Welt,
wenn uns die Zeit zum Staunen fehlt?

Die Zeit zum unter Bäumen stehn,
wie Kuh und Schaf das Land besehn.

Die Zeit zu spähn, am Waldessaum,
nach Eichhorns Nüssen unterm Baum.

Die Zeit, bei Tag zu sehn die Pracht
des Stroms voll Sterne, wie bei Nacht.

Die Zeit, zum Blick der Schönen drehn
und ihre Füße tanzen sehn.

Die Zeit zu warten, bis ihr Mund
dir schenkt, was erster Blick tat kund.

Wie arm das Leben auf der Welt,
wenn uns die Zeit zum Staunen fehlt!

William Henry Davies (in der Übersetzung von Walter A. Aue)

Die vorüberziehende Welt beobachten

In unserer von Bildern übersättigten Kultur sind wir oft versucht, zum *Voyeur* zu werden und passiv die Bilder zu konsumieren, die in einem zusammenhanglosen, nicht abreißenden Strom flüchtiger visueller Splitter und Bruchstücke an uns vorüberziehen. Die Flut der Bilder, die von Plakatwänden, Hochglanzmagazinen, Fernsehschirmen, Websites und Handys auf uns einstürzt, ist so gewaltig, dass unsere Augen schnell glasig werden. Haben wir eben noch eine Sendung über Dürre gesehen, taucht schon im nächsten Moment ein Werbespot über perlendes Mineralwasser auf ... Inmitten des Treibguts, mit dem die Welle der Konsumgesellschaft uns überschwemmt, streift unser Blick nur flüchtig über die Oberfläche der vor uns liegenden Welt.

Wer über spirituelle Intelligenz verfügt, wird sorgsam darauf achten, was er betrachtet. Das offenkundigste Beispiel ist unter vielen anderen die Pornografie. Man kann vielleicht Bilder von einem Computerschirm löschen, aber sie im Kopf zu löschen ist wesentlich schwieriger. Wir haben wahrscheinlich alle schon Dinge gesehen, die wir besser nicht gesehen hätten.

Ausgesprochen religiöse Menschen sind nicht unbedingt die spirituell intelligentesten. Häufig sind sie darauf fixiert, sich dieses oder jenes *nicht* anzuschauen, weil es unmoralisch oder gewalttätig oder generell nicht förderlich ist. Dabei vernachlässigen sie die Frage, wie sie sich aktiv auf die Welt einlassen und mit ihr auseinandersetzen wollen. Man kann seine Gedanken rein halten, indem man die Augen abwendet, wenn etwas Verwerfliches auf dem Bildschirm erscheint, doch das ist etwas völlig anderes, als seine Augen aufmerksam und kreativ zu nutzen, um zu erkennen, was tatsächlich um uns herum geschieht.

Innehalten, um nachzudenken

Bei manchen Menschen, mit denen man sich unterhält, hat man den Eindruck, dass sie mit ihren Gedanken ganz woanders und nicht wirklich präsent sind (es ist sozusagen niemand zuhause, obwohl das Licht brennt). Ihre Augen sind glasig geworden. Sie sind abgestumpft gegenüber der Welt, die sie umgibt. Andere wirken aufmerksam, schauen genau hin, halten die Augen offen. Man erkennt die Menschen, die besonders lebendig wirken, weil sie normalerweise ein Funkeln in den Augen haben.

Was nehmen andere wahr, wenn sie *Ihnen* in die Augen sehen?

Im letzten Kapitel haben wir uns mit dem Erwachen aus einem schlafwandlerischen Leben befasst. Es gibt einen engen Zusammenhang zwischen Wachheit und Wachsamkeit. Wie Buddha im *Dhammapada* sagt:

> Wachsamkeit ist der Weg zum wahren Leben.
> Sorglosigkeit führt zum Tod.
> Die Wachsamen werden nicht sterben,
> Die Sorglosen aber sind schon so gut wie tot.
>
> Der Weise schaut.
> Der Weise denkt klar.
> Wie glücklich ist er,
> Denn er folgt dem Weg des Erleuchteten.

Nehmen Sie wahr, was um sie herum geschieht. Auch jetzt, in diesem Moment. Was hören Sie? Was empfinden Sie? Sind Sie angespannt? Haben Sie daran gedacht, auf Ihre Atmung zu achten? Seien Sie wach für alles. Entdecken Sie die kleinen Details. Erkennen Sie, wer sich abmüht oder ausgeschlossen wird. Achten Sie auf den Wechsel der Jahreszeiten. Beobachten Sie, welche Gefühle durch Ihre Routinen und Rhythmen in Ihnen ausgelöst werden. Schauen Sie weiter voll Wissbegier auf die Welt und beobachten Sie, wie sich das Leben vor Ihnen entfaltet. Sie wollen doch Ihr Stichwort nicht verpassen ...

Allzu große Vertrautheit erzeugt Verachtung

Haben Sie schon einmal die Erfahrung gemacht, dass Sie etwas total Vertrautes betrachteten – wie die Stifte auf Ihrem Schreibtisch, die Uhr an der Wand, die Farbe Ihres Autos, die Umrisse Ihres Partners oder die Nasenform Ihres Kollegen – und dann ganz plötzlich gedacht haben: „Das ist mir vorher noch nie aufgefallen ...“?

Nur gelegentlich entwickeln wir für einen flüchtigen Moment eine neue, fast übernatürliche Wahrnehmung, als ob wir unsere eigene vertraute Situation aus der Perspektive eines Fremden betrachteten. Das sind wunderbare Augenblicke, in denen wir die Chance erhalten, neu zu sehen. Sie sind Geschenke, die uns innehalten lassen, wenn auch nur kurz. Plötzlich bemerken wir etwas an dem Zimmer, in dem wir uns aufhalten, oder an der Person, mit der wir seit Jahren zusammenleben, das wir noch nie zuvor bemerkt haben. Doch solche Momente sind so selten, dass wir kaum je darauf reagieren. Sie sind im Nu vorüber; sie lösen ein kleines Schaudern, ein Stirnrunzeln oder ein Lächeln aus – aber wie können wir diesen Moment beim Schopf packen, das Beste daraus machen und ihn für eine persönliche Veränderung nutzen?

Ich jogge sehr gern und versuche, wenn möglich, jeden Tag eine kleine Runde zu laufen. Es gibt alle möglichen potenziell anregenden Routen, die von meiner Wohnung in die Natur führen: Fußpfade und Reitwege, Feldwege und Wiesen. Als wir in diese Gegend gezogen sind, wirkte alles frisch, neu und lebendig. Doch schon bald hatte ich mich an eine vertraute Laufroute gewöhnt und fand es schwer, die Routine zu durchbrechen und einen anderen Weg auszuprobieren.

Fast immer, wenn ich doch einmal von meiner gewohnten Strecke abweiche, werde ich mit einem neuen Anblick, einer Überraschung der einen oder anderen Art, einem neuen Eindruck von vertrautem Terrain belohnt. Weshalb widerstrebt es mir dann so, dies öfter zu tun?

Vielleicht geht es Ihnen ja ähnlich. Vielleicht halten Sie sich zum Beispiel an eine feste Pendler-Routine, die bis ins kleinste Detail ausgetüftelt ist – Sie wissen auf die Minute genau, wann Sie morgens an der Bahnstation eintreffen müssen, damit Sie rechtzeitig an einer ganz bestimmten Stelle auf dem Bahnsteig stehen können, und dasselbe gilt für die Rückfahrt. Natürlich können Sie nicht beliebig von diesem Schema abweichen – aber wenn Sie wenigstens einmal die Woche einen anderen Weg zum Bahnhof wählen oder sich einmal in ein anderes Zugabteil setzen, springt Ihnen vielleicht etwas ins Auge, das Sie nie zuvor aus dieser Warte betrachtet haben.

Innehalten, um nachzudenken

Es gibt zahllose Möglichkeiten, unsere gewohnte Sichtweise durch *kleine subversive Handlungen* zu durchbrechen. Was haben Sie in letzter Zeit mit anderen Augen gesehen? Ihren Partner? Ihre Arbeit? Sich selbst?

Anfangen zu handeln

Wenn Sie das nächste Mal einen vertrauten Weg entlanggehen, versuchen Sie einmal, alles ganz intensiv wahrzunehmen und die Menschen, Gebäude, Bäume und Schilder neu zu sehen. Achten Sie auf Farben. Auf Worte. Auf Menschen und ihren Gesichtsausdruck. Werden Sie gewahr, wie schnell Sie gehen.

Achten Sie darauf, dass Ihre Gedanken wahrscheinlich noch schneller voraneilen als Sie selbst und schon damit beschäftigt sind, welche Leute Sie treffen oder welche Aufgaben Sie erledigen wollen. Versuchen Sie stattdessen, und sei es nur für einen Augenblick, den Weg einfach zu genießen. Gehen Sie ein bisschen langsamer. Entspannen Sie die Schultern. Und konzentrieren Sie sich auf den Weg, nicht auf das Ziel. Fragen Sie sich, welche neuen Eindrücke Sie gewinnen.

Wenn Sie achtsam innehalten, werden Sie anfangen, bemerkenswerte Dinge wahrzunehmen

Der folgende Auszug stammt aus dem wundervollen Roman *Nach dem Regen* von Jon McGregor. Er handelt von den bemerkenswerten Dingen, die unserer Aufmerksamkeit normalerweise entgehen.

Mach die Ohren auf, dann hörst du's. Sie singt. Die Stadt.

Wenn du ruhig dastehst, hinten im Garten, in der Mitte der Straße, oben auf dem Dach. Nachts ist das Lied am klarsten, wenn der Klang schneidend über die Oberfläche der Dinge streicht, wenn er tief in dich eindringt. Es ist ein Lied ohne viele Worte, aber ein Lied ist es trotzdem, und jeder, der es hört, weiß genau, was es singt. Und das Lied klingt am lautesten, wenn du jeder Note einzeln lauschst.

Das leise einlullende Summen der Klimaanlagen, die aus Läden und Cafés und Büros in der ganzen Stadt Hitze und Dünste blasen, laufen an und laufen aus, lange, einander überlappende Atemzüge, ein Wiegenlied für müde Straßen. Der brausende Verkehr fliegt noch immer über Hochstraßen, selbst in den dunklen Stunden ein fortwährendes Rauschen, Reifen auf Asphalt, Motoren grollen, lose Gatter und Gullys kla-klacken wie Kastagnetten aus Stahl ...

McGregor entdeckt das Heilige im Profanen. So häufig entgeht uns das Heilige, das „Bemerkenswerte" in unserer Umwelt, weil wir stattdessen nach dem Sensationellen Ausschau halten – nach den absolut herausragenden Momenten, nach den wirklich hinreißenden Leuten, nach den coolen Ausnahmeerlebnissen. Das Bemerkenswerte umgibt uns von allen Seiten, aber wir sehen es normalerweise nicht, weil wir nicht wissen, wie wir danach Ausschau halten sollen. Wenn man innehält, um auf das Bemerkenswerte zu achten, wird man es mit der Zeit immer deutlicher wahrnehmen: eine Stimme draußen vorm Fenster, das Zwitschern eines Vogels inmitten des Verkehrslärms, die Form der Wolken, die Qualität des Lichts ... Und Sie, Sie sind Teil dieser Szenerie: eine bemerkenswerte Figur in der Geschichte, die sich in diesem Moment an diesem Ort entfaltet.

In dem Film *Der Club der toten Dichter* weckt der von Robin Williams verkörperte Mr. Keating die Begeisterung der Jungen, die er unterrichtet, und der Millionen Menschen, die den Film gesehen haben. In einer Szene mit hohem Symbolgehalt klettert Keating zum Vergnügen der Schüler auf seinen Schreibtisch und erklärt:

„Wieso stehe ich hier oben? Wer weiß es? ... Ich habe mich auf den Schreibtisch gestellt, um mir klarzumachen, dass wir alles auch aus anderer Perspektive sehen müssen. Von hier oben sieht die Welt wirklich anders aus. Glauben Sie mir nicht? Dann steigen Sie selbst hier hoch. Na, kommen Sie. Kommen Sie."

Als die Jungen anfangen, ebenfalls auf seinen Schreibtisch zu klettern, springt Keating herunter. „Gerade wenn man glaubt, etwas zu wissen, muss man es aus einer anderen Perspektive betrachten. Selbst wenn es einem albern oder unnötig erscheint. Man muss es versuchen ... Thoreau sagte: ‚Die meisten Menschen führen ein Leben in stiller Verzweiflung.' Finden Sie sich nicht damit ab. Brechen Sie aus!"

Wir können die Welt wie Mr. Keating von einem erhöhten Standpunkt betrachten, aber wir haben auch die Option, auf die Knie zu fallen. Auch von da unten sieht die Welt wieder ganz anders aus. Mitunter fällt mir ein, dass mein kleiner Sohn und meine kleine Tochter die Welt buchstäblich aus einer anderen Perspektive sehen. Dann gehe ich auf die Knie und schaue zu dem riesigen Tisch und den großen Stühlen auf, zur Decke, die so weit entfernt erscheint, und den Türgriffen, die außerhalb meiner Reichweite liegen, und versuche mir vorzustellen, wie es ist, ein kleines Kind zu sein.

Für Kinder sieht die Welt völlig anders aus. Das Leben sieht anders aus. Manchmal müssen wir niederknien, um die Welt, die Gott für uns geschaffen hat, zu sehen. Sie ist da, umgibt uns von allen Seiten, aber vielleicht haben wir vergessen, wie wunderschön sie sein kann.

Die gute Nachricht ist, dass es nicht so sein muss. Wir brechen zu einer Reise auf, packen unsere Koffer für etwas, an das wir glauben müssen, um es zu sehen.

Es kommt Bewegung in die Sache.

Kapitel 3: Den Wandel leben

Ein Sämann ging aufs Feld, um zu säen. Als er säte, fiel ein Teil
der Körner auf den Weg und die Vögel kamen und fraßen sie. Ein
anderer Teil fiel auf felsigen Boden, wo es nur wenig Erde gab,
und ging sofort auf, weil das Erdreich nicht tief war; als aber die
Sonne hochstieg, wurde die Saat versengt und verdorrte, weil sie
keine Wurzeln hatte. Wieder ein anderer Teil fiel in die Dornen,
und die Dornen wuchsen und erstickten die Saat. Ein anderer Teil
schließlich fiel auf guten Boden und brachte Frucht, teils hundert-
fach, teils sechzigfach, teils dreißigfach.
Matthäus 13,3–8

Es ist ein bedeutsamer Schritt, wenn wir uns einer tieferen Realität bewusst werden und anfangen, die uns umgebende Welt aus
einer neuen Perspektive zu sehen. Doch wir müssen auch kreativ
und nachhaltig darauf reagieren, sonst bleiben wir in einer Welt
der Ideen gefangen, so schön sie auch sein mag. Bei der Spiritualität geht es darum, die Spannung zwischen Kontemplation
(Sein) und Handeln (Tun) aufrechtzuerhalten. Sie ist die Brücke
zwischen den beiden, auch wenn die Bewegung von der Kontemplation zum Handeln nie in nur eine Richtung verläuft. Sein
und Tun sollten vielmehr in steter Wechselseitigkeit ineinanderfließen, sich gegenseitig befruchten und bereichern.

Jesus war ein gnadenloser Realist im Hinblick auf die Herausforderung, vor der jeder Mensch steht, der die „Geheimnisse des
Himmelreichs", wie er es nennt, verstehen und ein Leben führen
will, wie Gott es vorgesehen hat. Er wusste, dass viele Menschen
seine Worte hören würden, aber nicht jeder darauf reagieren
würde. Tatsächlich fällt in dem Gleichnis vom Sämann die Saat
nur in einem von fünf Fällen auf fruchtbaren Boden. Keine besonders reiche Ausbeute.

Leider versprechen viele „Geist-Körper-Seele"-Gurus und

religiöse Anführer eine schnelle, leicht konsumierbare Lösung: Sofortige Aufklärung und Erleuchtung für alle, die es cool finden, ihrer Lebensweise eine Prise Spiritualität beizumischen. Und viele Menschen gehen auch wie „Konsumenten" an die Spiritualität heran, so als handele es sich um eine Dienstleistung, die man käuflich erwerben könne, und nicht vielmehr um eine eigene dienende Haltung.

Doch es ist mehr erforderlich, als ein Buch zu lesen und sich ein T-Shirt zu kaufen. Man braucht Entschlossenheit, um den Schritt vom Nachdenken über eine Transformation zum gelebten Wandel zu vollziehen. Wie viele von uns nehmen sich immer wieder vor, bald eine Diät zu machen, mit dem Rauchen aufzuhören, mehr Zeit mit der Familie zu verbringen oder ihr Leben in anderer Form wirklich tiefgreifend zu verändern ...? Die Erkenntnis, was man tun sollte, ist das eine. Etwas völlig anderes ist es, sie tatsächlich in die Tat umzusetzen.

Und deshalb ist der spirituelle Pfad alles andere als eine „bequeme" Möglichkeit für jeden: Dem Weg zu folgen verlangt Mut, den Mut unserer Überzeugungen und ein starkes Engagement. Es ist kein leichter Weg, auch wenn er durch seine Einfachheit besticht. Sie wissen, dass Sie Momente des Erwachens erlebt haben. Sie haben angefangen zu verstehen, was geschieht. Jetzt stellt sich die Frage: *Was wollen Sie tun?*

Innehalten, um nachzudenken

Jesus beschreibt in seinem Gleichnis die unterschiedlichen Arten des Bodens, auf den die Saat fällt. Zu welchem Typ gehören Sie – 1, 2, 3 oder 4?

1. Wenn Sie die Botschaft vom Reich Gottes nicht verstehen, ist es, als ob die Saat auf den Weg fällt und von den Vögeln aufgepickt wird.
2. Der felsige Untergrund ist wie die Person, die die Botschaft freudig empfängt, aber die Saat kann keine Wurzeln bilden

und stirbt ab, sobald die äußeren Bedingungen sich verschlechtern.

3. Die Dornen sind die „Sorgen dieser Welt" und „der trügerische Reichtum", die das Wachstum der Saat ersticken.

4. Der gute Boden steht für die Person, die hört und versteht und schließlich „Frucht bringt"...

Veränderungen

Denken Sie an Mr. Keatings Worte im *Club der toten Dichter*: „Thoreau sagte: ,Die meisten Menschen führen ein Leben in stiller Verzweiflung.' Finden Sie sich nicht damit ab. Brechen Sie aus!"

Nachdem Keating von seinem Schreibtisch heruntergeklettert ist und seinen Schülern gezeigt hat, dass man die Welt nicht immer auf altbekannte, gewohnte Weise sehen muss, lässt er es nicht einfach dabei bewenden. Er trägt den Jungen auf, ein Gedicht zu schreiben.

Es kann manchmal beängstigend sein, herauszufinden, wie man durch kreatives Handeln auf eine neue Sichtweise reagieren soll, vor allem wenn das neue Verständnis eine große Herausforderung darstellt. Doch reagieren muss man: Andernfalls fällt die Saat des Erwachens auf felsigen oder dornigen Untergrund und wird von den Vögeln aufgepickt oder von den Disteln erstickt. Es ist entscheidend zu handeln, auch wenn man zunächst nur eine ganz einfache, kleine oder symbolische Handlung durchführt. Sie zeigt uns, dass Handeln möglich ist. Dadurch setzen wir ein Zeichen, rammen sozusagen einen ersten Pfosten in die Erde. Zudem machen wir die Erfahrung, dass ein kleiner Akt der Veränderung befreiender wirken kann als alles, was wir bislang getan haben. Wie Gandhi einmal sagte, müssen wir die Veränderung sein, die wir uns in der Welt wünschen.

Verändern Sie eine einzige Sache!

Die meisten von uns fassen zu jedem Jahreswechsel gute Vorsätze – überlegen sich, was sie an sich selbst im neuen Jahr verändern wollen. Etwas in uns reagiert auf die Herausforderung, reinen Tisch zu machen und neu anzufangen. Die Vorstellung hat etwas Reizvolles.

Doch wie vielen gelingt es tatsächlich, einen guten Vorsatz in ein dauerhaftes, nachhaltiges Verhalten umzusetzen? Schon Mitte Januar haben wir aufgehört, regelmäßig ins Fitnessstudio zu gehen, oder doch wieder mit dem Naschen angefangen (oder was immer der Inhalt unseres Vorsatzes war) und fühlen uns enttäuscht und entmutigt, weil wir anscheinend nicht in der Lage sind, die Veränderung, von der wir wissen, dass sie gut wäre, in die Tat umzusetzen.

Eine bekannte britische Drogeriekette führte ein Jahr lang eine interessante Werbekampagne durch, die unter dem Motto stand: *Change One Thing!* (Ändern Sie *eine* Sache!) Auf der Website des Unternehmens fand sich damals der folgende, wahrscheinlich zutreffende Tipp: „Die meisten von uns verlieren die Motivation, und normalerweise aus denselben Gründen: Wir setzen unser Ziel zu hoch an, haben nicht genug Unterstützung und planen nicht gründlich genug oder bereiten uns nicht richtig vor."

Wenn es darum geht, zu einer spirituellen Reise aufzubrechen, um unser menschliches Potenzial zu entfalten, neigt man zu „großen" Visionen. Nun ist es durchaus etwas Positives, die Welt verändern zu wollen, aber keiner von uns kann die Welt ganz allein verändern, und zu einem Wandel kommt es nur, wenn wir anfangen, die positiven Veränderungen in unserem eigenen Leben an andere weiterzugeben. Was ist besser: Klein anfangen – und *irgendetwas* verändern – oder so große Träume haben, dass man letztlich gar nichts bewirkt?

Malcolm Gladwell, Autor des Bestsellers *Der Tipping Point*, weist darauf hin, dass schon kleine Veränderungen in unserem eigenen Leben machtvolle Wirkungen haben können (und schnell zu großen gesellschaftlichen Veränderungen führen können). „Um die Macht von Epidemien zu erfassen", schreibt er, „müssen wir unsere Vorstellung von Proportionalität aufgeben. Wir müssen uns auf die Möglichkeit einstellen, dass kleine Ereignisse große Veränderungen auslösen können und dass diese Veränderungen manchmal sehr schnell eintreten."

Gladwell benutzt einen sehr schönen Vergleich für seine These, nämlich Regen, der sich in Schnee verwandelt. Gelegentlich erweist es sich als angenehme Überraschung, wenn ein anhaltender, hässlicher Nieselregen plötzlich weiß wird und wir uns an einem Schneegestöber erfreuen können. Natürlich nur, wenn die Umstände stimmen.

„Fast nichts hatte sich verändert", erinnert sich Gladwell an eine solche Situation, „und doch – das war das Erstaunliche – fast alles war anders. Der Regen hatte sich in etwas ganz anderes verwandelt. Schnee! Wir sind im Kern alle Geschöpfe der Allmählichkeit, unsere Erwartungen messen wir am stetigen Fluss der Zeit. Aber die Welt des Tipping Points ist ein Ort, an dem das Unerwartete zum Normalfall wird, wo die radikale Veränderung mehr ist als eine Möglichkeit. Sie ist – all unseren Erwartungen entgegen – eine Gewissheit."[1]

Auf unserer spirituellen Reise erreichen wir einen Ausgangspunkt. Die Momente des Erwachens, die uns geschenkt werden, summieren sich und gewinnen zunehmende Bedeutung: Die Umstände sind günstig und eine kleine Veränderung kann einen großen Unterschied bewirken. Regen kann sich in Schnee verwandeln. Erreicht man einen spirituellen Ausgangspunkt, liegt die Außentemperatur sozusagen bei einem Grad über Null und es fängt an zu tröpfeln.

Innehalten, um nachzudenken

Reflektieren Sie über die neuen Arten des Sehens und die Momente des Erwachens, die wir in den ersten beiden Kapiteln erörtert haben. Sie werden wahrscheinlich tief in Ihrem Innern eine Reaktion ausgelöst haben, das Bedürfnis, eine Veränderung vorzunehmen. Vielleicht ist dieser Wunsch auf etwas Spezifisches gerichtet, vielleicht auch allgemeinerer Natur. Jetzt sollten Sie überlegen, welche kleine, aber nachhaltige Veränderung in Ihrem Leben Ihnen helfen könnte, Regen in Schnee zu verwandeln.

Welchen Kurs steuern Sie?

Wenn Sie „Veränderung" als Element Ihrer eigenen Reise betrachten, dann ergeben die Worte des Coaching-Gurus John Whitmore auf seltsame Weise Sinn. „Wenn wir die Richtung nicht ändern", sagt er, „werden wir wahrscheinlich dort landen, wo wir hinsteuern." Worauf steuern Sie zu, wenn Sie die Richtung nicht ändern? So wie ein Temperaturunterschied von einem Grad genügt, um eine Wetterveränderung zu bewirken, reicht auch schon ein leichter Druck auf das Steuerruder aus, um den Kurs eines Schiffes zu ändern.

Kleine Früchte tragen

Ein früherer Kollege von mir, Mark Greene, Leiter des London Institute for Contemporary Christianity, hat einen wunderbaren Ausdruck für die kleinen Veränderungen, die einen großen Unterschied für uns selbst und die uns umgebende Welt machen können. Er nennt sie „kleine Früchte", was ein hilfreicher Ansatz sein kann, um eine Art Bestandsaufnahme zu machen, frischen Mut für unsere Reise zu schöpfen und zu erkennen, was sich durch die Reise verändert.

Doch welche Art von Frucht möchten Sie wachsen lassen? Es ist wichtig, darüber nachzudenken, weil sich nicht jede „Veränderung", die man vornimmt, notwendigerweise oder automatisch günstig auswirkt. Der spirituell Suchende, der entscheidet,

dass er sich von den banalen Realitäten dieser Welt zurück-
ziehen muss, riskiert, sich vom wirklichen Leben abzukap-
seln – deshalb sollten wir uns ständig fragen, ob die Momente
des Erwachens und die neuen Perspektiven, die wir gewinnen,
sich in positive Ergebnisse für unser Alltagsleben übertragen.
Wer schließlich seine gesamte Zeit in Kontemplation verbringt,
zieht sich möglicherweise von wichtigen Beziehungen zurück.
Doch der Zustand der Kontemplation – das Sein – sollte immer
in einem Spannungsverhältnis zum Tun gehalten werden und so
dazu beitragen, dass unsere Beziehungen auf fruchtbare Weise
erneuert und neu belebt werden.

Früchte können in vielerlei Gestalt wachsen: Liebe, Freude,
Frieden, Geduld, Freundlichkeit, Güte, Treue, Sanftheit und
Selbstbeherrschung ... Wenn Sie eine Veränderung vornehmen,
die solche „Früchte" trägt, sind Sie auf dem richtigen Weg, um
die Richtung zu ändern, die Sie vielleicht schon ohne nachzudenken eingeschlagen haben.

Kleine, aber ergiebige Früchte: Jeder noch so kleine Beitrag kann weitreichende Veränderungen bewirken

Denken Sie an Gladwells Worte über den Ausbruch von Epide-
mien: „Wir müssen uns auf die Möglichkeit einstellen, dass
kleine Ereignisse große Veränderungen auslösen können und
dass diese Veränderungen manchmal sehr schnell eintreten."
Mein früherer Kollege Mark kam auf dem Weg zur Arbeit in
London immer an einer Telefonzelle vorbei, in der haufenweise
Visitenkarten von Prostituierten lagen. Die Bilder, die auf den
Karten prangten, waren nicht unbedingt für öffentliche Plätze
geeignet; sie hätten auch Kindern in die Hände fallen können.
Mark überlegte, was er tun könne, um diese spezielle Flut ein-
zudämmen, und fühlte sich hilflos. In London stehen Hunderte
dieser Telefonzellen und die Aktivitäten eines einzelnen Mannes
würden nicht ausreichen, um die Stadt zu säubern.

Doch irgendetwas musste er tun, wenn er dem Mut seiner Überzeugungen treu bleiben wollte. Also nahm er sich diese einzelne Telefonzelle vor und entfernte jeden Morgen auf seinem Weg zur Arbeit alle ausgelegten Karten. Am Abend waren die fehlenden Karten wieder ersetzt, also entfernte er sie abermals auf seinem Heimweg. Sein Vorgehen sprach sich herum, vor allem, als er von dem Zuhälter angegriffen wurde, der hinter diesen „Werbekampagnen" stand. Am Ende berichtete die Zeitung *The Independent* über Marks Aktionen, und der Stadtrat von Westminster unterstützte die Bemühungen. Wie der *Independent* berichtete: „Westminster-Councillor Kit Malthouse erklärte: ‚Die Macht des gläubigen Volkes geht auf die Straße, um sie [die Telefonzellen] zu säubern, und appelliert an das Gewissen der Regierung, etwas zu unternehmen.'"

Wir alle sind mitunter deprimiert, weil wir die Welt nicht ändern können, aber wenn wir uns eingestehen, dass wir es nicht können, und stattdessen versuchen, uns mit anderen Menschen zusammenzutun, die sich alle auf eine einzelne kleine Veränderung beschränken, dann sind wir zusammen vielleicht sogar in der Lage, einen weltweiten Wandel zu bewirken.

Veränderungen treten immer nur heute ein; deshalb sollten wir darauf verzichten, die Vergangenheit oder die Zukunft zu ändern

Das ist eine schlichte Wahrheit und dennoch besonders schwer zu begreifen. Die Kunst, „stärker in der Gegenwart präsent zu sein", werden wir in den folgenden Kapiteln noch ausführlicher behandeln, weil wir sie dringend brauchen, um größere spirituelle Intelligenz zu entwickeln. Überlegen Sie: Wie viel Zeit verbringen (und vergeuden) Sie mit dem Wunsch, Sie könnten Ihr früheres Handeln ändern, oder mit der Sehnsucht, dass irgendwann in der Zukunft die große Veränderung eintreten wird, wenn Sie etwa einen neuen Arbeitsplatz finden, im Lotto gewinnen, Ihrem Traumpartner begegnen oder anfangen, endlich so zu leben, wie Sie es schon immer wollten?

Der Mann, der sich selbst verspricht, dass er morgen mit dem Rauchen aufhören wird, verschließt die Augen beharrlich vor der Realität, denn natürlich wird dieses Morgen niemals kommen. Die Frau, die sich wünscht, sie könnte die Zeit zurückdrehen und sich bei einer früheren Lebensentscheidung nach rechts und nicht nach links wenden, lebt ebenfalls in einem Zustand konstanter Verleugnung, denn im Gegensatz zur britischen Science-fiction-Kultfigur Dr. *Who* haben wir nicht gelernt, durch die Zeit zu reisen.

Mit dem Handeln beginnen

Oben haben Sie überlegt, welche einzelne kleine Sache Sie gern verändern würden, nachdem Sie darüber nachgedacht haben, welche neue Perspektive auf die Welt sich für Sie damit eröffnet. Beschließen Sie nicht einfach nur, diese kleine Veränderung zustande zu bringen: Fangen Sie sofort damit an. Versuchen Sie, die Veränderung schon heute in Angriff zu nehmen. Handeln Sie *jetzt*.

Hilfreiches Werkzeug

Auch wenn Sie vielleicht schon in Ihrer Schulzeit aufgehört haben, „Tagebuch zu schreiben", sollten Sie in Erwägung ziehen, jetzt wieder damit zu beginnen: Ein gut geführtes Tagebuch kann sehr hilfreich sein, um die Kluft zwischen Kontemplation und Handeln zu überbrücken. Erstens hilft es Ihnen, sich an die Momente des Erwachens, die Sie erlebt haben, und an Ihre neue Sichtweise der Welt zu erinnern. Zweitens hilft es Ihnen, diese Momente gründlicher und kreativer zu durchdenken. Drittens bietet es Ihnen die Möglichkeit, sich selbst kritisch zu prüfen und Rechenschaft abzulegen.

Auch ein Tagebuch kann eine kleine Veränderung bewirken. Zugegeben, es geht dabei hauptsächlich ums Reflektieren. Dennoch ist es auch eine Handlung, und zwar eine, die wenig Anstrengung kostet, wenn Sie jeden Tag (oder einmal in der Woche) etwas hineinschreiben. Ein Tagebuch wird Ihnen schon bald ein Gefühl dafür geben, woher Sie gekommen sind, und hilft Ihnen, schriftlich festzuhalten, wie Sie kreativ und entschlossen auf Ihr spirituelles Erwachen reagiert haben.

Regelmäßig etwas Zeit im Gebet zu verbringen oder sich einfach allein an einen ruhigen Ort zurückzuziehen sind weitere Beispiele für ein täglich wiederkehrendes Handeln, das schon bald positive Ergebnisse zeitigen wird. Wenn Sie nie innegehalten haben, um einfach zur Ruhe zu kommen, zuzuhören oder einfach zu „sein", dann sollten Sie damit anfangen. Aber versuchen Sie nicht, über Nacht zum Zen-Meister zu werden. Probieren Sie stattdessen einfach einmal aus, morgens am Schreibtisch fünf Minuten innezuhalten und sich spirituell auf den kommenden Tag vorzubereiten, bevor Sie den Computer einschalten.

In Kapitel 1 habe ich vorgeschlagen, eine Übung namens „Ein Tag als Spiegel Ihres Lebens" auszuprobieren. Diese Übung könnten Sie jetzt wiederholen und dabei eine zusätzliche Handlung in Betracht ziehen, die Ihnen vielleicht mit der Zeit hilft, sowohl die Richtung in Ihrem Leben zu ändern als auch (noch wichtiger) die Art, wie Sie diese Richtung ändern. Das kann etwas ganz Simples sein, zum Beispiel, dass Sie beschließen, den Busfahrer freundlich lächelnd zu begrüßen. Diese kleinen Handlungen summieren sich und haben einen positiven, kumulativen Effekt nicht nur für Sie selbst, sondern auch auf Ihre Mitmenschen.

Letzten Endes werden Sie keine größere spirituelle Intelligenz entwickeln, nur weil Sie einfach furchtbar viele neue Dinge tun und versuchen, sich selbst zu beweisen, dass sie anders sind. Doch durch den Versuch, auf einen kleinen Bereich zu reagieren, von dem Sie durch das Erwachen zu neuen Möglichkeiten eine flüchtige Ahnung erhalten haben, fangen Sie an, sich selbst und andere in einen neuen Raum zu führen. Das Ziel besteht darin, aktiv und nicht passiv zu leben: gute Entscheidungen zu treffen, anderen in selbstloser Liebe zu dienen und den Wandel zu vollziehen, von dem Sie tief in Ihrem Innern wissen, dass Sie ihn gern vollziehen möchten. Im Leben geht es um Sein und Tun – auch um Wachstum, um den Prozess, durch den wir heranreifen und uns zu dem Menschen entwickeln, der in uns angelegt wurde. Sie bemerken nicht immer über Nacht, dass Sie sich verändert haben: Wenn Sie zum Beispiel Diät halten, bemerken Sie die Veränderung nicht sofort. Aber wenn Sie heute beschließen, die Chips zu streichen, und anfangen, zu Fuß zur Arbeit zu gehen, anstatt das Auto zu nehmen, wird über kurz oder lang der Zeitpunkt kommen, an dem jemand zu Ihnen sagt: „Wow, du hast dich aber verändert – was ist passiert?" Das ist der Punkt, an dem sich der Regen in Schnee verwandelt.

Kapitel 4: **Das Gute weitergeben**

Love spreads – Liebe ist ansteckend
The Stone Roses

Und damit erreichen wir das Ende des ersten Reiseabschnitts. Wir haben nach Momenten des Erwachens gesucht, uns bemüht, die Welt mit anderen Augen zu sehen, und gefragt, wie wir anfangen können, den Wandel zu leben, den wir uns wünschen. Der letzte Schritt besteht darin, die eigenen Erfahrungen weiterzugeben.

Doch lassen Sie mich eines von Anfang an klarstellen: Der Pfeil als Sinnbild dieser Etappe bedeutet nicht, dass man versucht, andere Menschen zu verändern. Es hat auch nichts damit zu tun, dass man sie spirituell zur eigenen Denkweise „bekehren" will. Genau genommen geht es eher um das Gegenteil.

Die freudige Aufregung Ihrer eigenen sich entfaltenden Reise sollten Sie mit anderen teilen und das Gute des Wandels, den Sie erleben, an sie weitergeben – den Gewinn an Präsenz, an Neugier und Bewusstheit, an Mitgefühl und einer eher dienenden Haltung gegenüber Ihren Mitmenschen. Es geht darum, dass wir die Vorurteile und vorgefassten Meinungen hinter uns lassen, andere nicht vorschnell bewerten, sondern über die Requisiten ihrer Identitätsausrüstung hinausschauen und erkennen, wer sie wirklich sind. Wir wollen das Leben als Geschenk empfangen und den Reichtum der eigenen Entfaltung mit anderen teilen.

Warum sollten Sie irgendetwas weitergeben?

Das Leben im 21. Jahrhundert hat seine ganz eigenen Plagen. In großen Teilen der Welt herrschen Hunger und Armut und ungeheure soziale Unterschiede. Der Klimawandel hängt über uns wie eine dunkle Smogwolke. Und obwohl wir im Westen, verglichen mit dem überwiegenden Rest der Welt, über unbeschreiblichen materiellen Reichtum verfügen, leiden wir unter Depressionen, Suchtkrankheiten, Angst vor Terrorismus, wirtschaftlicher Instabilität und einer lähmenden Apathie, als ob wir vergessen hätten, warum wir hier sind und welcher Weg uns bestimmt ist.

Das ist nicht mehr die Zeit (als ob es sie je gegeben hätte) für die rücksichtslose Ich-Mentalität, die in unserer Kultur des ungezügelten Konsums so weit verbreitet ist. Es ist nicht die Zeit, die Zugbrücke hochzuziehen und uns selbst von all jenen abzuschotten, die anders sind oder arm sind oder unsere Lebensweise ablehnen. Es ist nicht die Zeit, unseren Besitz für uns selbst zu horten, sondern vielmehr an der Zeit, uns in Richtung eines großzügigen Lebens zu orientieren. Die Maxime vom „guten Leben" (was so häufig auf selbstsüchtige Manier als „bequemes Leben" gedeutet wird) muss heute durch die Maxime des großzügigen Leben ersetzt werden, wenn wir den schweren Aufgaben, vor denen wir als Einzelne wie als Gesellschaft stehen, gerecht werden wollen.

Ein großzügiges Leben bedeutet, mit anderen zu teilen, aber es geht nicht nur um das Teilen materieller Reichtümer. Wenn wir wirklich großzügig leben wollen, dann müssen wir die Gelegenheit unseres Erwachens nutzen, um alle guten Nachrichten über echte Lebensalternativen in unserer blindwütig voranrasenden, fieberhaft hektischen Kultur mit anderen zu teilen. Wenn wir unsere angeborene spirituelle Intelligenz erschließen, wird das Teilen zum Lebensstil: Wir teilen das Wissen für die Reise mit anderen, teilen unsere Geschichten und unser Leben mit ihnen. Wir geben also, wenn Sie so wollen, die Vorteile weiter.

Wie gesagt, geht es nicht um den Versuch, andere Menschen zu ändern, sondern darum, durch die eigene positive Verwandlung ein Beispiel zu setzen. Wenn meine Welt anfängt, sich zum Besseren zu ändern, dann mache ich allmählich auch meine Umwelt besser für Menschen, die in meinen Einflussbereich kommen. Ich heiße sie willkommen, anstatt sie auszuschließen.

Ich gehe auf sie zu, anstatt sie zu ignorieren. Ich empfange sie gastfreundlich, mit offenen Armen, und teile mit ihnen den Reichtum des Lebens, den ich zu ernten beginne.

Was stimmt nicht mit dir?

Leider fällt uns kaum etwas so leicht, wie Fehler und Schwächen bei anderen zu entdecken. An jedem Menschen, den wir kennen, können wir mühelos eine Unzulänglichkeit feststellen (na ja, an fast jedem). Und die Fehler der anderen treten noch deutlicher hervor, wenn sie uns Unrecht tun – unseren Geburtstag vergessen, eine unpassende Bemerkung machen, uns auf der Straße nicht grüßen ...

Aber wir sollten uns bekanntlich nicht auf den „Splitter im fremden Auge" stürzen, wenn wir „einen Balken im eigenen haben". Lassen Sie uns einen Moment bei diesem Gedanken verweilen, bevor wir fortfahren. In der Bibel lesen wir die Geschichte von der Frau, die beim Ehebruch ertappt wird. Die Schriftgelehrten und Pharisäer bringen sie zu Jesus, um ihm eine Falle zu stellen. Das Gesetz, erklären sie, fordere, dass die Frau gesteinigt werde. „Nun, was sagst du?", fragen sie.

Jesus lässt sich Zeit (die der Frau wie eine Ewigkeit vorgekommen sein muss), um die Frage zu beantworten. Er zieht eine kleinen Linie in den Sand. „Wer von euch ohne Sünde ist, werfe als Erster einen Stein auf sie", schlägt er schließlich vor.[1] In der anschließenden betretenen Stille hätte man bestimmt eine Stecknadel zu Boden fallen gehört, von einigen Steinen ganz zu schweigen.

Jesu Antwort stellt alles auf den Kopf. Die Geschichte handelt im Grunde nicht von dieser Frau, sondern von unseren Reaktionen auf sie oder auf einen Menschen wie sie. Sie nimmt die Frau aus dem Rampenlicht und richtet den Scheinwerfer stattdessen geradewegs auf uns, die Zuschauer. Die Menge löst sich langsam auf, weil den Leuten klar wird, dass es ihnen nicht zusteht, Steine auf andere zu werfen, wenn sie selbst nicht ohne Fehl und Tadel sind.

Wie reagieren wir, wenn wir von einem verurteilten Kinderschänder hören oder jemanden sehen, der sich im Straßenverkehr total rücksichtslos verhält oder ganz allgemein etwas tut, von dem wir glauben, dass wir selbst es nie tun würden oder könnten? Kein Zweifel, das Leichteste ist, solche Leute zu verurteilen. Es gibt uns die Möglichkeit, uns selbst besser zu fühlen. Denn solange ein anderer im Unrecht ist, können wir im Recht bleiben.

Eine solche Einstellung überträgt sich auf die Art und Weise, wie wir andere Menschen sehen. Punktum. Wer sich je eine der typischen „Talk"-Shows im Privatfernsehen anschaut – bei denen häufig sozial schwache Familien mit zerrütteten Beziehungen auftreten –, tut es wahrscheinlich, um sich selbst dann besser zu fühlen: Gottlob, ich bin nicht so.

Genau genommen fällt es uns schon im ganz normalen Alltag schwer, nicht zu urteilen und andere nicht mit uns zu vergleichen – wo immer wir auf andere Menschen treffen, bewerten wir ihren Modegeschmack, ihre Attraktivität, ihre gesellschaftliche Stellung, das Betragen ihrer Kinder und Ähnliches mehr. Aber Jesus sagt: „Richte nicht, auf dass du nicht gerichtet werdest." Das heißt natürlich nicht, dass wir den Blick abwenden sollen, wenn anderen Menschen etwas zustößt oder Gesetze gebrochen werden. Worum es hier geht, ist unsere voreingenommene, wertende Haltung, die uns selbst vom Haken lässt, auch wenn wir andere kreuzigen.

Innehalten, um nachzudenken

Wir können die Momente, in denen wir spüren, dass unsere Neigung zu vorschnellen Urteilen (und unsere Rage) wächst, positiv nutzen, um uns unsere eigene Reaktion auf andere bewusstzumachen – zum Beispiel wenn wir einen Zeitungsartikel über ein schreckliches Verbrechen lesen. Denken Sie an eine Situation, in der Sie kürzlich von einer schlechten Nachricht gehört haben. Vielleicht haben Sie einen Artikel gelesen, in dem ein Straftäter als „Ungeheuer" bezeichnet wurde. Was haben Sie letzten Endes über diese Person gedacht? Warum haben Sie so reagiert, wie Sie reagiert haben? Welche Gefühle hat die Geschichte in Ihnen ausgelöst? Könnten Sie aus dieser Reaktion etwas über sich selbst lernen?

Stellen Sie sich jetzt vor, Sie stehen in der Menge, die diese beim Ehebruch ertappte Frau zu Jesus geführt hat. Denken Sie an die Frau, die aus Sicht des Gesetzes etwas Unrechtes tat. Überlegen Sie jetzt, wie sie sich wohl gefühlt hat. Wie hätten Sie reagiert, als Jesus sagte: „Wer von euch ohne Sünde ist, der werfe den ersten Stein?" Wenn Sie in der Menschenmenge gestanden hätten, wie würden Sie das Erlebnis einem Freund erzählen, der nicht dabei gewesen ist?

Befreien Sie sich von der Last

Wenn wir anfangen, unsere eigene Verwandlung zu erleben (auch wenn wir bislang nur eine einzige Sache verändert haben), ist es sehr wichtig, bescheiden und unvoreingenommen zu bleiben. Wir neigen automatisch dazu, eine höhere Meinung von uns selbst zu entwickeln, wenn wir das Gefühl genießen, persönliche Fortschritte zu machen, und versuchen dann, diese spezielle Veränderung auch anderen aufzudrängen. Denken Sie daran, wie viele Ex-Raucher einen Feldzug gegen das Nikotin starten und andere beschimpfen, die sich eine Zigarette anzünden, oder wie viele neue Fitness-Anhänger anfangen, anderen zu predigen, dass sie etwas für ihre Gesundheit und Sportlichkeit tun sollten.

Unsere Aufgabe besteht darin, die kleinen Veränderungsschritte, die wir vielleicht erleben, zu bewahren und uns auf behutsame und selbstsichere Weise an eine eher ganzheitliche, neue Seinsweise zu gewöhnen. Wir schwingen keine großen

Reden über den Wandel, den andere möglicherweise an uns beobachten, sondern lassen ihn für sich selbst sprechen.

Die gute Nachricht ist, dass wir dadurch von unserer Bürde befreit werden: Wir machen uns keine Sorgen mehr um den Splitter im Auge unseres Nachbarn. Wir sind von der Last befreit, dass wir andere ändern wollen (wenn auch nicht von der Sorge um ihr Wohl, und das ist etwas anderes). Wir können leichteren Herzens reisen in dem Wissen, dass wir uns nur über eine Person Gedanken machen müssen – nämlich über uns selbst.

Das heißt nicht, dass es uns an Mitgefühl oder Empathie für die Menschen mangelt, die sich Hilfe suchend an uns wenden. Wenn wir voranschreiten, können wir viele Einsichten mit anderen teilen, wenn und falls wir darum gebeten werden. Doch fürs Erste wird allein schon unsere Präsenz für die Menschen, die uns brauchen, einen positiven, inspirierenden Effekt haben.

Die Gelassenheit, die wir daraus ziehen können, dass wir auf unserer kontemplativen Reise (zum Beispiel) ein bisschen ruhiger, nachdenklicher und konzentrierter werden, wird sich von ganz allein übertragen; sie wird sogar dazu beitragen, die Atmosphäre in einem Raum zu verändern. Zweifellos gibt es viele Menschen in Ihrem Umfeld, die von einem unablässigen Ehrgeiz getrieben, unruhig und gestresst wirken. Früher einmal sind Sie unter solchen Bedingungen vielleicht mit dem Strom geschwommen, haben sich von der Stress-Welle mitreißen lassen und zum kollektiven Gefühl des Wahnsinns beigetragen. Doch jetzt bemerken Sie möglicherweise, dass Sie festeren Boden unter den Füßen haben, ein bisschen tiefer atmen und von einem stärkeren Gefühl für Ihre Präsenz und Verwurzlung erfüllt sind.

Das wird mit Sicherheit eine Wirkung entfalten, die nicht nur darin besteht, dass die Menschen in unserer Umgebung eine Veränderung bei uns feststellen – sie werden auch bemerken, dass unsere Präsenz eine Wirkung auf sie ausübt. Wir können nicht umhin, die uns umgebende Welt zu beeinflussen; die Frage ist immer nur, in welcher Weise wir sie beeinflussen wollen.

Anfangen zu handeln

Probieren Sie eine ganz einfache Übung aus. Achten Sie beim nächsten Mal, wenn Sie einen Raum betreten, darauf, dass Sie lächeln. Beobachten Sie, wie die Anwesenden reagieren und welche Wirkung es auf sie hat. Ihre Präsenz ist ansteckend, auch wenn Sie sich selbst für unbedeutend und unwichtig halten. Sie sind es nicht: Ihre Präsenz ist heilig.

Was würde Ihrer Ansicht nach geschehen, wenn Sie stattdessen stirnrunzelnd in den Raum kämen?

Wenn wir die Atmosphäre in einem Raum schon durch ein einfaches Lächeln oder Stirnrunzeln verändern können, lässt sich erahnen, wie tiefgreifend die Menschen, mit denen wir arbeiten und leben, von dem positiven Einfluss des Menschen, zu dem wir uns entwickeln, berührt werden können.

Salz und Licht

In der Bergpredigt stellte Jesus allgemein akzeptierte Ansichten auf den Kopf und wies darauf hin, dass es die Armen, die Schwachen, die Friedensstifter und „die Trauernden" seien, denen das Himmelreich gehöre. „Ihr seid das Salz der Erde ... Ihr seid das Licht der Welt", ermutigte er sie.[2]

Salz geht nicht herum und sagt den Leuten, was sie tun sollen. Licht spaziert nicht durch die Gegend und schwingt einen Stock, um andere zu verprügeln. Salz bewahrt und bereichert den Geschmack; Licht erhellt. Es *ist* einfach *da*.

Ihr Da-Sein mit anderen – entweder Ihre direkte Präsenz, wenn Sie arbeiten oder spielen, oder Ihre indirekte Präsenz, wenn Sie Ihr Leben innerhalb Ihrer lokalen Gemeinschaft führen – kann einen tiefgreifenden Effekt haben, viel tiefgreifender, als Sie vielleicht denken.

Der Psychologe und Autor Oliver James bekräftigt die Auffassung, dass kleine, einfache Inseln der Menschlichkeit innerhalb von Gemeinden dem von Jesus angesprochenen Salz und Licht gleichen. „Die Menschen, die spirituell sind und ein moralisches Empfinden haben – sie stecken alle anderen an", sagte er mir einmal in einem Interview. „Das ist es, was mich wirklich interessiert: die Vorstellung, dass einige wenige Menschen in einer Gemeinschaft alle anderen bei geistiger Gesundheit halten können."

Ich habe diese Worte als sehr ermutigend empfunden. Vielleicht haben „gute" Menschen einen unverhältnismäßig positiven Effekt auf die sie umgebende Kultur, auch (oder vielleicht gerade) wenn es ihnen nicht bewusst ist. „Ja, ich denke das ist so", bestätigte James.

Er führte dann weiter aus, dass solche Menschen für ihn diejenigen seien, „die den Irrsinn unserer modernen Zeiten durchschauen und ein gesundes Selbstbewusstsein haben, ohne egozentrisch oder narzisstisch zu sein. Sie führen durch ihr Beispiel – sind spielerisch, spielen aber keine Spielchen; sind authentisch, aber nicht von rücksichtsloser Offenheit; sind lebendig, aber nicht hyperaktiv."

Helden in Wartestellung

Wenn all das für Ihren Geschmack ein bisschen zu passiv klingt, können Sie es auch aus einer anderen Warte betrachten. Der Psychologe Philip Zimbardo schrieb einmal in einem faszinierenden Beitrag im *Guardian*, dass die meisten Menschen sich zwar „konform verhalten" und dem machtvollen negativen Einfluss „erliegen und nachgeben", der viele soziale Situationen kennzeichnet, dass es jedoch immer einige gebe, die sich weigerten und Widerstand leisteten.

Seiner Ansicht nach ist das Entscheidende die *Orientierung* dieser Menschen: Sie sind bestrebt, einen anderen Weg zu gehen, und reagieren angemessen, wenn sie gefordert sind. Während bestimmte Situationen bei vielen etwas auslösen, was Zimbardo „feindselige Imagination" nennt, wecken sie bei den wenigen eine „heroische Imagination". Wir müssen anderen beibringen, sich selbst „als Helden in Wartestellung" zu sehen, erklärte er, „bereit, in einer bestimmten Situation, die vielleicht nur einmal im Leben eintritt, heldenhaft zu handeln".

Das ist ein hilfreicher Ansatz, um die positive, nach außen orientierte Haltung zu verstehen, durch die wir die kleinen Veränderungsgrade, die wir erleben, zum Ausdruck bringen können. Wenn wir uns spirituell besser darauf eingestimmt haben, wer wir sind und wie wir anders handeln können, sind wir besser dafür gerüstet, in Krisensituationen, in Zeiten der Not oder unter schwierigen Bedingungen positiv zu reagieren. Wir sind normale Helden in Wartestellung – nicht weil wir übernatürliche Kräfte hätten oder weil wie bestrebt wären, die Welt entsprechend unserer neuen Sichtweise zu verändern, sondern weil uns irgendetwas tief in unserem Innern darauf einstimmt, bereit zu sein, wenn wir gerufen werden, die richtige Entscheidung zu treffen, Hilfe zu leisten, für das Gute einzutreten oder Opfer zu bringen. Es ist ein dynamischer Prozess der Selbsthingabe, für den es keine bindenden Richtlinien gibt.

Selbstsicheres Leben

Wir Menschen neigen dazu, uns ständig miteinander zu vergleichen, entweder mit positivem Ergebnis (wenn wir andere an unseren „höheren" oder „überlegenen" Maßstäben messen, wie oben beschrieben) oder mit negativem Ergebnis (wenn wir uns selbst an anderen messen und uns als unzulänglich empfinden). In beiden Fällen ist es eine Befreiung, wenn wir damit aufhören. Wir befreien uns davon, andere vorschnell zu verurteilen, aber wir befreien uns auch davon, uns selbst im Spiegel einer zerbrochenen Welt zu betrachten und abzuwerten. Es funktioniert in beide Richtungen.

Wenn wir anfangen, mit größerer Selbstsicherheit zu leben, uns nicht mehr davon niederdrücken zu lassen, dass wir ständig beobachten, wie andere handeln und was sie wohl von uns denken, erhalten wir die Möglichkeit, das Potenzial des Menschen, als der wir ursprünglich erschaffen wurden, vollständiger zu entfalten. Und das führt dazu, dass unsere Präsenz sich positiver bemerkbar macht.

Das geschieht allerdings nicht über Nacht. Lassen Sie sich nicht täuschen. Man muss täglich darum ringen, der Wandel zu *sein*, wie Gandhi sagte, anstatt ihn zu predigen oder zu erzwingen oder andere dafür zu verurteilen, dass sie ihn nicht so schnell vollziehen wie man selbst.

Die Liebe verbreiten

Was ist die positivste Denkweise, wenn es um die Weitergabe möglicher Einsichten geht, die wir bei der zunehmenden Erschließung unserer spirituellen Seinsquelle gewinnen? Es lohnt sich, darüber zu reflektieren, auf welche Weise irgendetwas „übertragen" wird, bevor wir uns durch einen tieferen Fluss unserer Reise bewegen.

Wir haben bereits über die Tatsache nachgedacht, dass wir die uns umgebende Welt positiv oder negativ beeinflussen, ob wir wollen oder nicht. Wir sind Beziehungswesen, und alles, was wir tun und was wir sind, fließt durch unsere Beziehungen. Ein Stirnrunzeln ist ansteckend; ein Lächeln ist ansteckend. Eine hektische Präsenz erhöht den Stress; eine ruhige, selbstsichere Präsenz verbreitet Gelassenheit.

Das Großzügige unserer Denkart hinsichtlich der „Übertragung" des Guten, das wir durch unsere Transformation erleben, besteht darin, dass wir es mit anderen teilen. Wir können unsere Mitmenschen an den Vorteilen des Wandels unseres Selbst teilhaben lassen – durch Großzügigkeit, Freundlichkeit, Sanftmut, Bescheidenheit, Weitblick, Ruhe, Präsenz, eine dienende Haltung. Sowohl durch unser Beispiel als auch durch unsere Hingabe können wir uns bemühen, etwas von uns selbst weiterzugeben – indem wir mit denen teilen, die uns am nötigsten brauchen, anstatt zu versuchen, ihnen unseren Anteil wegzunehmen.

Diese Orientierung bringt uns beständig näher an das Ziel unserer Reise – die Liebe. Sie ist die Triebfeder der meisten Formen spiritueller Weisheit – die Liebe zu Gott und die Liebe zu unserem Nächsten, auch zu unserem Feind. Wenn wir anfangen, uns das neue Paradigma bewusstzumachen, erkennen wir, das wir uns nicht durch Furcht, Unsicherheit oder ständige Vergleiche mit anderen erfolgreich entfalten, sondern durch die Sicherheit einer hingebungsvollen Liebe zu Gott und anderen. Wenn wir also irgendetwas verbreiten wollen, sollten wir liebevoll darauf hinwirken, andere positiv mit Hoffnung anzustecken.

Die Geschichte, zu der wir unser Leben machen wollen, handelt also von einer Liebe, die nicht anders kann, als sich selbst zu verschenken. Wenn wir uns der neuen Möglichkeiten in unserem Leben bewusst werden, wenn wir anfangen, die Welt mit anderen Augen zu sehen und den Wandel auf kreative Weise zu leben, dann können wir auch nicht umhin, diese Liebe wachsen zu lassen und die Ernte mit anderen zu teilen.

Was wirklich zählt, lässt sich nicht festhalten

In dem Film *American Beauty* durchläuft der Held, ein 43-jähriger Mann namens Lester, eine Transformation und wandelt sich von einem freudlosen Ehemann und abgestumpften Sklaven seiner Arbeit zu einem Menschen, der sich daran erinnert, wer er wirklich ist und wer er sein wollte. Am Ende des Films wird er getötet. Trotz der Tragik hört man zum Schluss seine körperlose Stimme darüber reflektieren, was ihm in seinem letzten Lebensjahr wirklich bewusst geworden ist, nämlich das unbegreifliche Wesen der Schönheit.

„Es fällt schwer, wütend zu bleiben, wenn es so viel Schönheit auf der Welt gibt", sagt er. „Manchmal habe ich das Gefühl, all die Schönheit auf einmal zu sehen, doch das ist einfach zu viel. Mein Herz fühlt sich dann an wie ein Ballon, der kurz davor ist zu platzen. Und dann geht mir durch den Kopf, ich sollte mich entspannen und aufhören zu versuchen, die Schönheit festzuhalten. Dann durchfließt sie mich wie Regen, und ich kann nichts empfinden außer Dankbarkeit für jeden einzelnen Moment meines dummen kleinen Lebens ..."

Dieses bewegende Ende erinnert uns daran, dass der Versuch, die allerbesten Dinge für sich selbst zu behalten, zum Scheitern verurteilt ist. Man muss sie irgendwie durch sich hindurchgehen – sich selbst und andere davon durchströmen lassen. Keiner kann die Schönheit eines Sonnenuntergangs wirklich begreifen und bewahren. Das Erlebnis übersteigt unser Fassungsvermögen, ist so schön, dass man es kaum beschreiben kann. Niemand von uns kann die Essenz destillieren, die unsere schönsten Erlebnisse auszeichnet – die innige Vertrautheit mit einem geliebten Menschen, die Geburt eines Kindes, den Duft von frisch gemähtem Gras oder den Blick auf das Meer. Solche Erlebnisse können nur wie Regen durch uns hindurchfließen.

Das ist die Haltung, die wir annehmen müssen, wenn wir die tieferen Schichten unseres Seins erreichen wollen, um eine Brücke zwischen unserem Tun und unserem Sein zu bauen, um unsere spirituelle Intelligenz freizusetzen und anzufangen, andere bei diesem Prozess innerlich zu berühren. Wir streben nach der volleren Entfaltung unseres Potenzials als menschliche Geschöpfe, die weder erschaffen wurden, um andere zu verurteilen, noch um das Beste im Leben zu horten, sondern um ein lebendiger Teil einer sich entfaltenden Vision zu werden – ein Teil der Schönheit des alltäglichen, ganz normalen Lebens. Eine solche Sichtweise ist ein Geschenk für alle, mit denen Sie in Kontakt kommen.

Innehalten, um nachzudenken

Ein Psalm erzählt von der Person, die über Gottes Weisung „meditiert": Sie denkt lange und gründlich darüber nach, wer der Mensch ist – in Beziehung zu Gott und, könnte man hinzufügen, in Beziehung zu Gottes Schöpfung, zur Schönheit und zur Liebe. Das kostet ernsthafte Anstrengung – man muss seinem Terminplan tagtäglich die Zeit abtrotzen, um das „Tun" durch die Reflexion über das „Sein" zu erneuern. Aber hier ist das Ergebnis:

Er ist wie ein Baum,
der an Wasserbächen gepflanzt ist,
der zur rechten Zeit seine Frucht bringt

und dessen Blätter nicht welken.
Alles, was er tut,
wird ihm gut gelingen.[3]

Denken Sie einen Moment darüber nach, was es für Sie und die Menschen in Ihrem Umfeld bedeuten könnte, wenn Sie auf diese Weise verwurzelt wären. Fragen Sie sich selbst, was es heißt, dass „alles, was er tut, gelingt", und er „zur rechten Zeit seine Frucht bringt": Wer würde von der Frucht in Ihrem Leben profitieren? Wie würde diese Frucht schmecken? Was bedeutet es, wie ein „Baum zu sein, der an Wasserbächen gepflanzt ist"?

Ebene 2
Das falsche Selbst

Kapitel 5: Erwachen

Niemand sah die Welt, wie ich sie sah. Auch hat sie niemand so empfunden, wie ich sie empfand ... Das muss etwas zählen.
Douglas Coupland[1]

Jetzt wollen wir uns der zweiten Ebene der Reise zuwenden, womit wir wieder an unseren Ausgangspunkt zurückkehren – wir betrachten erneut die Kunst des Erwachens, aber aus einer tieferen Perspektive. Und welchen besseren Ausgangspunkt könnte es geben, als weiter über die Schönheit nachzudenken?

Denn es ist unser Erwachen für die uns umgebende Schönheit, das uns in Berührung mit jenen tieferen Orten in unserem Innern bringt. Es ist unmöglich zu erklären, warum wir durch einen wahrhaft erhabenen Anblick oder auch durch einen Geschmack oder Duft, durch eine Berührung oder einen Klang im tiefsten Innern berührt werden, aber es ist so. Solche Momente wecken eine Sehnsucht in uns: Sie ziehen und zerren an uns, drängen uns in ein anderes Reich, und für kurze Augenblicke werden die Welt da draußen und die Welt in unserem Innern in etwas völlig Anderes verwandelt.

Innehalten, um nachzudenken
Bevor wir fortfahren, denken Sie an eine Situation, in der Sie emotional oder spirituell tief bewegt waren. Wodurch wurde dieses Erlebnis ausgelöst? Was haben Sie empfunden? Und wie haben Sie reagiert? Wie lange hat es gedauert, bis der Augenblick

verloren ging? Warum konnten Sie die Seligkeit des Augenblicks nicht länger auskosten?

Das Geschenk der Schönheit

John Eldredge meint, wir brauchten an dieser Stelle „keine Angst vor Übertreibung zu haben. Das Erleben von Schönheit ist einzigartig und übertrifft alle anderen Vergnügen in einer Hinsicht: Schönheit hat nichts mit Besitz zu tun. Nur weil Sie eine Landschaft lieben, müssen Sie noch lange nicht das Gelände erwerben. Einfach nur die Blume betrachten genügt; nichts in mir will sie aufzehren."

Und weiter: „Auf dieser Seite der Ewigkeit ist Schönheit das, was der Erfüllung ohne Besitzstreben am nächsten kommt. Vielleicht ist sie deshalb so heilsam – Schönheit ist durch und durch Geschenk. Sie hilft uns loszulassen."[2]

Die Erfahrung der Schönheit bewirkt ein nachhaltiges Erwachen, auch wenn sie uns entgleitet, wenn wir zu angestrengt versuchen, sie zu begreifen (oder verwirrt sind, weil wir nicht dazu fähig sind).

Schönheit erinnert uns daran, dass wir die besten Dinge im Leben nicht besitzen können: Sie können nur erlebt, dankbar empfangen und geteilt werden. „Besitz", könnte man daher folgern, ist nicht das Ziel des Lebens. Die spirituell intelligente Reaktion auf Schönheit besteht vielmehr darin, über die Frage nachzudenken, warum wir die großartigsten Dinge nicht besitzen müssen, um ein Teil davon zu sein. Die tiefste Quelle unserer Identität entspringt nicht aus der vorherrschenden kapitalistischen Weltanschauung, die uns sagt, dass wir kaufen und konsumieren müssen, um zu werden, wer wir wirklich sind. Irgendwo tief in unserem Innern flüstert uns eine Stimme die wahre Alternative zu: In unserer nackten Existenz, in unserem von allen Schichten entblößten Selbst sind wir am empfänglichsten für das Leben, das uns bestimmt ist.

Eldredge bringt es auf den Punkt: „Schönheit ist ein Geschenk." Wir nähern uns der vollen Entfaltung unseres menschlichen Potenzials, wenn wir aufhören, unseren Weg zum Glück erkaufen zu wollen, und stattdessen die Demut und Nacktheit begrüßen, die wir brauchen, damit wir das Beste, was die Welt zu bieten hat, als kostenloses Geschenk empfangen können.

In Evangelium des Johannes fordert Jesus seine Jünger auf: „Lernt von den Lilien, die auf dem Feld wachsen." Das war keine spontane Bemerkung, um einen bestimmten Punkt zu veranschaulichen, sondern die ernst zu nehmende Anweisung: Denkt über die Schönheit einer Blume nach. Und lasst sie zu euch sprechen. Nehmt sie als Geschenk, als Gelegenheit zum Erwachen. „Sie arbeiten nicht und spinnen nicht", fuhr Jesus fort, „doch ich sage euch: Selbst Salomo war in all seiner Pracht nicht gekleidet wie eine von ihnen."[3]

Es ist erstaunlich, wie gut es uns gelingt, die Augen vor dem anhaltenden Segen der uns geschenkten Natur zu verschließen – ein Geschenk, das uns von allen Seiten umgibt. Es geht nicht nur darum, dass eine schlichte Blume einfach wunderschön ist oder dass ein Fluss Ruhe ausstrahlt oder dass ein tosendes Meer ehrfurchtgebietend ist: Das Geschenk eines solchen Anblicks oder Erlebens zeigt unsere Wiedervereinigung mit der Schöpfung und der Großzügigkeit ihres Schöpfers.

Es lädt uns an jeder Biegung dazu ein, innezuhalten, das Tempo zu drosseln, unsere Aufmerksamkeit zu bündeln, nachzudenken, zu empfangen und uns durch eine Schönheit jenseits unseres stockenden Fassungsvermögens verwandeln zu lassen. Und es hilft uns dabei loszulassen. Niemand – nicht einmal die reichsten Scheichs oder Supermodels – kann durch die Kleidung, die er trägt, mit der Schönheit der Blumen konkurrieren; weshalb also sollten wir mit all unserer Kraft nach äußerlicher Schönheit streben, wenn wir beständig ein ganz anderes Geschenk der Schönheit ausstrahlen – nämlich unsere Schönheit als Teil der Schöpfung?

In Kapitel 7 werden wir uns ausführlich damit befassen, wie wir mit dem „Loslassen" anfangen können. Das Loslassen ist der Schlüssel, um das Gute wie Regen durch unser Leben fließen zu lassen. An dieser Stelle ist es wichtig, sich einfach dies einzuprägen: Wenn wir das Erleben der uns geschenkten Natur und die Lehren, die sich daraus ergeben, über ein paar flüchtige Augenblicke der Transzendenz hinaus ausdehnen wollen, sollten wir ihrem unbegreiflichen Wesen erlauben, uns in der Kunst des gelasseneren Umgangs mit den Dingen dieser Welt anzuleiten. Denn am Ende werden wir all diese Dinge aufgeben müssen, im größten Akt des Loslassens – unserem Tod.

Anfangen zu handeln

Verbringen Sie mindestens 15 Minuten draußen und reflektieren Sie über die Schönheit einer Blume oder über etwas wunderbar Einfaches oder einfach Wunderbares. Überlegen Sie, was Ihnen das über das Leben sagt. Was lehrt es Sie? Wie könnten Sie das Gelernte innerhalb der Geschäftigkeit Ihres Alltags erfassen, ohne sich allzu sehr daran zu klammern?

Ein zu erforschender Raum

God is nowhere
*God is now here**

Schon der allerkleinste Leerraum kann unsere Wahrnehmung der Welt völlig verändern. Und manchmal müssen wir uns selbst nur ein klein bisschen Raum gewähren, um die faszinierende Spannung zwischen dem, was „nirgendwo" ist, und dem, was „jetzt hier" ist, zu erkunden.

Wenn wir allmählich wach werden für die uns umgebende Schönheit, empfinden wir oft eine Art Verbundenheit mit etwas

---

* Gott ist nirgendwo / Gott ist jetzt hier

oder Jemandem, das oder der größer ist als wir selbst. Schönheit zeugt vom Guten und von Gott. Zumindest erinnert sie uns daran, dass das Leben mehr umfasst, als wir mit bloßem Auge erkennen können: Dem Universum wohnt ein verwirrendes Mysterium inne, das uns staunend innehalten lässt und vor die schwierige Aufgabe stellt, erneut darüber nachzudenken, wer wir in Beziehung zu der uns umgebenden Welt sind.

Solche Momente stehen allerdings auch häufig in starkem Kontrast zu unserer täglichen Wahrnehmung des Lebens, das uns so häufig alles andere als göttlich erscheint. Auf einem Berggipfel machen wir vielleicht die Erfahrung von Erhabenheit, aber was geschieht, wenn wir wieder einmal ins Tal hinabsteigen müssen?

Das ist die Krux bei jedem Erwachen spiritueller Intelligenz. In gewisser Hinsicht ist es leicht, sich der Herausforderung der Schönheit gewachsen zu zeigen und sich selbst zu erlauben, sich von diesen flüchtigen Momenten der Erhabenheit überwältigen zu lassen. Wesentlich schwieriger ist es, das Göttliche im Profanen zu suchen und sich bewusstzumachen, dass wir die Schönheit auch an den hässlichen Orten der Welt, in tödlich langweiligen Routinen oder in Situationen, in denen es uns besonders schlecht geht, entdecken können.

Über weite Strecken in unserem Leben kann es tatsächlich so aussehen, als sei Gott „nirgendwo". „Windhauch, Windhauch", sagte Kohelet, „Windhauch, Windhauch, das ist alles Windhauch."[4] Der Text bringt zum Ausdruck, was die meisten Menschen an irgendeinem Punkt ihres Lebens denken oder fühlen. Ob durch das unerträgliche Leiden eines vertrauten Freundes, der im Sterben liegt, oder einfach durch die Monotonie einer lähmenden Arbeit oder Gewohnheit, häufig kann es so aussehen, als bestünde das Leben fast nur aus Langeweile, Schmerz oder Kummer.

Andererseits können gerade unsere dunkelsten Stunden dazu führen, dass wir uns der Realität bewusst werden: dass das

Leben auf dieser Welt nicht ewig währt, dass niemand von uns unbesiegbar ist, dass wir uns der Frage stellen müssen, wer wir sind und wohin wir gehen, wenn wir unser menschliches Potenzial vollständiger entfalten wollen. Wir können solche dunklen Stunden nutzen, um zu erforschen, warum wir den Blick über uns selbst hinausrichten müssen – auf ein höheres Gut jenseits von uns selbst, durch dessen Hilfe wir unserer Gegenwart Bedeutung verleihen und Hoffnung für die Zukunft schöpfen können.

Doch fürs Erste liegt das Geheimnis vielleicht einfach darin, den winzigen Leerraum, der zwischen „God is nowhere" und „God ist now here" liegt, zu bewohnen. Er steht für eine kreative Spannung, die man nicht einmal unbedingt auflösen, sondern nur anerkennen und leben muss. Wir haben so oft Angst vor Freiräumen, sogar vor ganz kleinen Freiräumen. Manchmal müssen wir uns der Angst stellen und sie annehmen.

Innehalten, um nachzudenken

Neigen Sie spontan eher zu der Aussage „God is nowhere (Gott ist nirgendwo) oder eher zu der Aussage „God is now here" (Gott ist jetzt hier)? Warum? Denken Sie an Situationen, in denen Sie das Gegenteil empfunden haben. Was bedeutet dieser kleine „leere Raum" für Sie? Wie könnten Sie ihn nutzen, um sich die Tatsache bewusstzumachen, dass Gott sowohl „nirgendwo" als auch „jetzt hier" ist?

Das Leben als Ganzes

Das Leben ist heilig und jeder Augenblick kostbar.
Jack Kerouac[5]

Zu den Wahrheiten, die uns auf der weiteren Reise zu unserer menschlichen Entfaltung besonders machtvoll bewusst werden können, gehört, dass das gesamte Leben etwas Spirituelles ist.

Gott lebt nicht nur in Kirchen oder Synagogen. Die Erfahrung der Transzendenz ist nicht nur möglich, wenn wir auf einem Berggipfel sitzen. Wir sollten versuchen, unser Leben nicht als etwas zu sehen, das in unterschiedliche Bereiche getrennt ist – quasi in verschiedene Kartons verpackt ist. Das Leben ist vielmehr ein einziger fortlaufender Pfad, der sich durch Arbeit, Familie, Freunde, Kirche, Hobbys, Politik, Gemeinde und alles andere zieht. Man kann schließlich immer nur einen Fuß vor den anderen setzen.

Was zählt, sind nicht die Einzelteile, aus deren Summe sich das Gesamtleben zusammensetzt, sondern das *Leben als Ganzes*. In unserer heutigen Kultur ist es sehr leicht, in jedem sozialen Umfeld, in dem man sich gerade bewegt, „ein anderer Mensch zu sein". Haben Sie sich auch schon einmal gewünscht, Sie wären nicht so ein soziales Chamäleon, das sich stets den Leuten anpasst, mit denen es gerade zusammentrifft? Bestimmt kennen Sie diesen peinlichen Moment, in dem zwei Welten aufeinander-prallen: Man ist mit Freunden unterwegs, mit denen man auf eine bestimmte Art umgeht, und dann trifft man plötzlich auf ande-re Bekannte, in deren Gegenwart man sich normalerweise ganz anders verhält. Warum fühlt man sich unbehaglich, wenn diese Leute zusammenkommen? Wahrscheinlich weil man Angst hat, dass man irgendwie ertappt wird, dass zumindest eine Freun-desgruppe mit Befremden auf die Person reagiert, als die man sich in dem anderen Umfeld darstellt.

Natürlich ist es ganz normal, dass man sich bei seinen Arbeitskollegen ein bisschen anders benimmt als bei seinen Eltern. Wenn man jedoch keine wirkliche Mitte hat – keine Essenz, keine Seele sozusagen –, dann ist es sehr unwahr-scheinlich, dass man den Menschen um sich herum das Ge-schenk echter Präsenz bietet. Bei Integrität geht es um Ganz-heit – darum, dass all unsere Teile innerhalb eines umfassenden Selbst miteinander verbunden sind. Und normalerweise sind es die integren Menschen, denen es gelingt, durch ihre Präsenz positiv auf die Welt zu wirken. Es ist gut zu wissen, wer man wirklich ist, und es auch andere wissen zu lassen.

Innehalten, um nachzudenken

Angenommen, Sie würden die Menschen aus den unterschiedlichen Kreisen, in denen Sie sich bewegen, in einem Raum zusammenbringen. Welche Geschichten würden diese Leute darüber erzählen, wer Sie sind, wie Sie handeln, worüber Sie reden, welche Ziele Sie haben? Welche Geschichten wären Ihnen besonders peinlich? Bei welchen Kollegen oder Freunden wäre Ihnen besonders mulmig zumute, wenn sie einander kennenlernen würden? Welche ersten Schritte könnten Sie unternehmen, um allen Menschen, mit denen Sie zusammen sind, mit größerer Integrität zu begegnen?

Wir sind *mehr*, als man mit bloßen Augen sehen kann

Wenn man über Integrität und Ganzheit redet, bringt man die Vorstellung ins Spiel, dass wir als Menschen über das Potenzial zur „Vollständigkeit" verfügen. Das kann ähnlich wie bei einem Puzzle bedeuten, dass alle Teile beisammen sind und keines fehlt. Das ist durchaus schon etwas Positives, das man sich bewusstmachen sollte. Wir sind Geist, Körper, Seele und mehr ... und kein Bestandteil bestimmt für sich genommen stärker darüber, wer wir sind, als die übrigen. Wir sind individuelle Ökosysteme, unglaubliche Gemeinschaften von Zellen, Gewebe, Knochen, Muskeln, Blut, Organen, Gefühlen, Gedanken, Sinnen, Sehnsüchten, Seele, Verstand, Geist ...

Vielleicht sind Sie ein brillanter Musiker, eine hervorragende Autorin, ein begnadeter Tänzer oder eine fantastische Sekretärin. Aber das bestimmt eigentlich nicht darüber, *wer* Sie sind, sondern *was* Sie sind. Vielleicht sehen Sie blendend aus oder auch nicht ganz so blendend – aber auch das entscheidet nicht darüber, wer Sie sind. Ihre körperliche Erscheinung ist nicht alles. Jemand mag blind oder gehörlos sein, ein angespannter oder eher ein lockerer Typ, für seine Kochkünste geliebt oder für den Mangel daran verspottet! Aber das ist nicht alles, was den Menschen ausmacht. Lassen Sie nicht zu, dass andere Sie in die Schublade Ihrer besonders auffälligen Merkmale, Talente oder Neigungen stecken – oder dass Sie es selbst tun.

Wir bilden also ein Ganzes, wie ein vollständig zusammengesetztes Puzzle. Doch ein ganzheitliches Sein umfasst noch sehr viel mehr. Dazu gehört, das wir in jeder Situation, in die wir geraten, innerlich gelassen bleiben und im Frieden mit uns selbst sind (und nicht mehr betreten reagieren, wenn Welten aufeinanderprallen). Bei der Ganzheitlichkeit geht es um Heilung, um das Loslassen alter Verletzungen und darum, dass wir uns auf würdevolle und liebenswürdige Weise zu dem Menschen entwickeln, der in uns angelegt ist. „Ganz zu sein" handelt davon, dass wir allmählich erkennen und verstehen, dass wir als Ganzes geschaffen sind: Wir müssen nicht mit aller Kraft danach streben, diese Vollständigkeit zu erreichen, sondern vielmehr mit diesem Bestreben aufhören und anfangen zu sein. Es geht darum, zu erkennen, wer Sie sind, und aus dem Kern Ihres Selbst heraus mit liebevoller, dienender Haltung zu handeln.

Wir werden die Idee der Ganzheit in Kapitel 9 näher untersuchen, wenn wir uns damit befassen, wie wir uns die Möglichkeiten bewusstmachen können, die ein Leben aus unserem „ganzen" Selbst heraus eröffnet. Für den Moment wollen wir uns einfach einprägen, dass der Weg zur vollen Entfaltung unseres menschlichen Potenzials zur Ganzheit führt. Doch bevor wir uns bewusst werden, wer wir sind, müssen wir uns zunächst bewusstmachen, wer wir *nicht* sind. Und das allein stellt bereits eine große Herausforderung dar.

Was Sie nicht sind: Nr. 1 – Sie sind kein Konsument dieser Welt (Sie sind in tiefer Gemeinschaft mit ihr verbunden)

Du bist nicht dein Job. Du bist nicht das Geld auf deinem Konto, nicht das Auto, das du fährst, nicht der Inhalt deiner Brieftasche und nicht deine blöde Cargohose.
Tyler Durden, *Fight Club*

Wenn man die Worte Tyler Durdens, des Helden aus dem Kinofilm *Fight Club*, schwarz auf weiß vor sich sieht, scheint er absolut recht zu haben: Wir sind *nicht* unser Job – zum Glück –, obwohl wir gegenüber anderen vielleicht häufig schildern, was wir tun, und nicht, wer wir sind, wenn wir uns vorstellen, und zudem ein seltsames Gefühl des Stolzes aus dem Prestige unserer beruflichen Tätigkeit ableiten (jedenfalls, wenn wir etwas Interessantes tun; im umgekehrten Fall macht es uns vielleicht verlegen, dass wir nicht von einer aufregenden oder faszinierenden Tätigkeit „leben").

Fragen Sie sich, was Sie tun würden, wenn man Ihren Arbeitsplatz morgen streichen würde: Wie würden Sie reagieren? Wie viel Druck und Anspannung würden Sie empfinden? Wie gedemütigt würden Sie sich fühlen? Wie stark würden Sie sich tief in Ihrem Innern davon in Frage gestellt fühlen?

Es hängt alles davon ab, wie sehr Sie an dem Beitrag hängen, den Ihre berufliche Arbeit zu Ihrem Identitätsgefühl leistet – und wie hoch Sie die Identität bewerten, die Ihre Tätigkeit Ihnen tatsächlich verleiht. Wenn Sie sich zu stark mit Ihrer Stellung oder Ihrer Rolle im Leben identifiziert haben, dann bleibt Ihnen nur Ihr nacktes Selbst, wenn Sie Ihre Arbeit verlieren … Und wir alle müssen auf die Möglichkeit vorbereitet sein, durch die Wechselfälle des Lebens plötzlich aller Äußerlichkeiten beraubt zu werden, ob es uns gefällt oder nicht. Wie Tyler an anderer Stelle des Films sagt: „Das ist dein Leben und es endet Minute für Minute."

Vielleicht lesen Sie diese Worte und stimmen ihnen theoretisch zu. Aber können Sie wirklich behaupten, dass Sie *nicht* das Geld auf Ihrem Konto sind? Welchen Unterschied macht es in Ihrer Selbsteinschätzung oder in Ihrer Einschätzung anderer, ob Sie (oder die anderen) ein großes Vermögen angesammelt haben oder nicht? Behandeln wir die Reichen und Wohlhabenden nicht anders – nur für den Fall, dass sie uns von Nutzen sein könnten?

Und steigert es nicht unser Selbstwertgefühl, wenn wir gerade eine Gehaltserhöhung oder eine Gratifikation bekommen haben? Es ist Zeit, wach zu werden – nicht für die Tatsache, dass Geld etwas Böses ist, sondern für die Tatsache, dass „die Habsucht die Wurzel aller Übel ist", wie der Apostel Paulus gesagt haben soll.[6] Das Gefährliche ist unsere „Bindung" an das Geld – und an das Gefühl von Identität und Wert, das wir uns davon verleihen lassen. Denn wenn wir bei anderen Menschen auf ihr Geld, ihre Macht oder ihre politische Position sehen – anstatt darauf zu achten, wer sie wirklich sind –, dann beurteilen wir sie auch danach und treffen für gewöhnlich rasche Entscheidungen darüber, wie wir von ihnen profitieren könnten (und sei es nur durch den Kontakt).

Wenn wir auch uns selbst nach unseren Verdienstmöglichkeiten oder unserem Bekanntheitsgrad bewerten und das Gefühl haben, wir müssten unseren Wert ständig dadurch beweisen, dass wir noch mehr verdienen, noch berühmter werden oder eine noch höhere Sprosse auf der Erfolgsleiter erklimmen, dann verwechseln wir uns selbst mit einer Person, die wir nicht sind.

Sie sind nicht das Auto, das Sie fahren, auch nicht das Auto, das zu fahren Sie sich erträumen. Sie sind kein Aston Martin oder Mercedes oder Ferrari ... natürlich sagt Ihr Auto *irgendetwas* über Sie aus. Die Frage ist, was Sie es aussagen lassen: „Ich brauche ein Auto, um zu beweisen, dass ich jemand bin"?

Schließlich sind Sie auch nicht Ihre „Cargohose" – die Kleidung, die Sie tragen, der Modestil, den Sie bevorzugen.

Sie denken vielleicht, Sie könnten sich eine Identität von der Stange kaufen, und in gewisser Weise engagieren wir uns alle in der Kunst des Image-Managements, aber die Kleider, die wir kaufen, werden unsere Unsicherheiten, Unzulänglichkeiten, Ängste oder Phobien nie wirklich verdecken können, und sie werden uns auch nie in den Menschen verwandeln, der wir sein möchten. Wir können andere Leute damit beeindrucken, die ihr eigenes Selbstwertgefühl aus dem äußeren Schein beziehen – aber Gott schaut in das Innere des Menschen, nicht auf sein Etikett.

Innehalten, um nachzudenken

Welche speziellen Requisiten benutzen sie, um eine Identität für sich zu schaffen? Wohinter verstecken Sie sich am häufigsten – hinter Ihrer Arbeit, Ihrem Reichtum, Ihrem Auto, Ihrer Kleidung oder einem anderen gekauften Objekt? Wer profitiert am meisten davon, wenn Sie weiterhin an den Mythos glauben, dass Sie unbedingt mehr verdienen, sich eine Identität kaufen oder Ihren Selbstwert von Ihrer gesellschaftlichen Stellung abhängig machen müssen? Wessen Interessen liegen dieser Person oder diesem Unternehmen, dieser Zeitschrift oder diesem Fernsehprogramm am Herzen?

Was könnte geschehen, wenn Sie die Art, wie Sie sich selbst sehen, verändern?

Wenn dies wirklich „Ihr Leben" ist und es „Minute für Minute endet", wie könnten Sie das Beste daraus machen und am erfolgreichsten wachsen – indem Sie materielle Güter anhäufen oder indem Sie loslassen? An welchem Punkt hören Sie auf, „so zu tun als ob", und fangen an, als der Mensch zu leben, der Sie unter all Ihren aufgebauten Schutzschichten wirklich sind?

Der Erzbischof von Canterbury Dr. Rowan Williams äußerte in diesem Zusammenhang einen bemerkenswerten Satz, dem wir im nächsten Kapitel weiter nachgehen wollen: „Wir sind keine

Konsumenten dieser Welt, sondern in tiefer Gemeinschaft mit ihr verbunden."

Auch wenn die Einzelhändler, multinationalen Konzerne oder Geldverleiher (und all die anderen Leute, die von einer Konsumgesellschaft am meisten zu gewinnen haben) Sie ausschließlich als Konsumenten betrachten, flüstert die Stimme Ihrer angeborenen spirituellen Intelligenz Ihnen insgeheim etwas anderes zu: „Ich bin keine Zielgruppe", sagt sie. Nein, das sind Sie nicht. Nein, nein und nochmals nein.

Wir müssen vermeiden, uns selbst ausschließlich darüber zu definieren, was wir nicht sind. Doch es gehört zu dem Prozess, durch den wir unser nacktes Selbst freilegen, während Minute für Minute verstreicht.

Was Sie nicht sind: Nr. 2 –
Sie stehen nicht in Konkurrenz (sondern kooperieren)

You lack the guts needed to face it,
Say goodbye to the way you've been living.
You never realized you were on the wrong side
And nobody's going to win.
Jarvis Cocker, „From A to I"*

Seit dem Tag unserer Geburt lernen wir, mit anderen zu konkurrieren. Häufig wird dem Kind dieses Konkurrenzdenken unbewusst von seinen stolzen Eltern eingeflößt, die damit prahlen, wie schnell ihr Sprössling gelernt hat, zu laufen oder zu sprechen, zu schreiben oder zu lesen. Stolz berichten sie, dass ihr Kind größer oder schlauer, höflicher und besser erzogen ist als

---

* Dir fehlt der nötige Mumm, dich der Wahrheit zu stellen, / Verabschiede dich von der Art, wie du gelebt hast. / Du hast nie erkannt, dass du auf der falschen Seite warst / und keiner gewinnen wird.

das Mädchen oder der Junge von nebenan oder als die anderen Kiddies in seiner Klasse oder Spielgruppe.

Wenn wir heranwachsen, lernen wir, dasselbe alte Spiel nach denselben alten Regeln zu spielen – es gibt Gewinner und Verlierer und du reißt dich besser am Riemen, damit du zu den Gewinnern gehörst, weil der Gewinner alle Vorteile auf seiner Seite hat. Erinnern Sie sich, wie demütigend es war, wenn Sie als Letzter für einen Mannschaftssport ausgewählt wurden? Versager!

Und so fangen wir an (und enden damit), die Welt durch die Brille von Sieg und Niederlage zu betrachten. Wir lernen, Angst davor zu haben, bei einer Prüfung durchzufallen und als Versager „entlarvt" zu werden oder von der Gruppe ausgeschlossen zu werden oder einfach unbeliebt zu sein. Folglich tun wir, was in unserer Macht steht, um dafür zu sorgen, dass unsere Tarnung nicht auffliegt – sei es, indem wir betrügen oder andere bezahlen, um unsere Arbeit zu erledigen, oder indem wir die Wahrheit vertuschen und die Aufmerksamkeit der Leute von dem Betrüger ablenken, für den wir uns halten ... (Wussten Sie, dass eine der häufigsten Ängste bei Führungskräften in der Wirtschaft darin besteht, „entlarvt zu werden"?)

Dabei sagt uns die Bibel vielfach, dass die Ersten die Letzten und die Letzten die Ersten sein werden; dass man sein Leben *verlieren* muss, um es zu gewinnen. Hier werden herkömmliche Überzeugungen auf den Kopf gestellt. Tatsächlich fordert spirituelle Intelligenz, dass wir die Ordnung von *allem* in Frage stellen, wenn wir bereit sind, der leisen Stimme in unserem Herzen mit gebührender Aufmerksamkeit zuzuhören.

Innehalten, um nachzudenken

Wer sind die wirklichen Gewinner im Leben? Denken Sie nicht unbedingt über die richtige Antwort nach, sondern an einen Menschen, den sie kennen und der beispielhaft dafür steht, was es wirklich bedeutet, ein Gewinner zu sein.

Wie trägt diese Person dazu bei, die Vorstellung von einem „Gewinner" neu zu definieren?

Wenn wir uns auf das Gewinnen konzentrieren – was geschieht dann mit unserer Haltung gegenüber der „Gegenseite" oder den „Wettbewerbern"? Wer sind diese Leute? Was ist Ihr spezieller Wettbewerb und wie denken Sie über Ihre Konkurrenten?

Welche Feinde haben Sie sich in Ihrer eigenen Vorstellung geschaffen, indem Sie dasselbe alte Spiel nach denselben alten Regeln gespielt haben? Welche Feinde hat Ihr Unternehmen geschaffen, oder Ihre Kultur oder Ihr Land? Welchen Einfluss hat das auf Sie und Ihren Feind?

Warum hat Jesus gesagt: „Liebt eure Feinde"? Wer bestimmt, wer die Gewinner und Verlierer, die Freunde und die Feinde sind?

Wie fühlt es sich an, ein Feind zu sein? Wie fühlt es sich an, ein Verlierer zu sein?

Anfangen zu handeln

Wir sind zum Konkurrieren geboren, und wenn andere sterben, beurteilen wir sie für gewöhnlich danach, wie sie im Spiel des Lebens abgeschnitten haben. Wir bewerten ihren „Erfolg" anhand ihrer Leistungen, ihrer Preise und Auszeichnungen, ihres Vermögens, der Größe ihres Hauses, der Art, wie andere Leute über sie reden ...

Möchten Sie als ein Mensch in Erinnerung bleiben, der dasselbe alte Spiel nach denselben alten Regeln gespielt hat, auch wenn er dadurch vor den Augen der Welt als Gewinner dasteht? Wenn nicht, wie würden Sie die Regeln gern abwandeln? Welche Änderungen würden Sie an diesem Spiel vornehmen?

Nehmen Sie sich ein bisschen Zeit, um Ihren eigenen Nachruf zu verfassen. Dies könnte ein Moment des Erwachens aus tiefem Schlaf für Sie werden; also lassen Sie es langsam angehen und verwenden Sie genügend Sorgfalt darauf. Sie könnten sogar versuchen, verschiedene Versionen aus einigen unterschiedlichen Perspektiven zu schreiben.

* Versuchen Sie, über die Person zu schreiben, die Sie nicht waren.
* Verfassen Sie einen Nachruf, der nicht aus dem Blickwinkel des Gewinnens und Verlierens, sondern aus einer anderen Perspektive geschrieben ist. (Wie sollte eine Beurteilung Ihrer weltlichen Leistungen und Ihrer menschlichen Entwicklung gewichtet sein?)
* Wie würde der Nachruf aussehen, von dem Sie sich wünschen würden, dass andere Leute ihn lesen?
* Was könnte in dem Nachruf stehen, den andere über Sie verfassen werden?

Wenn Sie keinen Nachruf, sondern nur einen Grabspruch verfassen könnten – wie würde er lauten?

Was Sie nicht sind: Nr. 3 –
Sie sind kein Vergleich (Sie sind unvergleichlich)

Hier noch einmal Oliver James: „Die größte Versuchung für den Menschen", sagte er mir einmal, „liegt in verhängnisvollen Formen sozialer Anerkennung – in dem Bedürfnis, *sich im Verhältnis zu anderen Menschen erfolgreich* zu fühlen; diese Vergleiche lassen sich auf eine Weise manipulieren, dass sie zum alles beherrschenden Lebenszweck werden."

Das ist harter Tobak und dennoch ein interessanter Gedanke: „Soziale Anerkennung" dürfen wir demnach als negatives Leitbild auffassen, dem wir erliegen können und das wir nicht als etwas vollkommen Normales betrachten sollten. Wenn wir uns mit anderen vergleichen, machen wir uns außerdem selbst anfällig für die Überzeugung, die Ergebnisse solcher Vergleiche müssten die stärkste Triebfeder für unser Erfolgsstreben im Leben sein.

James bezeichnet dies als „fehlangepassten sozialen Vergleich", der gefährlich und schwächend wirken kann. Entscheidend ist, dass wir selbst überlegen, ob wir von intrinsischen oder extrinsischen Motiven getrieben werden, wenn wir nach Geld oder Schönheit, nach Ruhm oder einer hohen gesellschaftlichen Stellung streben (was an sich etwas „Neutrales" ist). Intrinsische Motive sind eher spirituell, extrinsische beziehen sich auf das oberflächliche Erscheinungsbild der Dinge.

„In den ersten sechs Lebensjahren", so James als Kinderpsychologe, „kann es leicht geschehen, dass unsere Kinder durch die Art unserer Zuwendung besonders anfällig für innere Unsicherheit werden, wenn sie alle sozialen Belohnungen in unserer Gesellschaft kennenlernen." Wir bereiten unsere Kinder darauf vor, sich selbst mit allen Menschen in ihrer Umgebung zu vergleichen.

Und was wir in der Kindheit gelernt haben, nehmen wir mit ins Erwachsenenleben. Wir vergleichen uns selbst unablässig mit den Menschen in unserer Umgebung – unser Aussehen, unsere Besitztümer, unseren Intellekt, unser Beliebtheit –, und wir stellen immer wieder fest, dass wir den Ansprüchen nicht genügen und dass uns irgendetwas fehlt. Wir wollen mehr und mehr, um Schritt zu halten, um zu beweisen, dass wir den Dreh raushaben, um zu zeigen, dass wir *im Vergleich mit allen anderen* nach außen hin erfolgreich sind.

James hat sich in *Affluenza* und *Selfish Capitalism* intensiv mit den Auswirkungen fehlangepasster sozialer Vergleiche befasst und ein Gegenmittel entdeckt: Ein intrinsisches, spirituelles Verständnis der eigenen Identität und ihrer Grundlagen kann sich als äußerst positiv erweisen: „Ich muss gestehen, dass es mich wirklich immer wieder überrascht hat, wie stark die Spiritualität (neben anderen Elementen) dazu beitragen kann, den Menschen zu helfen."

Vielleicht sagt uns unsere spirituelle Intelligenz, dass wir beim Vergleichen mit anderen nur deren niedrigeren Status auskosten wollen und unseren eigenen anheben und preisen müssen. In einer Kultur der Vergleiche sind wir darauf angewiesen, dass es anderen Menschen schlechter geht, damit wir uns selbst in einem positiven Licht sehen können (und von anderen gesehen werden). Der extrinsische soziale Vergleich nährt unsere tiefe Unsicherheit. Er bezieht sich auf die Oberfläche der Dinge und führt uns nicht in den inneren Bereich, wo wir uns an unserer Einzigartigkeit als individuelle, miteinander verbundene Menschen erfreuen können, geschaffen nach dem Ebenbilde Gottes. Es ist natürlich etwas anderes, auf den intrinsischen Wert anderer Menschen zu schauen und sich selbstkritisch am Vorbild wirklich inspirierender Persönlichkeiten und ihrer Lebensweise zu messen. Wir müssen uns die Motive bewusstmachen: Tun wir es, weil wir gut dastehen und erfolgreich wirken wollen und weil wir an Äußerlichkeiten hängen? Oder streben wir nach innerem Wohl und Wachstum und wollen uns selbst von den Dingen befreien, die uns daran hindern?

Was Sie nicht sind: Nr. 4 – Sie sind nicht Ihr Ego

Seit vielen Jahren fasziniert und beunruhigt mich ein Satz aus dem Roman *Generation X* von Douglas Coupland. Dort steht in Großbuchstaben am Rand: „DU BIST NICHT DEIN EGO!"

Wenn wir jetzt versuchen, die Welt mit anderen Augen zu sehen – und erkennen, wer wir nicht sind –, gehört genau das zu den wirklich wichtigen Dingen, für die wir wach werden sollten. Wir sind nicht unser Ego.

Wir haben diese spezielle Diskussion begonnen, indem wir darüber nachdachten, was Ganzheit bedeutet. Wir haben vermutet, dass dazu eine Art Vollständigkeit gehört, wie bei einem Puzzle, bei dem alle Teile vorhanden sind und sich ineinanderfügen. Zudem haben wir festgestellt, dass ein ganzheitliches Sein zu Gesundheit, Wohlbefinden, Heilung, Integrität und Seelenfülle – eben zur „Ganzheit" – führen sollte.

Besonders gefährlich ist es, das unablässige Geplapper in unserem Kopf mit der Person zu verwechseln, die wir wirklich sind. Wir beginnen das nächste Kapitel mit der Frage, was es bedeutet, die Welt nicht allein aus der Perspektive unseres Egos zu betrachten, sondern auch aus der Warte anderer, unentdeckter Orte in unserer Innen- und Außenwelt.

Innehalten, um nachzudenken

Halten Sie für den Moment einfach inne und achten Sie darauf, was Ihnen, abgesehen vom Inhalt dieses Buches, durch den Kopf geht. Welche anderen Gedanken beschäftigen Sie gerade? Schreiben Sie alles auf, was Ihnen „in den Sinn kommt".

Kapitel 6: Mit anderen Augen sehen

Spiritualität ist ein Pfad voller Leben, eine seelisch und geistig erfüllte Lebensweise ... Der Pfad trägt sein Ziel in sich, und jeder Augenblick, den wir auf ihm gehen, ist ein heiliger Augenblick; ein geheiligter Moment des Sehens.

Matthew Fox[1]

Bei der Kunst des Erwachens und der Kunst, die Welt mit neuen Augen zu sehen, geht es um allmähliche Bewusstwerdung. Dieser Prozess erfolgt Schritt für Schritt und lässt sich nicht von einer Stunde zur anderen erledigen. Das Ergebnis kommt nicht jäh und plötzlich – kein Kleidungsstück, das man von der Stange kaufen kann.

Vielmehr sollten Sie innehalten, um vieles wahrzunehmen – und diese Wahrnehmungen nutzbar zu machen. Wenn Sie sich allmählich vertiefen, fängt Ihr Bewusstsein an, Sie und die Menschen in Ihrer Umgebung positiv zu verändern.

Jeder Tag unseres Leben schenkt uns Momente des Erwachens, doch die meisten dieser Geschenke bleiben ungeöffnet. Wie oft haben Sie schon etwas ganz Besonderes erlebt – durch einen Moment der Ekstase, ein bewegendes Buch oder einen anrührenden Film, ein anregendes Gespräch, einen komischen Zufall, das Lächeln eines Kindes –, aber den Moment verstreichen lassen, ohne ernsthaft darüber nachzudenken? Häufig sind wir entweder zu beschäftigt oder, wie wir noch genauer untersuchen werden, zu stark abgelenkt von der Unruhe unserer Gedanken, um uns in den Rhythmus dessen, was sich auf einer tieferen Ebene entfaltet, einzustimmen.

Wenn Sie erwachen, sollten Sie darauf achten, was um Sie herum geschieht. Schreiben Sie es auf. Reflektieren Sie darüber. Versuchen Sie, diesen Moment nicht einfach verstreichen zu lassen. Allmählich werden Sie anfangen, diese kleinen Geschenke des

Erwachens an Orten zu entdecken, an denen Sie vorher mit geschlossenen Augen vorübergegangen sind. Dieselben Orte werden Sie jetzt mit offenen Augen wahrnehmen.

Also, machen wir uns jetzt daran, auf der zweiten Ebene unserer Reise mit anderen Augen zu sehen. Wie fangen wir an, die Welt, die uns umgibt, auf neue Weise wahrzunehmen, nachdem wir darüber reflektiert haben, wer wir nicht sind?

Wir müssen anfangen, wo wir aufgehört haben – beim Ego.

Sie sind nicht Ihr Ego, Fortsetzung

Das ist ganz leicht – es besteht keine Notwendigkeit, unser Nachdenken über das Ego mit komplexen und schwierigen Theorien zu vermischen. Damit würden wir nur dem Drängen unseres Egos erliegen, das uns ständig antreibt, alles unnötig zu erschweren und eindrucksvoller erscheinen zu lassen, als es tatsächlich ist.

Ich wünschte, man hätte es mir beigebracht, als ich heranwuchs: Wir sind aus dem Zustand der Gnade gefallen. Die Bibel lehrt uns, dass die Beziehung des Menschen zu Gott zerbrochen und entfremdet ist – wie die Beziehung zu anderen Menschen, zu unserer Erde und zu uns selbst. Von der Wiege bis zur Bahre erleben wir unterschiedliche Grade an Schmerz, Enttäuschung, Zersplitterung, Angst, Sinnlosigkeit, Krankheit und schließlich den Tod. Manchmal können wir uns, jedenfalls wenn wir in der westlichen Welt leben, vor den körperlich besonders spürbaren Manifestationen unseres Zustands der Ungnade schützen. Dennoch kann unser Leben häufig wie eine mühselige Plackerei erscheinen – insbesondere müssen wir ständig darum ringen, Sinn und Identität aus etwas zu schöpfen, das wie eine grausame, sinnlose oder willkürliche Verkettung von Ereignissen wirkt: Alles hat sich gegen uns verschworen.

Vielleicht tun wir uns schon schwer damit, morgens aus den Federn zu kommen und unseren Tag beschwingt in Angriff zu nehmen. Wir ringen darum, unsere Tätigkeit zu lieben und sie mit vollem Einsatz auszuüben; wir wollen das Beste aus unserer Zeit machen, was immer wir damit anfangen; wir bemühen uns, die Menschen so zu behandeln, wie wir selbst gern behandelt werden möchten, wollen großzügig und gelassen auf widrige Umstände reagieren, vor Kreativität und neuen Ideen übersprudeln, im Frieden mit uns selbst, voll präsent bei unseren Freunden und unserer Familie sein ... Kurzum, das Leben kann eine ziemliche Plackerei sein, wenn man das Steuer nicht selbst in der Hand hat.

Es spielt sich alles in unserem Kopf ab

Und wer hat das Steuer in der Hand? Die Antwort wird Sie vielleicht überraschen. Unser „Kopf" ist eines der besten Verteidigungsmittel in dieser „gefallenen" Welt. Unbewusst ist er stets bemüht, ein Identitätsgefühl für uns schaffen, das uns schützt wie eine Rüstung und das bestimmte Requisiten nutzt, um das Geschehen um uns herum zu einer bedeutungsvollen Geschichte zusammenzusetzen. Der menschliche Verstand ist ein wertvolles und lebenswichtiges Werkzeug, und wenn wir ihn angemessen einsetzen, trägt er entscheidend zu unserem Wohl bei. Doch wenn Schmerz und Angst unser Denken steuern (oder gnadenlos antreiben, um genauer zu sein), kann es fast unmöglich sein, es abzustellen.

Und an diesem Punkt fangen wir an, den pausenlos schwätzenden Kommentator in unserem Kopf – unser Ego – mit unserer eigentlichen Natur zu verwechseln. Unser Ego kommentiert, urteilt, kritisiert, plant, weigert sich zu vergessen. Es lässt uns kaum je den Augenblick genießen und zieht uns stattdessen immer wieder in die Vergangenheit zurück oder lässt uns Pläne für unsere Zukunft schmieden – sei es, was wir am Wochenende machen wollen, sei es, wie wir uns ein größeres Haus leisten können.

Unser Ego hängt sich an die Dinge, die uns umgeben – materielle Besitztümer sind die offenkundigste Wahl, aber achten Sie darauf, wie es sich auch an Stolz, Prestige oder Macht klammert ... an alle erdenklichen Arten von Dingen, die eine Identität für uns schaffen können und den persönlichen Niemand, der wir zu sein glauben, in eine bedeutende Person verwandeln. Das bist du, sagt unser Ego. Du bist, was du besitzt, was du erreicht hast; du bestehst aus deinen früheren Verletzungen (aber warte nur ab, Rache ist süß) ebenso wie aus dem Lob, das man über dich geäußert hat und das dir das Gefühl gab, es verdient zu haben.

Das Ego schafft Angriffs- und Verteidigungswaffen. Fest programmiert auf den Überlebensmodus versucht es, Sie zu verteidigen und die Reputation, das Können oder die früheren Leistungen Ihrer Mitmenschen zu attackieren. „Du bist besser als dieser oder jener", sagt es. „Schau ihn dir an ... Schau dir an, was er macht! Also, ehrlich ..."

Nach Eckhart Tolle „kannst du davon ausgehen, dass so gut wie jeder, dem du begegnest, in einem Zustand der Angst lebt. Unterschiede gibt es nur in der Intensität. Sie schwankt zwischen Furcht und Grauen auf der einen Seite der Skala bis zu einem vagen Gefühl von Unbehagen und Bedrohung auf der anderen. Den meisten Menschen wird das erst dann bewusst, wenn die Angst eine akutere Form annimmt."[2]

Denken Sie daran – es geht darum, die Menschen in Ihrer Umgebung mit anderen Augen zu sehen, sie als Individuen zu betrachten, die – wie wir selbst – ängstlich und getrieben von ihren egozentrischen Abwehrmechanismen sind. Es geht darum, zu erkennen, wer wir wirklich sind, und auf tiefere, aufgeklärtere Weise zu verstehen, dass wir nicht die unablässig plappernde Stimme in unserem Kopf sind, sondern ein Wesen, das weit mehr umfasst.

Hören Sie auf die Musik im Innern

Ich erinnere mich noch gut an die Zeit, als ich in einer Rockband spielte. Wir mussten uns gegen 17 Uhr in den kleinen Londoner Veranstaltungsorten einfinden, und normalerweise standen noch drei oder vier weitere Bands auf dem Programm. Alle Gruppen trafen ungefähr zur gleichen Zeit ein, und wir mussten gemeinsam warten, während die Ausrüstung aufgebaut wurde und jede Band ihre Tonprobe durchführte.

Auf seine ganz eigene Weise war es ein beängstigendes Ritual. Man musste auf der Bühne stehen und seine selbstgeschriebenen Songs vor einem unbekannten Publikum und vor Konkurrenz-Gruppen spielen. Gerade in dieser Situation erledigt das Ego seine Arbeit besonders erfolgreich. Wenn ich den anderen Musikern bei ihrem Soundcheck zuhörte, meldete sich eine kleine Stimme im Hinterkopf (deren Kommentare ich prompt an die anderen Mitglieder meiner Band weitergab): „Sie sind nicht so gut wie wir. Sie haben nicht so gute Songs. Sie sind nicht so gut aufeinander abgestimmt. Guck dir an, wie sie angezogen sind. Wir sind viel besser als die."

Ich spielte eine bestimmte Rolle, setzte eine Maske auf, um den Druck zu bewältigen, und versuchte, mich cooler zu geben, als ich war. Die Band selbst gab mir ein Gefühl von Identität, das mir lieb und teuer war, mit dem ich angeben konnte und das ich um keinen Preis verlieren wollte. Durch meine Zugehörigkeit zur Band konnte ich glauben, dass ich etwas Besonderes war, im Rampenlicht stand, Talent hatte, dass ich in der Welt etwas darstellte. (Und wer weiß? Vielleicht versuche ich unbewusst immer noch, Ihnen und mir meinen Wert zu beweisen, indem ich dieses Beispiel anführe und damit andeute, dass ich in Ordnung und cool und kulturell engagiert sein muss, weil ich zu einer Band gehörte, die an einigen sehr guten kleinen Veranstaltungsorten in London aufgetreten ist ...)

Wenn ich damals selbstsicherer und großzügiger im Denken gewesen wäre, hätte ich diese Stimme abstellen können – ich hätte mich entspannt, tief durchgeatmet und beim Auftritt einfach mein Bestes gegeben. Da ich das nicht konnte, war die Situation sehr schwierig. Außerdem war es jammerschade, dass ich diese Abende nie wirklich so genießen konnte, wie ich es hätte tun sollen, nämlich im Geist der Kooperation und Gemeinsamkeit, der immer das Wichtigste bei der Musik sein sollte.

Und die Geschichte ging noch weiter: Wir wollten ja eine Plattenfirma finden, einen guten Vertrag bekommen und „entdeckt" werden. Proben waren ein Mittel zum Zweck – wir mussten unser „Zusammenspiel" verbessern, um bei unseren Auftritten zu glänzen und professionell zu klingen. Auch die Auftritte selbst waren Mittel zum Zweck und darauf ausgerichtet, einen Vertrag zu bekommen. Wir hielten ständig Ausschau, ob nicht vielleicht ein Vertreter der Musikbranche zugegen war; kleine Fehler brachten uns völlig aus dem Konzept, und wenn nur eine Handvoll Zuhörer kam, waren wir am Boden zerstört. Wir reagierten gereizt auf alle Mitspieler, weil wir wussten, dass wir gut spielen mussten, wenn wir Erfolg haben wollten. Das alles führte dazu, dass wir völlig verkrampften und wahrscheinlich mehr Fehler als üblich machten. Als wir schließlich zu alt waren, um noch als Boygroup entdeckt zu werden, versuchten wir nicht länger, Eindruck zu schinden, ließen das Ego beiseite und – wer hätte das gedacht! – fingen an, wirklich Spaß zu haben. Wir betrachteten die Proben als Chance, um zu experimentieren, Leute zu treffen und uns zu entspannen. Auftritte wurden zur Chance, andere Gruppen zu hören, alte Freunde zu treffen, voll Freude zu spielen und eine Tradition der „Folk"-Musik fortzusetzen, die nie dazu gedacht war, Ruhm zu ernten, Limousinen zu fahren, vergöttert zu werden oder Plattenaufnahmen zu machen. Es war eine Offenbarung: Wir ließen los, gaben unsere eitlen Ambitionen auf und entdeckten dabei etwas, das um vieles kostbarer war als ein Plattenvertrag: Es war ja schon die ganze Zeit da gewesen, aber wir hatten uns selbst nicht erlaubt, es zu erkennen und zu erleben.

Innehalten, um nachzudenken

Wann reagiert Ihr Ego am deutlichsten auf einen Zustand erhöhter Angst? Gibt es eine bestimmte Situation, in der Sie wiederholt feststellen, dass Ihre Reaktion direkt von Ihrem defensiven Ego gesteuert wird? Welche typischen Bemerkungen machen Sie dann? Oder welche Gedanken kommen Ihnen?

Die meisten Menschen haben ihre ganz eigenen Verteidigungs- und Angriffswaffen entwickelt. Ich erinnere mich an einen besonders unsicheren Lehrer, der eine furchterregende Mischung aus sarkastischem Humor und unverständlichen lateinischen Ausdrücken benutzte, um seine Überlegenheit im Klassenraum zu sichern. Er war von Furcht getrieben und entschlossen, uns das Fürchten zu lehren. (So wird die Angst weitergegeben.) Man wusste nie, wann man herausgepickt und als Trottel hingestellt oder einfach mit kryptischen Worten traktiert wurde, die man noch nie im Leben gehört hatte.

Unsere Waffen werden am deutlichsten sichtbar, wenn wir uns unter Druck fühlen. Aber wir benutzen sie dauernd auf subtile Weise, manchmal sogar ununterbrochen, ohne je zu bemerken, was wir eigentlich tun. (Deshalb ist das Erwachen, also eine bewusstere Wahrnehmung, schon an sich ein heiliger Akt der Reifung, Liebe und Hingabe.)

Demütigen Sie andere Menschen vielleicht durch Ihren scharfen Witz? Benutzen Sie Schimpfwörter, um andere herabzusetzen? Stützen Sie Ihr Selbstverständnis auf so viele Akte der Fürsorge für andere, dass niemand sich mehr um Sie kümmern kann? Führen Sie Ihren Betrieb, indem Sie Furcht verbreiten und mit Strafen, Degradierungen oder Entlassungen drohen, um Gehorsam zu erzwingen? Sind Sie so eisern entschlossen, ihren Eltern, Freunden oder Kritikern zu beweisen, was Sie können, dass Sie nie auch nur einen Moment innehalten, um darüber nachzudenken, was Sie im Leben erreichen wollen?

Die Stimme in unserem Kopf scheint das Erste zu sein, was

wir morgens hören, und das Letzte, bevor wir einschlafen. Und wenn wir nachts wach liegen, ist es sogar noch schwerer, sie abzustellen. Nachts klingt sie noch drängender, beschwört dunkle Zukunftssorgen herauf, lässt noch einmal alle hässlichen Dinge Revue passieren, die man im Lauf des Tages zu uns gesagt hat, und wiederholt sämtliche "Volltreffer", durch die wir uns in unserem Stolz verletzt oder in unserer Identität angegriffen fühlten ... Warum kommt einem nachts immer alles schlimmer vor? Vielleicht liegt es daran, dass die Stimme unseres Ego dann unverfälscht, mit dem ganzen Schmerz und der ganzen Furcht, zu uns durchdringt.

Wir können es körperlich spüren – die Anspannung und Belastung, die negativen Emotionen oder sogar das Gefühl, einfach gnadenlos und unerbittlich zum Erfolg getrieben zu werden. Der Körper zeigt unsere Gefühle, die überwiegend von unserem Ego und seinen Reaktionen auf äußere Ereignisse erzeugt werden.

Anfangen zu empfinden

Halten Sie einen Moment inne, um Ihren körperlichen Empfindungen nachzuspüren. Ist Ihr Kinn entspannt oder angespannt? Wie locker oder verkrampft sind Ihre Schultern? In welcher Position „halten" Sie Ihren Körper? Wo fühlen Sie sich körperlich verkrampft? Was ist Ihre automatische körperliche Reaktion auf Stress? Knirschen Sie nachts mit den Zähnen? Versuchen Sie jetzt, sich körperlich zu entspannen, und spüren Sie den Unterschied. Achten Sie einfach eine Weile auf Ihren Körper.

Innehalten, um nachzudenken

Es ist sehr wichtig, dass wir anfangen, diese Stimme zu erkennen. Das ist eigentlich gar nicht so schwer. Schwer ist, sich immer wieder daran zu erinnern, dass unser Ego ungemein aktiv ist. Achten Sie zunächst darauf, was es sagt und wie oft es diese Botschaft wiederholt. Wir üben das noch im folgenden Kapitel. Aber vielleicht denken Sie schon einmal darüber nach, was diese Worte, Sätze und Reaktionen in Ihrem Kopf über Ihr Ego offenbaren: Angst, zu versagen, nicht anerkannt zu werden, als Verlierer dazustehen, zurückgelassen zu werden, unbedeutend zu sein, dem Vater oder der Mutter nicht zu gefallen, das Ziel zu verfehlen ...

Man kann dieses Selbstkonzept – das ausschließlich unserem Kopf entspringt und sich in Form von körperlichen Empfindungen äußert – als „falsches Selbst" bezeichnen. Es liefert kein vollständiges Bild von dem Menschen, der wir eigentlich sind, sondern nur von jenem Teil, der beinahe unsere gesamte Aufmerksamkeit erhält. Es steht nicht für alles, was wir sind, und unsere Aufmerksamkeit für sein unablässiges Geplapper führt uns auch nicht zur Ganzheit.

„Du bist so lange von deinem ‚Sein' abgeschnitten, wie dein Verstand all deine Aufmerksamkeit bekommt", schreibt Tolle. „Wenn das geschieht – und für die meisten Menschen ist das ununterbrochen so –, bist du nicht in deinem Körper. Der Verstand absorbiert dein ganzes Bewusstsein und verwandelt es in Denkmaterial. Du kannst nicht aufhören zu denken."

„Zwanghaftes Denken ist eine kollektive Krankheit geworden", fährt er fort. „Dein gesamtes Selbstverständnis wird vom Verstand abgeleitet. Deine Identität, nicht länger im Sein verwurzelt, wird zu einer verletzlichen und ständig bedürftigen geistigen Konstruktion, die Angst als vorherrschende unterschwellige Emotion erschafft. Das Eine, das wirklich etwas bedeutet, fehlt dann in deinem Leben: Bewusstsein über dein tieferes Selbst, über deine unsichtbare und unzerstörbare Wirklichkeit."[3]

Sie leben in Gemeinschaft und in Kooperation; und Sie sind unvergleichlich

Wenn wir anfangen, uns selbst in einem anderen Licht zu sehen, erhaschen wir vielleicht auch einen flüchtigen Einblick in neue

Seinsweisen und in neue Möglichkeiten, wie wir uns zu dem Menschen entwickeln können, den die Schöpfung in uns angelegt hat. In einer Konsumgesellschaft ist das Ego bestrebt, eine Identität aus den materiellen Gütern zu schaffen, die wir kaufen oder besitzen. Aber wenn man sich selbst hauptsächlich in diesem Licht, also als Verbraucher, betrachtet, wird man schließlich selbst von der Konsumhaltung aufgezehrt – von Gier, Unzufriedenheit, dem ständigen Vergleich mit anderen. Wenn wir uns selbst dagegen als Teil einer Gemeinschaft sehen, in der wir mit allem verbunden sind – mit Gott, mit uns selbst, mit dem Planeten und mit anderen Menschen –, dann können wir unsere Kraft aus einer positiven Wertequelle schöpfen.

Man muss sich selbst nicht als Teilnehmer eines fortgesetzten Wettbewerbs betrachten, sondern kann sich als Menschen sehen, der in einem kooperativen Prozess steht: Kooperation ist die äußere Umsetzung der inneren Verbundenheit: Wenn das Leben in tiefer Gemeinschaft unser Sein ist, ist Kooperation das gemeinsame Tun.

Sie müssen sich nicht auf extrinsische Weise mit anderen vergleichen; Sie sind Sie selbst, und das wissen viel zu wenige Menschen! Natürlich können Sie sich wünschen, intrinsische Vergleiche zu ziehen, sich von den großen Männern und Frauen inspirieren lassen, die eine echte, positive Veränderung in der Welt bewirkt haben und die Sie bewundern; aber versuchen Sie immer, Ihre einzigartige Identität zu erkennen und sich daran zu freuen. Das Entscheidende ist, dass Sie im Grunde alles haben, worauf es ankommt. Sie müssen nicht auf andere schauen, um sich Bestätigung zu holen. Andere werden Sie höchstwahrscheinlich sowieso nur vom Standpunkt ihres eigenen Egos beurteilen. Denken Sie daran, dass Sie dazu bestimmt sind, unvergleichlich zu sein. Versuchen Sie also nicht mehr, sich zu vergleichen, sondern fangen Sie an, sich an Ihrer Einzigartigkeit zu freuen.

Ganzheitlich in tiefer Gemeinschaft

Beim ganzheitlichen Leben geht es darum, verbunden zu sein oder sich neu zu verbinden – mit anderen, mit Gott, mit dem Planeten, mit sich selbst. Und deshalb bleiben wir unvollständig, wenn wir glauben, dass wir unsere Reise zu größerer Ganzheit in Isolation unternehmen könnten. Wir bleiben unvollständig, wenn wir glauben, dass alle Antworten ausschließlich in uns selbst liegen. Und wir bleiben auch dann unvollständig, wenn wir andere Menschen über solche Begriffe wie „Gewinner und Verlierer" oder „wir und die anderen" definieren oder wenn wir alles, was uns umgibt, als etwas betrachten, das käuflich ist.

Wenn wir uns des Egos immer bewusster werden, muss sich unsere Perspektive zwangsläufig verschieben. Wir sind nicht der Nabel der Welt.

Es ist möglich, die Welt anders zu sehen. Wir dürfen andere Menschen nicht länger als menschliche Ressourcen betrachten, die wir nutzen (oder missbrauchen), die wir als „Rohstoff" oder als Konkurrenz sehen. Wenn wir uns nur dafür interessieren, was andere für uns tun können, was sie uns zu geben haben oder wie sie uns unterstützen können, dann werden wir uns nicht auf größere Ganzheit zubewegen. Wir brauchen die tiefe Gemeinschaft mit anderen wie die Luft zum Atmen.

Jedes Individuum mag aus Einzelteilen bestehen, die sich ineinanderfügen wie bei einem Puzzle – Geist, Körper, Seele. Doch die Gesamtheit unserer Teile ist selbst wiederum nur ein einzelnes Teilchen in einem sehr viel größeren Puzzle. Der Apostel Paulus spricht in diesem Zusammenhang vom „Leib" – was ohnehin eine viel treffendere Metapher ist. Wenn wir in Gemeinschaft mit anderen leben, sind wir organisch miteinander verbunden; wenn ein Glied leidet, spüren es alle anderen; kein einzelnes Glied ist mehr oder weniger wichtig als alle anderen, ganz gleich, ob es an einer auffälligen Stelle sitzt oder nicht.

Innehalten, um nachzudenken

Wie sehen Sie die Menschen, die zu Ihrem Leben gehören?

Neigen Sie im Verhältnis zu diesen Personen eher zum Geben oder zum Nehmen? Gibt es einige, bei denen Sie eher zum „Nehmen" neigen als bei anderen? Gibt es andere, bei denen Sie selbst meistens der Gebende sind?

Schließen Sie Bekanntschaft mit anderen Menschen, weil sie Ihnen auf lange Sicht „nützlich" sein könnten?

Verbringen Sie einige Minuten mit einer sozialen Prüfung: Schreiben Sie die Namen Ihrer Familienangehörigen und Freunde auf und überlegen Sie, wer am meisten und wer am wenigsten von Ihrer Gegenwart profitiert. Gibt es einige Personen, mit denen Sie wieder Kontakt aufnehmen sollten, um ihnen mehr von sich selbst zu geben? Gibt es andere, bei denen Sie das Gefühl haben, dass sie an Ihren Kräften zehren? Denen Sie vielleicht einmal offen sagen müssten, dass sie weniger von sich selbst reden und mehr echten Anteil an Ihnen nehmen sollten?

Denken Sie an eine Person, der Sie sich mit größerer Hingabe widmen sollten, und nehmen Sie sich vor, Kontakt zu ihr aufzunehmen.

Denken Sie mit Dankbarkeit an einen Menschen, der sich Ihnen selbstlos hingibt.

Erst das „Ich", dann das Ego

Unsere Identität wird durch unsere Beziehungen zu anderen Menschen geprägt. Doch wenn wir versuchen, unser Ego zu überwinden, dürfen wir nicht aus den Augen verlieren, wer wir selbst in Beziehung zu diesen anderen Menschen sind. Wir verschwinden nicht, nur weil wir uns um mehr Ganzheit bemühen.

Menschen, die gründlich darüber nachgedacht haben, wer sie wirklich sind, strahlen eine Kraft und Präsenz aus, die sie befähigt, etwas von sich selbst zu geben (anstatt ständig zu nehmen) – *ohne ihre Stärke oder Identität je zu verlieren.*

Anstatt sich dem Bild gemäß zu entwickeln, das andere sich von ihnen machen, wissen diese Menschen genau, wer sie in Beziehung zu Gott, zu sich selbst und zu unserem Planeten sind, und können sich durch hingebungsvolle Liebe mit anderen verbinden.

Wie Mike Riddell einmal sagte: „Liebe erwächst aus Selbsterkenntnis. Nur wenn wir uns selbst wirklich kennen, haben wir die Freiheit zur Selbsthingabe. Und wenn das geschieht, entdecken wir, dass wir geben können, ohne etwas zu verlieren ... Wenn Liebe aus Ganzheit erwächst, wirkt sie in Freiheit und Großzügigkeit. Wir betrachten den Partner nicht als Mittel, um unsere eigenen Bedürfnisse zu befriedigen, sondern als Geliebten."[4]

Und der Dichter Khalil Gibran schreibt:

Liebt einander, doch macht die Liebe nicht zur Fessel.
Vielmehr sei sie ein wogendes Meer
zwischen den Gestaden eurer Seelen.
Fülle einer des anderen Becher,
doch trinkt nicht aus einem Becher.
Gebe einer dem anderen von seinem Brot,
doch esst nicht vom selben Laib.
Singt und tanzt zusammen und seid fröhlich,
doch bleibe ein jeder von euch allein.
So wie die Saiten einer Laute allein sind,
auch wenn sie von derselben Musik erzittern.[5]

Der tägliche Kampf

Sie sind nicht Ihr Ego ... deshalb können Sie es ablegen. Das ist vermutlich die größte Veränderung, die Sie je durchlaufen werden. Es kostet tägliche Anstrengung und einen lebenslangen Kampf, unser Ego abzustreifen. Hier lassen wir uns auf einen spirituellen Kampf ein. Es ist ein Kampf mit uns selbst ebenso wie ein Kampf gegen Kräfte außerhalb unseres Selbst. Wir lernen, Tag für Tag, Schlacht um Schlacht, zu spirituellen Kriegern zu werden, die für ein höheres Ziel kämpfen und ihm dienen. Und falls wir von dem aggressiven Beigeschmack des Wortes „Krieger" verwirrt sind, bietet der Priester und Autor Matthew Fox eine hilfreiche Erklärung:

Für mich ist das Entscheidende, den Unterschied zwischen einem Krieger und einem Soldaten zu verstehen. Ein Vietnamveteran, der sich als 17-Jähriger freiwillig zum Kriegsdienst meldete, beschrieb dies sehr eloquent: „In der Armee war ich ein Soldat. Ich war eine Marionette, die alles tat, was man ihr befahl, auch wenn es gegen das verstieß, was mein Herz als richtig erkannte. Ich wusste nicht, was es bedeutet, ein Krieger zu sein, bis ich gemeinsam mit meinen Brüdern auf die Straße ging, um für etwas zu demonstrieren, an das ich wirklich glaubte. Als ich etwas fand, an das ich glaubte, wurde ich selbst von einer höheren Macht gefunden."

Er hörte auf, Soldat zu sein, und wurde zu einem Krieger, als er nicht mehr den Befehlen seines vorgesetzten Offiziers folgte, sondern auf sein Herz hörte ... In seinem Fall bedeutete dies, gegen den Krieg zu protestieren und dafür ins Gefängnis zu gehen. Der buddhistische Meditationsmeister Chogyam Trungpa spricht von dem „traurigen und zarten Herzen des Kriegers". Der Krieger ist im Kontakt mit seinem Innern – mit der Freude, der Traurigkeit, der Überschwänglichkeit seines Herzens ...

Er schließt mit den Worten: „Der Krieger ist in so innigem Kontakt mit seinem Herzen, dass er es der Welt schenken kann."[6]

Damit beginnt ein sinnerfülltes Leben, das einem höheren Ziel dient: Sie lassen sich auf ein Leben ein, in dem Sie viele kleine Tode sterben. Andererseits endet Ihr Leben ohnehin Minute für Minute. So gesehen wird es Zeit, dass Sie Ihre Zeit sinnvoll nutzen und für etwas kämpfen, an das Sie glauben.

Kapitel 7: **Den Wandel leben**

Es ist schwierig, eine Kavallerieattacke zu führen, wenn du
denkst, dass du eine komische Figur auf einem Pferd machst ...
Adlai Ewing Stevenson, amerikanischer Politiker und Staatsmann

Auf der nun folgenden Ebene unserer Reise ist es also an der
Zeit, einige kleine Schritte in Richtung „Ausleben" des Wandels
zu machen. Es wird jetzt sozusagen ernst. Wir haben über das
Erwachen, das wachsende Bewusstsein für neue Möglichkeiten
der zweiten Ebene nachgedacht und die Welt aus einer erweiter-
ten Perspektive mit neuen Augen gesehen. Aber wenn wir diese
Veränderungen, die wir auf unserer Reise durch die symbolischen Stadien machen, nicht in die Tat umsetzen, dann bleiben
die Vorstellungen bloße Worte auf diesen Buchseiten oder eingeschlossen in unserem Kopf. Jetzt haben wir die Möglichkeit
zu handeln – vergessen Sie nicht, dass Veränderungen nie in der
Vergangenheit oder Zukunft stattfinden, sondern immer nur in
der Gegenwart. Heute ist der Tag unserer Erlösung.

Stellen Sie sich das Ganze so vor: Alle bedeutenden Persönlichkeiten, die Sie vielleicht bewundern, mussten im wörtlichen
wie im übertragenen Sinne laufen lernen – einen Fuß vor den
anderen setzen, einen Schritt nach dem anderen machen. Sie
haben das Ziel eines großen, bedeutungsvollen Lebens nicht
dadurch erreicht, dass sie sich selbst durch einen einzigen gewaltigen Kraftakt von einem Tag auf den anderen zum Besseren gewandelt haben. Ihr Leben setzt sich vielmehr aus kleinen
nachhaltigen Akten selbstverschwenderischer Liebe zusammen,
die nach und nach zu einem Lebenswerk anwachsen.

Doch das Ziel ist nicht, „groß und berühmt" zu werden; bei
unserer Reise geht es weniger ums Ankommen (im Sinne von
„Wunderbar, du hast das Ziel erreicht!") als vielmehr um den
Weg, auf dem wir dorthin gelangen. Genau genommen wird

die Art, wie Sie diesen Weg beschreiten, am Ende darüber entscheiden, wo Sie ankommen.

Innehalten, um nachzudenken

Denken Sie an eine Reise, die Sie unternommen haben, oder an ein aufregendes Abenteuer – einen literarischen Streifzug durch Raum und Zeit, eine „Lebensreise" oder eine „Seelenreise". Vergegenwärtigen Sie sich diese Zeit, in der Sie bedeutsame oder schwierige Situationen durchlebt haben und gestärkt daraus hervorgingen.

Denken Sie darüber nach, wie es anfing. Wie sahen die ersten Schritte aus, die Sie unternommen haben? Wie haben Sie sich gefühlt, als Sie aufbrachen? Wie würden diese ersten Schritte wirken, wenn man sie losgelöst von der übrigen Reise betrachtet? Hätten Sie die Aufregung und die Spannung auf dem ganzen Weg erlebt, wenn Sie gar nicht erst aufgebrochen wären?

Das Schwierige am „Ausleben" oder Verwirklichen unserer Vorstellungen auf dieser Ebene unserer Reise besteht darin, dass wir etwas üben müssen, das in unserer Kultur völlig unbekannt ist. Sie werden Mut und Engagement brauchen. So schwierig es ist, sich auf diese Reise einzulassen, so ist es doch andererseits auch wieder ganz besonders leicht. Die Kräfte des Konsumdenkens, der Wettbewerbsorientierung und der Neigung zu Vergleichen werden geschlossen gegen Sie antreten. (Aber Sie sind gut gerüstet für die Schlacht.) Ihre Freunde werden Sie möglicherweise für verrückt erklären. (Aber ist das wichtig?) Und die Stimme in Ihrem Kopf wird Ihr Tun bestimmt nicht gutheißen.

Es kostet ungeheure Anstrengung und gleichzeitig überhaupt keine Mühe, denn was Sie üben werden, ist ... *nichts zu tun. Absolut nichts.*

Beim Übergang von der Kontemplation zum Handeln geht es nicht darum, hektisch immer mehr zu tun, sondern darum, Ihr Tun mit Ihrem authentischen Sein in Einklang zu bringen.

Die fließende Verbindung zwischen beidem ist das, was man als „Seele" bezeichnen könnte – und wenn wir diesem Fluss größere Aufmerksamkeit schenken, wird er immer klarer und breiter; unsere spirituelle Intelligenz hilft uns, zwischen Ruhe und Aktivität zu bleiben und mühelos hin- und herzuwechseln.

Und damit Sie Ihr Sein und Tun in Einklang bringen können, müssen Sie innehalten und aus der Matrix heraustreten, die Sie für sich selbst und um Ihr Selbst geschaffen haben; Sie müssen sich von der falschen Realität (Kapitel 5) all Ihrer Bindungen lösen und üben, Sie selbst zu sein. Die Zeit ist reif, oder?

Innehalten, um nachzudenken

Wer zu einer Reise aufbricht, muss immer irgendetwas zurücklassen. Denken Sie noch einmal an die Reise, über die Sie weiter oben nachgedacht haben. Was mussten Sie zurücklassen, als Sie aufbrachen? Welche Verluste wurden Ihnen bewusst, als Sie das Ziel Ihrer Reise erreicht hatten?

Wie stark haben Sie diese Dinge anfangs vermisst? Wie sehr vermissen Sie sie jetzt?

Was haben Sie zu verlieren?

Das ist eine wichtige Frage. Was haben Sie zu verlieren, wenn Sie einige Bindungen, aus denen Ihr falsches Selbst besteht, loslassen? In gewisser Hinsicht haben Sie durchaus eine Menge zu verlieren – deshalb brechen letztlich nur sehr wenige Menschen wirklich zu dieser Reise auf. Möglicherweise müssen Sie viele Dinge loslassen, an die Sie eine falsche, aber sehr tiefe Bindung entwickelt haben. Es ist an der Zeit, sich nicht länger über diese Bindungen definieren zu lassen.

Sie müssen gewissenhaft darüber reflektieren, was Sie aufgeben müssen, wenn Sie anfangen wollen, Ihre wahre Identität, Ihr wahres Selbst zurückzugewinnen. Diesen Prozess der Abkehr und des Loslassens könnte man als „Reue" bezeichnen.

Auf diesen Gedanken werden wir noch einmal zurückkommen, bevor wir unseren Weg fortsetzen. Aber lassen Sie es langsam angehen und denken Sie gründlich nach. Denn auf der tiefsten Ebene müssen Sie eine Identität aufgeben: das Bild, das Ihr Ego in Ihrem Namen geschaffen hat.

Die gute Nachricht (es geht hier übrigens die ganze Zeit um gute Nachrichten) lautet: Auf einer anderen Ebene werden Sie feststellen, dass Sie überhaupt nichts zu verlieren und alles zu gewinnen haben, wenn Sie aufhören, an diesem Bild und an der Stimme, die es geschaffen hat, festzuhalten.

Innehalten, um nachzudenken

Wie definieren Sie sich selbst in diesem Augenblick? Über welche „Dinge" haben Sie sich im Laufe Ihres Lebens definiert? Wie würden andere Menschen Sie beschreiben, und wie viele Ihrer „Bindungen" – an Besitz, Stolz, Prestige und Leistung – würden diese anderen als Schlüssel zu Ihrem Selbstverständnis betrachten?

Seien Sie ehrlich: An welchen Bindungen hängen Sie am meisten, wenn Sie versuchen, anderen zu zeigen, wer Sie sind? Das kann, wie in Kapitel 6 ausgeführt, eine frühere Kränkung sein oder ein materieller Besitz, ein bestimmter Arbeitsplatz oder das Lob anderer.

Nehmen Sie sich einige Minuten Zeit, um sich diese Dinge in Ruhe bewusstzumachen. Es kann auch hilfreich sein, sie auf einem Blatt Papier zu notieren. Zerknüllen Sie den Zettel anschließend in der Hand, halten Sie ihn dort einige Momente fest, lockern Sie dann allmählich den Griff und lassen Sie das Knäuel in den Papierkorb fallen.

Bestimmt haben Sie schon einmal Bilder davon gesehen, wie Astronauten spielerisch irgendwelche Gegenstände durch den schwerelosen Raum gleiten lassen – eine Zahnbürste, ein Klemmbrett oder eine Banane ... Stellen Sie sich vor, Sie halten im Weltraum – in absoluter Schwerelosigkeit – an Ihren Bindungen fest. Dann lassen Sie behutsam los und beobachten – vor Ihrem inneren Auge –, wie die Dinge langsam vorübergleiten und ins Weltall driften ...

Haben Sie sich je gefragt, wovor Sie davonlaufen?

Wenn wir unsere Gedanken einmal davon abhalten können, fieberhaft zu arbeiten, empfinden wir fast immer Erleichterung. Wenn wir uns einen Drink oder zwei genehmigen, allmählich eindösen oder uns vollständig auf eine Aufgabe konzentrieren, „schalten wir ab". Positiv ausgedrückt, könnte man auch sagen, dass wir uns lebendig fühlen und völlig im gegenwärtigen Augenblick aufgehen, wenn wir uns intensiv auf eine Aufgabe konzentrieren, die uns fesselt, zum Beispiel ein Bild malen oder einen Berg besteigen. Das Problem ist, dass unser Fluchtverhalten normalerweise nicht besonders förderlich ist und keine nachhaltige Erleichterung bringt. Die Stimme kehrt zurück, und wir werden süchtig nach den kleinen Hilfsmitteln, die wir finden (wie etwa dem regelmäßigen Drink), um sie zumindest vorübergehend zum Schweigen zu bringen.

Das spirituelle Leben ist nicht einfach eine andere Art von Flucht, auch wenn viele Menschen es so behandeln. Sie benutzen es als Droge, wie das Fernsehen. Man kann die Zeit damit totschlagen, sich von der Realität ablenken und auf eine dauerhafte Fluchtmöglichkeit für die Zukunft hoffen. Aber spirituelle Intelligenz, unsere Seelenfülle, sollte uns nicht als Ausstiegsticket aus dem Hier und Jetzt dienen – genau genommen sollte sie uns geradewegs hineinführen, aber auf eine Weise, die unsere Sichtweise von Grund auf verwandelt. Nach der christlichen Weltsicht verweist die Verkörperung Gottes in der Person Jesu Christi darauf, dass wir das Leben umarmen und nicht aus seinen Armen fliehen sollten. Eugene Peterson bemerkt: „Gott wurde Fleisch und Blut und zog in unser Viertel." Wenn wir unser Tun wieder mit unserem Sein verbinden, können wir uns erinnern, wie man die Wirklichkeit umarmt. Wir können lernen, uns der Realität direkt zu stellen, mit ruhiger, verkörperter Kraft.

Das Leben birgt ein tiefes Mysterium, eine kreative Spannung. Wir sind aufgefordert, es zu erforschen, um zu entdecken, wer wir sind und wie wir mit der uns umgebenden Welt verbunden sind: Wir müssen aufgeben, was wir zu sein glauben, um zu entdecken, wer wir seit jeher waren. Wir müssen das Leben (wie wir es kennen) verlieren, um es zu finden.

Und das können wir nur tun, wenn wir uns selbst Raum zum Erinnern geben – zum buchstäblichen Er-INNERN, zur Wiedervereinigung mit der Person, die von der Schöpfung in uns angelegt ist, ebenso wie mit dem ursprünglichen Wesen und der Verkörperung des Menschlichen in der Schöpfung. Am sechsten Tag, heißt es im Buch Genesis, schuf Gott Mann und Frau und er sah, dass sie sehr gut waren.

Die Berührung der Leere: Leben verlieren, um es zu gewinnen

Wie kommt es, dass viele Menschen, die wissen, dass sie bald sterben müssen – und aufgehört haben, sich ans Leben zu klammern –, in ihren letzten Tagen, Monaten oder auch Jahren eine Art Frieden und Befreiung zu spüren scheinen? Sie haben entdeckt, dass sie nichts mehr zu verlieren haben und nicht mehr an falsche Werte gebunden sind. Das gibt ihnen die Möglichkeit, vollständiger im Augenblick zu leben. Sie haben keine Zukunft, die sie von der Gegenwart ablenkt – also konzentriert sich alles auf das Heute. Da ist keine Vorspiegelung falscher Tatsachen, kein falsches Selbst, das die Dinge kompliziert. Alles rückt ins richtige Verhältnis – das Wichtige tritt deutlicher hervor und das Unwichtige in den Hintergrund.

Fürs Erste müssen wir nichts anderes tun, als uns einzuprägen, dass wir alle im Angesicht des Todes leben (ob es uns gefällt oder nicht) und dass wir am Ende nichts von der Beute, die unser Konsumdenken, unsere Wettbewerbshaltung und unserer Vergleiche uns eingebracht haben, mitnehmen können, wenn wir gehen müssen. Je ehrlicher wir uns diese Wahrheiten eingestehen, desto mehr Freiheit gewinnen wir, um im Hier und Jetzt zu leben.

„Die Angst vor dem Tod", meint Ben Okri, „verengt die Perspektive auf das Leben; verengt sie und lässt alles Leben schrumpfen. Die Angst vor dem Tod macht das Leben nicht lebenswert. Es macht das Leben zu einer Art lebendigem Tod."[1] Diese Art von Leben wollen wir einfach nicht.

Sich aus der Matrix ausstöpseln

Neo, der Protagonist des Films *Matrix*, ist ein Einzelgänger, der nach einer geheimnisvollen Figur namens Morpheus sucht (benannt nach dem griechischen Gott der Träume und des Schlafes). Außerdem versucht er, die Antwort auf die Frage zu finden: „Was ist die Matrix?"

Morpheus nimmt genau in dem Moment Kontakt zu Neo auf, in dem die Agenten der Matrix ihn daran hindern wollen, mehr herauszufinden. „Ich will dir sagen, warum du hier bist", erklärt Morpheus. „Du bist hier, weil du etwas weißt. Etwas, das du nicht erklären kannst. Aber du fühlst es. Du fühlst es schon dein ganzes Leben lang, dass mit der Welt etwas nicht stimmt. Du weißt nicht was, aber es ist da. Wie ein Splitter in deinem Kopf, der dich verrückt macht ..."

Er fährt fort: „Die Matrix ist allgegenwärtig. Sie umgibt uns. Selbst hier ist sie, in diesem Zimmer. Du siehst sie, wenn du aus dem Fenster guckst oder den Fernseher anmachst. Du kannst sie spüren, wenn du zur Arbeit gehst oder in die Kirche und wenn du deine Steuern zahlst. Es ist eine Scheinwelt, die man dir vorgaukelt, um dich von der Wahrheit abzulenken."

Wie Morpheus weiter ausführt, ist es schwer, jemandem zu erklären, was die Matrix wirklich ist, denn „jeder muss sie selbst erleben". Und er bietet Neo zwei Pillen an. Die rote Pille wird die

Frage: „Was ist die Matrix?" beantworten, indem sie Neo daraus entfernt. Die blaue Pille lässt das Leben weiterlaufen wie bisher. Als Neo nach der roten Pille greifen will, warnt Morpheus: „Bedenke: Alles, was ich dir anbiete, ist die Wahrheit. Nicht mehr."

Unsere spirituelle Intelligenz leitet uns zu der Wahrheit, dass unser Leben nicht unbedingt das ist, was es zu sein scheint. Wenn wir allmählich erwachen, haben wir die Wahl: Wir können entweder die blaue Pille nehmen und weitermachen wie bisher, eingestöpselt in dieselbe alte Technik, dieselben alten Ablenkungen, dieselbe alte Verschwörung, die den Menschen davon abhält zu entdecken, wer er wirklich ist. Oder wir können nach der blauen Pille greifen.

Sie sind, was Sie löschen

Wir haben leider nicht die klare Wahl zwischen der blauen und der roten Pille. (Welche würden Sie wählen?) Dennoch gibt es zweifellos Möglichkeiten, sich aus der Matrix zu lösen.

Wir sind von allen Seiten von einer Welt umgeben, die uns einstöpselt und zu verhindern sucht, dass wir uns auf den Rhythmus unseres wahren Selbst einstellen: Ein endloser Strom von Anzeigen und Werbespots zieht vor unseren Augen vorüber, Handys sorgen dafür, dass wir ständig vernetzt bleiben, ebenso wie Laptops, Fernsehen rund um die Uhr, Shopping sieben Tage die Woche ...

Anfangen zu handeln

Um sich selbst eine Chance zu geben, müssen Sie sich Raum schaffen. Schalten Sie als Erstes einfach an einem Abend in der Woche für eine Stunde den Fernseher ab, ziehen Sie das Telefon aus dem Stecker, schalten Sie Ihr Handy ab und legen Sie den MP3-Player beiseite. Stellen Sie sich vor, dass so wie in Kapitel 1 der Strom ausfällt, und beobachten Sie, was geschieht.

Spüren Sie den Unterschied. Erliegen Sie nicht der Versuchung, nach einer Zeitschrift zu greifen: Die zahllosen Anzeigen und Artikel, die sich um ein besseres Sexleben drehen oder um die Frage, wie Sie jünger aussehen, sich besser fühlen oder sich selbst zum tausendsten Mal neu erfinden können, helfen Ihnen nicht weiter, sondern führen Sie schnurstracks zurück in die Matrix.

Sitzen Sie stattdessen einfach da und lauschen Sie der Stille.

Denken Sie daran, dass es hier nicht um Flucht geht, sondern darum, sich wieder mit dem Leben zu verbinden. Sie sollen nicht vor Ihrem Ego fliehen, sondern sich darüber hinausbewegen – die ausschließliche Herrschaft des Verstandes überwinden und zur Ganzheit Ihres Seins vorstoßen.

Versuchen Sie also, es sich eine Weile bequem zu machen … 20 Minuten, eine halbe Stunde, vielleicht sogar eine ganze Stunde … und ganz ruhig dazusitzen. Schließen Sie die Augen, wenn es hilft; oder richten Sie den Blick auf einen festen Punkt, ohne etwas Bestimmtes zu betrachten.

Konzentrieren Sie sich einige Minuten lang auf Ihre Atmung. Das hilft Ihnen, fokussiert zu bleiben. Atmen Sie langsam ein und aus. Sie könnten sich dabei vorstellen, dass Sie Güte oder Liebe oder Gott einatmen – und alle Ablenkungen ausatmen. Achten Sie im Moment einfach nur darauf, was geschieht.

Wenn Sie entspannt dasitzen, wird Ihr Ego sich vermutlich zu Wort melden. Höchstwahrscheinlich werden Sie anfangen, an all die Dinge zu denken, die Sie jetzt tun könnten, anstatt müßig herumzusitzen. Machen Sie sich keine Sorgen und lassen Sie sich nicht entmutigen. Registrieren Sie einfach, dass Sie an diese Dinge denken. Vielleicht lachen Sie sogar still in sich hinein, nach dem Motto: „Das ist mal wieder typisch!" Auf alle Fälle sollten Sie sich nicht lange damit aufhalten, sondern die Gegenstände Ihres Denkens einfach wie der Astronaut im Weltall an sich vorbeiziehen lassen, ohne sie festzuhalten.

Sie können sich auch vorstellen, dass Sie im Raum stehen

und auf Ihre sitzende Gestalt hinunterschauen. Was sehen Sie? Einen Menschen, der versucht, zur Ruhe zu kommen? Der nicht abschalten kann? Der die Stille genießt? Nehmen Sie Ihre Beobachtung zur Kenntnis und lassen Sie auch diese dann wieder los.

Eckhart Tolle nennt diesen Prozess „den Denker beobachten": Man ist sich eines Gedankens bewusst und zugleich seiner selbst als Zeuge dieses Gedankens. Damit entsteht eine neue Dimension von Bewusstheit. Diese bewusste Gegenwärtigkeit ist Ihr wahres, vollständiges Selbst, das den Denker oder Ihr falsches Selbst beobachtet. Sie fangen an, sich auf den Prozess der Loslösung einzulassen, indem Sie sich als Erstes von dem falschen Selbst Ihrer ständig plappernden Gedanken lösen.

Versuchen Sie, auf Geräusche zu achten, die Sie normalerweise gar nicht bemerken – vielleicht können Sie von fern den Lärm von Autos oder Flugzeugen, gedämpfte Stimmen oder Vogelgezwitscher hören ... Bleiben Sie gelassen. Atmen Sie ein und aus. Entspannen Sie sich.

Wenn Ihre Gedanken allmählich zur Ruhe kommen, können Sie auch versuchen, bewusster auf Ihren übrigen Körper zu achten – denn er ist ein Teil Ihres tieferen, vollständigen Selbst. Entspannen Sie Kinn und Stirn. Lockern Sie die Schultern. Spüren Sie den Stuhl unter Ihrem Po und an Ihren Beinen. Spüren Sie den Boden unter den Füßen und registrieren Sie einfach, dass Sie körperlich mit der Sie umgebenden Welt verbunden sind.

Das ist vielleicht das erste Mal, dass Sie je auf diese Weise innehielten, um sich selbst zu belauschen. Und damit meine ich nicht, dass Sie Ihr Ego belauschen; dem haben Sie lange genug zugehört. Stattdessen lassen Sie sich darauf ein, sich Ihr authentisches Ich bewusstzumachen, Ihr tiefstes Inneres, Ihr wahres Selbst. Ihr verkörpertes, gemeinschaftliches, kooperatives und unvergleichliches Selbst, das die ganze Zeit über da war, aber im Verborgenen lag.

Wie wirkt es auf Sie? Was ist Ihnen nie zuvor aufgefallen? Sie werden wahrscheinlich recht schnell vieler Details gewahr, die

Sie nie zuvor bemerkt haben. Sie spüren eine stärkere räumliche Präsenz – für sich selbst, Ihre Einrichtungsgegenstände, Ihre Verbundenheit mit allem – und bewegen sich dabei von der Vergangenheit und der Zukunft, in denen das Ego zuhause ist, in die Gegenwart. Versuchen Sie, die Gegenwart zu fühlen.

Die transformierende Kraft der Gegenwart

Natürlich müssen wir uns der Vergangenheit bewusst sein und dessen, wie sie uns geformt hat, und wir müssen uns auf Ereignisse in der Zukunft einstellen und vorbereiten. Aber das ist etwas anderes, als in der Vergangenheit oder Zukunft gefangen zu sein, wie die meisten Menschen. Wir neigen dazu, im Gestern oder Morgen zu leben und nur kurze Stippvisiten in der Gegenwart zu machen (was Momente des Erwachens sein könnten, wenn wir sie denn als solche erkennen). Wir müssen den Prozess umkehren – vollständiger in der Gegenwart leben und gelegentlich einen Vorstoß in die Vergangenheit oder Zukunft machen, wenn es notwendig ist.

Der einfache Prozess des praktischen Innehaltens, bei dem wir uns „ausstöpseln", zur Ruhe kommen, unser Ego zur Kenntnis nehmen, uns unseres ganzen, vollständigen Selbst bewusst werden und unser Gefühl von Präsenz fördern, ist der erste Schritt zu einem ganzheitlichen Leben, zu Gegenwärtigkeit, Kreativität, Bewusstheit, Frieden ... Das kommt nicht alles auf einmal und es kommt auch nicht alles diesseits der Ewigkeit. Aber Sie haben den Anfang gemacht. Sie haben etwas sehr Profundes getan – indem Sie nichts taten.

Das Spiel deines Lebens

Bei der spirituellen Intelligenz geht es nicht darum, dass man sich in orangefarbene Gewänder hüllt und Sandalen trägt, es geht auch nicht darum, eine Andachtsstätte zu betreten. (Es kann natürlich sein, dass Sie sich zu einem spirituellen Rhythmus inspiriert fühlen, der die Zugehörigkeit zu einer spirituellen Gemeinschaft umfasst, aber ich sage nicht, dass Sie das tun sollten.) Bei diesem Prozess geht es vielmehr darum, dass wir auf unserer Reise zur Entfaltung unseres vollen menschlichen Potenzials die hilfreiche Kraft unserer angeborenen Spiritualität nutzen.

Zudem hat diese Reise überaus praktische Vorteile. Der frühere Tennistrainer und heutige Unternehmensberater Timothy Gallwey weist darauf hin, dass man durch die Überwindung des Egos (oder von „Selbst 1", wie er es nennt) in *Flow* gerät und anfangen kann, sein *praktisches Handeln* aus dem wahren Selbst fließen zu lassen – ob auf dem Tennisplatz, in der Vorstandsetage, im Schlafzimmer oder wo auch immer.

Er erklärt diesen Prozess auf leicht verständliche Weise: Unser Denken verkompliziert die Dinge für uns. Wenn wir nicht darüber nachdenken, wie wir etwas tun sollten, neigen wir dazu, es spontan gut und richtig zu machen – wie zum Beispiel das Gehen. Es gibt zahllose Dinge, die unser Körper tun muss, um den Akt des Gehens erfolgreich durchzuführen, aber es gelingt uns mühelos. Erst wenn wir anfangen, darüber nachzudenken, neigen wir dazu, uns zu verkrampfen.

Vielleicht kennen Sie diese Erfahrung aus dem Sport. Bei einem einfachen Ballwechsel auf dem Tennisplatz, wenn man nicht aufs Gewinnen erpicht ist, schlägt man wahrscheinlich ganz locker einige gute Bälle. Doch sobald wir in einem offiziellen Spiel stehen und unser Wettbewerbsdenken sich einschaltet (oder wir Angst haben, uns zu blamieren), meldet sich prompt die Stimme in unserem Kopf zu Wort. Konzentrier dich, sagt sie. Du kannst es dir nicht leisten, dieses Match zu verlieren. Wirf den Ball höher. Schlag härter zu. Versenk den Ball nicht schon wieder im Netz ... Und natürlich landet er im Netz. Das Gezeter von „Selbst 1" bringt uns dazu, einen Patzer zu machen.

Nach Gallwey kann man lernen, einen Ball zu fangen (falls

man das nicht kann), indem man einfach „Selbst 1" überwindet. In seinen Workshops hat er vielen Menschen auf bemerkenswerte Weise beigebracht, wie das geht. Zunächst wirft er ihnen einen Ball zu, um ihnen zu zeigen, dass sie ihn nicht fangen können. Bei den folgenden Würfen fängt er an, die Teilnehmer zu fragen, was ihnen an dem Ball als solchem auffällt. Und wenn die Leute anfangen, bewusster auf den Ball zu achten, und aufhören, verstandesmäßig über die richtige Technik nachzugrübeln, fangen sie ihn. Die meisten Menschen, sagt Gallwey, die den Ball anfangs bei acht von zehn Würfen verfehlen, lernen, ihn stattdessen achtmal zu fangen.

Mit dem Leben verhält es sich genauso wie mit dem Ballfangen. Wenn wir lernen, das Ego zu überwinden, uns von der Angst befreien, den Ball fallen zu lassen (im wörtlichen wie im übertragenen Sinne), und uns stattdessen der Welt bewusst werden, fangen wir an, aus unserem wahren Selbst zu schöpfen, und spielen das Spiel unseres Lebens.

Das Bewusstsein schärfen

Wenn Sie die Kunst des Loslassens üben, einfach indem Sie mehr Zeit in ruhiger Reflexion und Kontemplation verbringen, werden Sie schon bald einige praktische Ergebnisse wahrnehmen: Sie werden sich mit Ihrer Umgebung neu verbunden fühlen, Sie werden kleine Details bemerken und manchmal werden Ihnen die Farben viel intensiver erscheinen; Sie werden Ihre Kreativität entdecken und feststellen, dass plötzlich aus heiterem Himmel und aus unerwarteten Quellen ganz neue Ideen auftauchen; Sie werden auch bei Druck gelassener bleiben und sich nicht in ein emotionales oder aktionistisches Chaos verwickeln lassen; Sie behalten einen kühlen Kopf, auch wenn alle anderen um sie herum den ihren verlieren, weil Sie sich daran erinnern, dass Ihr „Kopf" Teil eines größeren Ganzen ist! Und Ihre eigene, körperliche Präsenz fängt an, eine positive, friedenstiftende, inspirierende Wirkung auf die Menschen in Ihrer Umgebung zu haben (mehr dazu im nächsten Kapitel).

Das falsche Selbst des anderen bemerken und sich davon lösen

Etwas anderes wird Ihnen noch auffallen: Wenn Sie Ihres eigenen Egos gewahr werden und erkennen, wie Sie sich davon lösen können, wird Ihnen höchstwahrscheinlich auch das Wirken anderer Egos bewusst werden. Damit können Sie auf zweierlei Weise umgehen. Die negative Reaktion wäre, dass Sie in Versuchung geraten, andere zu verurteilen, wenn Sie feststellen, wie sie sich an ihre Bindungen klammern. Tun Sie das nicht: Das ist die Stimme Ihres eigenen voreingenommenen Egos, die wieder dazwischenfunkt. Denken Sie an den Splitter im Auge des anderen und den Balken im eigenen ...

Blicken Sie stattdessen über das Ego des anderen hinaus und erkennen Sie, wer er wirklich ist – sein unentdecktes wahres Selbst –, und lernen Sie, Ihr Gegenüber dafür zu lieben. Und wenn sein Ego Sie angreift oder aus der Fassung bringt, lassen Sie sich nicht darauf ein – denn wenn Sie das tun, ist auch hier wahrscheinlich wieder Ihr eigenes Ego am Werk.

Versuchen Sie vielmehr loszulassen, wenn Sie bemerken, dass Sie sich in einen Streit verwickeln. Nehmen Sie Ihren Stolz oder Ihre Verletzung einfach zur Kenntnis, lächeln Sie und lassen Sie los. Nichts kann Ihr wahres Selbst, Ihre beobachtende Präsenz zerstören, weil dieses Selbst nichts zu verlieren hat. Es besitzt nichts; es hängt an nichts; es ist Teil von allem – der Fülle und Ganzheit des Lebens.

Letzten Endes (aber das wird noch etwas mehr Übung erfordern) werden Sie lernen, Ihr tiefstes Inneres spontan zum tiefsten Inneren anderer rufen zu lassen, anstatt sich mit anderen Egos zu verkeilen wie Hirsche in der Brunft. Versuchen Sie, sich diese Haltung ansatzweise bewusstzumachen, wenn Sie an einem geschäftlichen Meeting teilnehmen oder in eine andere, potenziell belastende Situation geraten. Wenn Sie Zugang zu den Tiefen Ihres eigenen, unvergleichlichen Selbst haben, werden Sie über das Selbstbewusstsein verfügen, alle „Ego"-Attacken vorbeiziehen zu lassen und sich aus tiefster Seele und mit großer innerer Präsenz auf andere Menschen einzulassen, ohne Ihre Gelassenheit zu verlieren.

Lassen Sie Ihre Waffen fallen

Vielleicht denken Sie jetzt: Für meinen Geschmack klingt das alles ein bisschen zu sehr nach Kapitulation. Und in gewisser Hinsicht handelt es sich tatsächlich um eine bedingungslose Kapitulation. Sie fangen an, alles aufzugeben, an das sich Ihr Ego seit langer Zeit mit aller Kraft geklammert hat. Lassen Sie Ihre Angriffs- und Verteidigungswaffen fallen und verlassen Sie das Schlachtfeld: Auch wenn Sie diesen Kampf Ihr ganzes Leben lang geführt haben, ist es nicht der Kampf, für den die Schöpfung Sie bestimmt hat. Die Aufgabe, die jetzt vor Ihnen liegt, besteht darin, die Schlachten, die Sie schlagen wollen, sorgfältiger auszuwählen.

Wenn Sie Ihre spirituelle Intelligenz fördern, werden Sie allmählich bemerken, dass Sie zu einem völlig anderen Kampf berufen sind, zu einem Kampf um Ihr eigenes Herz und um das Herz Ihrer Mitmenschen, zu einem Kampf gegen die Ungerechtigkeit, im Namen jener, die Ihre Unterstützung am dringendsten brauchen, zu einem Kampf für die Seele.

Das ist nicht irgendeine schwächliche spirituelle Kapitulation. Wenn Sie die Dinge im Leben aufgeben, die Sie immer für die allerwichtigsten hielten, werden Sie allmählich erkennen, dass sie schon immer die unwichtigsten waren. Und Sie werden die Freiheit gewinnen, den Kampf Ihres Lebens zu führen: den Kampf für das, was richtig ist.

Wenn Sie nur sich selbst und Ihrem eigenen Ego dienen wollen, werden Sie den Kampf am Ende verlieren. Große Anführer brauchen ein höheres Ziel, um ihre Gefolgschaft zu führen. Wenn wir uns dem höheren Ziel verschreiben, im Namen des Lebens für andere zu kämpfen, finden wir unsere Berufung. Alles andere ist reine Illusion.

Unvergleichliche Akte der Schönheit

Vergessen Sie nicht, dass wir uns mit dem Weg beschäftigen, den wir auf unserer Reise einschlagen wollen. Wir interessieren uns für das Heute, für die zahllosen kleinen Entscheidungen, die wir Augenblick für Augenblick innerhalb der ausgedehnten Weite der Gegenwart treffen.

Wir können Schönheit nicht erfassen; doch wenn wir sie loslassen, erlauben wir ihr, durch uns hindurchzufließen und zu anderen weiterzuströmen. Und wenn das geschieht, wenn wir sie durch uns hindurchleiten und loslassen, verwandelt sie sich zu einer uns eigenen unvergleichlichen Schönheit, die uns einzigartig macht. Wenn wir Handeln mit Kontemplation verbinden – Tun mit Sein – und wenn wir anfangen, weiterzugeben, was wir empfangen, *werden* wir allmählich der Wandel, den wir uns vorstellen und wünschen.

Sehen Sie sich selbst nicht als einen Konsumenten, sondern als lebendigen „Mit-Schöpfer" von kleinen, nachhaltigen Akten der Schönheit, die nicht dazu gedacht sind, dass wir sie festhalten, sondern sie sollen als Strom des Lebens zu allen Menschen in unserem Umfeld weiterfließen …

Die Dinge, an die Sie sich gebunden haben, um der äußeren Hülle Ihres Selbst mehr Schönheit zu verleihen, werden vergehen. Wenn die Tiefe Gottes zu Ihrer Tiefe ruft und wenn Sie ihrerseits wiederum zur inneren Tiefe in anderen rufen, fangen Sie an, ein Leben von unvergleichlicher Schönheit zu führen. Schritt für Schritt.

Doch im Moment wollen wir nichts überstürzen. Atmen Sie tief ein. Entspannen Sie sich. Sie begeben sich auf eine Reise.

Kapitel 8: Das Gute weitergeben

Mensch sein bedeutet, dass man eine Geschichte zu erzählen hat.
Isaak Dinesen

Unsere Reise durch die zweite Ebene ist fast abgeschlossen. Sie haben eine Vorstellung davon gewonnen, was es bedeutet, sich Ihr Ego oder falsches Selbst bewusstzumachen und sich davon zu „lösen". Jetzt stellt sich die Frage, wie Sie die positiven Veränderungen an die Menschen in Ihrer Umgebung übertragen können – an Ihre Familie, Ihr Arbeitsteam, Ihr Unternehmen oder Ihre Gemeinschaft.

Stellen Sie sich vor, Sie sind die Tochter oder der Sohn von Bill Gates, aber niemand weiß es. Stellen Sie sich außerdem vor, Sie gehen Ihrer gewohnten Arbeit nach. Durch die Beziehung zu Ihrem Vater ist Ihr Erbe absolut sicher, von daher haben Sie nichts zu verlieren, wenn Sie einfach Sie selbst sind – Sie müssen nicht so tun, als ob Sie irgendwie besser wären, als Sie sind, oder sich auf andere Art verstellen. Höchstwahrscheinlich würden Sie unter diesen Voraussetzungen ganz anders und viel freier an ein heikles Gespräch mit Ihrem Chef oder mit einem wichtigen Kunden herangehen.

Aber Sie müssen gar nicht mit einem Multimillionär verwandt sein, um in Freiheit zu leben. Wenn Sie Ihre Bindungen abschütteln – an den Erfolg, an den Zwang, Ihren Wert beweisen zu müssen, oder an den Druck, als Gewinner bei diesem Geschäftsabschluss dazustehen –, werden Sie sich allmählich auch von der Angst befreien: von der Angst vor der anderen Person oder von der Angst, bloßgestellt zu werden, den Geschäftsabschluss zu verlieren oder bei der Beförderung übergangen zu werden.

Vielleicht würden Sie sich entspannter fühlen. Möglicherweise hätten Sie das Gefühl, dass Sie nicht so tun möchten, als ob Sie etwas anzubieten hätten, von dem Sie wissen, dass Sie es eigentlich gar nicht anbieten können – weil Sie es letzten Endes gar nicht müssen. Vielleicht wären Sie ehrlicher, innerlich präsenter, und Sie würden die andere Person als menschliches Wesen sehen und nicht als Kunden oder Konkurrenten. Womöglich würden Sie sich kreativer, wacher fühlen. Vielleicht würden Sie denken, dass Sie den Leistungsdruck verringern und mehr Sie selbst sein sollten. Vielleicht würden Sie anfangen, mehr Freude am Leben zu haben. Und vielleicht würden andere Menschen anfangen, mehr Freude an Ihnen zu haben – an einem Menschen, der sich wirklich von der Masse abhebt, der selbstbewusst und trotzdem bescheiden ist, der erfolgreich ist, ohne davon besessen zu sein, der sich engagiert, aber nicht klammert, der ein Angebot macht, aber nicht versucht, zu beschwatzen oder zu verkaufen.

Wenn das Leben nur wirklich so wäre! Wenn wir uns doch nur von der Stimme in unserem Kopf befreien könnten, die uns dazu treibt, unseren Wert gegenüber jedem beliebigen Beobachter beweisen zu müssen! Wenn wir doch nur die Angst vertreiben und aus unserem wahren Selbst schöpfen könnten, dann würde unsere Anwesenheit einen Raum heller machen, wir würden uns für mehr Gerechtigkeit einsetzen, eine kreative Alternative liefern oder anderen als Vorbild für eine andere Seinsweise dienen.

Was hindert Sie daran?

Innehalten, um nachzudenken
Was hindert Sie daran?

Die meisten Menschen schöpfen ihr Potenzial nicht wirklich aus, leben nicht so, wie es ihnen von der Schöpfung bestimmt ist, weil sie selten erleben, wie es ist, diese Person zu *sein*. Wir verbringen so viel Zeit damit, Dinge zu *tun*, dass wir uns schließlich darüber definieren, was wir tun und was wir erreichen wollen, und nicht darüber, wer wir sind.

Sein und Tun sind untrennbar miteinander verbunden; Sie sollen Ihr „Tun" nicht vergessen, sondern es wieder mit einem geschärften Bewusstsein für Ihr „Sein" verbinden. Wenn Ihnen das gelingt, werden Sie allmählich auch den Menschen, der Sie wirklich sind, zu diesen geschäftlichen Meetings, zu Ihrer Familie, zu Ihren Freunden und zu Ihrer Gemeinschaft mitnehmen.

Also, wer sind Sie? Wir haben bereits angefangen, innezuhalten und nichts zu tun, um uns selbst zu „belauschen" und uns wieder mit dem größeren Ganzen unseres wahren Selbst zu verbinden. Doch in diesem Kapitel wollen wir über die Geschichte nachdenken, in der wir uns befinden, weil es uns die Möglichkeit eröffnet, weiter darüber nachzudenken, wer wir sind und was wir im Gefolge dieser Einsichten tun können.

„Ich möchte mal wissen, in was für einer Art Geschichte wir drinstecken"

In Tolkiens Roman *Der Herr der Ringe* werden die Hobbits Frodo und Samweis (die zu einer abenteuerlichen Reise aufbrachen, um den verführerischen Ring der Macht zu vernichten) nach einer Weile von vielerlei Gefahren und Feinden bedrängt. Nachdem sie im Auenland bislang ein beschauliches und recht ereignisloses Leben geführt haben, befinden sie sich jetzt mitten in einem beängstigenden Abenteuer. Sie wissen es noch nicht ganz genau, aber die Zukunft Mittelerdes hängt davon ab, dass sie ihre Reise engagiert, mutig und unbeirrt fortsetzen.

Der kleine Samweis, ein ganz normaler und unscheinbarer kleiner Hobbit, denkt über das Abenteuer nach, in dem sie offenbar gelandet sind. „Ich dachte immer, das [Abenteuer] wäre etwas, auf das diese wackeren Burschen in den Geschichten ausgehen und wonach sie suchen, weil sie es sich wünschen, weil es so aufregend ist und weil das Leben sonst ein bisschen fad ist. So was wie ein Spiel, könnte man sagen. Aber so ist das nicht in den Geschichten, auf die es wirklich ankommt oder die sich im Gedächtnis halten. Meistens sind die Leute einfach da hineingeschliddert – es war nun mal ihr Weg, wie du sagst. Aber ich nehme an, sie hatten noch Gelegenheit genug, wie wir auch, kehrtzumachen, nur haben sie's nicht getan ... Ich möchte mal wissen, in was für einer Art Geschichte wir drinstecken."

Das ist eine Frage, die wir uns alle stellen müssen. Denn sonst fehlt unserem Leben die Richtung, wir haben wenig Grund, weiterzugehen, und wissen nicht, wie wir unseren Gefährten beim Streben nach einem gemeinsamen Ziel unser wahres Selbst näher bringen können.

Innehalten, um nachzudenken
In was für einer Art Geschichte stecken Sie drin?

Wie kommt es, dass wirklich große Abenteuergeschichten wie *Der Herr der Ringe*, *Matrix* oder *Star Wars* oder die großen Liebesgeschichten wie *Vom Winde verweht* oder *Titanic* uns zutiefst bewegen und so starke Gefühle wecken? Weil sie in gewisser Weise eine größere Geschichte zum Ausdruck bringen, die sich um uns herum entfaltet. Sie helfen uns (wenn wir uns mit den Figuren identifizieren) zu erkennen, wie die kleinere Geschichte unseres eigenen Lebens mit etwas viel Größerem zusammenhängt – und dass wir möglicherweise eine Rolle in dieser größeren Geschichte spielen.

„Die besten Geschichten sind jene", schreibt der Romancier Ben Okri, „die Resonanzen mit unseren Anfängen erzeugen und intuitiv unser Ende erfassen, unseren geheimnisvollen Ursprung und unser göttliches Schicksal, und sie zu einer großen Einheit machen."[1] Sie helfen uns zu verstehen, woher wir kommen und wohin wir gehen, und dadurch erkennen wir besser, wo wir gerade sind.

Eugene Peterson erklärt in diesem Zusammenhang: „Geschichten erzählen uns nicht einfach nur irgendetwas und belassen es dabei, sie fordern uns zur Teilnahme auf."[2]

Daniel Taylor meint: „Wir ‚sind' unsere Geschichten. Wir sind das Produkt all der Geschichten, die wir gehört und gelebt haben – und der vielen, die wir nie gehört haben. Sie haben einen prägenden Einfluss darauf, wie wir uns selbst, die Welt und unseren Platz in ihr sehen."[3]

Mit anderen Worten, Geschichten bedeuten ungeheuer viel. Der Romancier Douglas Coupland ist allerdings der Meinung, dass wir unseren Sinn für Geschichten schon lange verloren haben. In unserer heutigen Konsumgesellschaft haben wir das Erzählen verlernt, und das bedeutet für Coupland, dass wir „das Leben verlernt haben". Uns ist das Gefühl abhanden gekommen, woher wir kommen und wohin wir gehen, und wir wissen deshalb auch nicht mehr, wo wir uns im Augenblick befinden. Wir müssen uns ein Leben beschaffen, eine Geschichte besorgen.

Innehalten, um nachzudenken

Was ist Ihre Lieblingsgeschichte? Welcher Film, welches Theaterstück oder welcher Songtext spricht Sie besonders an? Warum? Was sagt das über Sie aus?

Wie hilft Ihnen Ihre Lieblingsgeschichte dabei, die Geschichte Ihres eigenen Lebens in einen größeren Zusammenhang zu setzen?

Drei Geschichten entwickeln sich

Ein hilfreicher Ansatz besteht darin, sich drei Erzählstränge für Ihr Leben auszudenken: Ihre eigene persönliche Geschichte („Ich"); die gemeinsame Geschichte von Ihnen und den Menschen um Sie herum („wir"); und die globale oder kosmische Geschichte, an der die gesamte Schöpfung beteiligt ist („der größere Zusammenhang"). Diese drei müssen auf bedeutungsvolle Weise ineinanderfließen.

Wenn uns das narrative Element abhanden kommt, wie

Coupland meint, verlieren wir das Gefühl dafür, wie unsere eigene Geschichte sich in den größeren Zusammenhang fügt. Wir haben das Gefühl, keine Macht und keinen Einfluss auf die Ereignisse in der größeren Welt zu haben – sie brechen einfach über uns herein. Und so werden wir passiv, nehmen uns von der Welt, was wir bekommen können, ohne darüber nachzudenken, was wir geben könnten. Unfähig, unserem Leben ein Ziel und eine Richtung zu geben, fühlen wir uns abgeschnitten vom größeren Zusammenhang und von der Geschichte der Menschen um uns herum. Wir werden atomisiert.

Die Ausnahmepersönlichkeiten, die wissen und zum Ausdruck bringen können, wie sich ihre eigene Geschichte auf bedeutungsvolle Weise in den sich entfaltenden, größeren Zusammenhang fügt, sind in der Tat bemerkenswert; sie heben sich ab, weil sie ihr Herz erforscht und ihr wahres Selbst, ihre Leidenschaft und ihre Vision entdeckt und in den Dienst eines höheren Anliegens gestellt haben. Sie sind fähig, zu zeigen, wie ihre eigene Geschichte innerhalb des größeren Bildes einen Sinn ergibt und wie sie dieses durch ihr eigenes Leben verändern können. Dadurch zeigen sie starke natürliche Führungsfähigkeiten – und verwandeln im Laufe dieses Prozesses ihre „Ich-Erzählung" in eine „Wir-Erzählung".

„Wenn ich eine Geschichte anpreise", erklärte der Drehbuchautor und Oscar-Preisträger Ron Bass, „muss ich mich selbst veräußern – zeigen, wer ich bin. Dasselbe gilt für jeden Anführer, ob in der Geschäftswelt oder in irgendeinem anderen Bereich. Nehmen wir Barack Obama. Bei seiner Geschichte geht es nur darum, wer er ist. Und alles an ihm ist ein Teil davon, bis hin zu seiner körperlichen Präsenz: Der Blickkontakt, die Hand auf der Schulter, der Klang seiner Stimme."

Wir sind vielleicht nicht alle Barack Obama, aber wir alle haben eine Geschichte zu erzählen, tief in unserem Innern spüren wir wahrscheinlich, dass sie zu einem Ziel beitragen sollte, das über unsere egoistischen Bedürfnisse hinausreicht. Wenn unsere Geschichte nur von uns selbst handelt, wird sie uns am Ende von anderen Menschen entfremden.

Die Geschichte des „Wir" gestalten und dadurch anderen Menschen Gutes bringen

„Selbst in unserer heutigen Ära des Zynismus und der Egozentrik sehnen sich die Menschen danach, an etwas glauben zu können, das größer ist als sie selbst", schreibt Peter Gruber in der *Harvard Business Review*. „Der Geschichtenerzähler spielt eine entscheidende Rolle, weil er ihnen eine Mission liefert, an die sie glauben und der sie sich verschreiben können."[5]

Also, wie sieht Ihre Geschichte aus? Haben Sie innegehalten, um nachzudenken?

Das „Leben als Erzählung" eröffnet uns eine Perspektive, aus der wir erkennen können, dass unsere eigene Geschichte unser Ego überwinden, über uns selbst hinauswachsen und sich mit anderen Menschen verbinden und ihnen Bedeutung verleihen muss. Wenn Sie anfangen, über Ihre eigene Geschichte nachzudenken und sie wirkungsvoll zum Ausdruck zu bringen, werden Sie schließlich auch anderen helfen, mehr Sinnhaftigkeit in ihrem eigenen Leben zu finden, weil Sie zeigen können, wie man sich mit etwas Größerem verbindet, das über das eigene Selbst hinausreicht. Und auf diese Weise – indem Sie „es weitergeben", indem Sie lernen, Ihre Geschichte in Worten und Taten zu erzählen – werden Sie anderen Gutes bringen.

Anfangen zu handeln

1. Die Geschichte, die man Ihnen im Leben gegeben hat

Nehmen Sie sich ein wenig Zeit, um die Geschichte, die Ihnen im Leben zugefallen ist, aufzuschreiben oder darüber nachzusinnen: Welches Drehbuch war für Ihr Leben vorgesehen?

Welche Erwartungen hat man in Sie gesetzt? Vielleicht erinnern Sie sich an bestimmte Dinge, die Ihnen die Eltern oder die Lehrer vermittelt haben und die Ihnen im Gedächtnis haften blieben, ob negativ oder positiv. Denken Sie an die Bedingungen, in die Sie hineingeboren wurden (Wohnort, soziale Schicht, Zukunftsaussichten ...). Überlegen Sie, welche Personen zur „Handlung" gehörten. Denken Sie an die Kränkungen, die Sie erlitten haben, aber auch an die guten Dinge, die Sie erfahren haben. Welche Geschichte haben Sie von äußeren Kräften in Ihrem Leben erhalten? Inwiefern hat diese Geschichte Sie beeinträchtigt oder begeistert?

2. Das größere Bild, von dem Sie ein Teil sind

Denken Sie anschließend über den größeren Zusammenhang nach, in dem Sie leben, und ermitteln Sie, welche Teile dieses größeren Bildes wirklich bedeutsam für Sie und Ihre Geschichte sind. Zu diesem größeren Zusammenhang können solche Elemente gehören wie Gott, die Weltwirtschaft, der Klimawandel, der Zustand Ihres Landes, Armut und Ungerechtigkeit, Krieg, das Unternehmen, in dem Sie arbeiten, die postmoderne Welt, die menschliche Natur, die Geschichte der Menschheit ... Sie können die Liste beliebig fortsetzen. Überlegen Sie insbesondere, welche Elemente entweder ein starkes Gefühl der Verbundenheit oder eines der Unterdrückung und Ohnmacht bei Ihnen auslösen. Welches weckt Ihr größtes Interesse? Versuchen Sie, eine kurze Schilderung des größeren Zusammenhangs zu geben.

3. Die Geschichte, die Sie gern hinter sich lassen würden

Überlegen Sie jetzt, ob Sie bestimmte Episoden Ihrer Geschichte gern verändern oder zum Besseren umschreiben möchten. Welche Ereignisse würden Sie gern hinter sich lassen? Welche verletzenden Worte würden Sie gern loslassen? Welchen Einflüssen, über die Sie keine Macht haben, würden Sie sich gern entziehen?

Von welchen Orten würden Sie gern Abschied nehmen, wenn Sie zu einer neuen Entdeckungs- und Abenteuerreise aufbrechen?

4. Wichtige transformative Momente in Ihrem Leben

Denken Sie als Nächstes über bestimmte Momente in Ihrem Leben nach, die sich als entscheidende Wendepunkte zum Positiven erwiesen haben (auch wenn Sie Ihnen damals vielleicht als etwas Negatives erschienen). Welche wichtigen Wendepunkte gab es? Was ist geschehen? Was haben Sie dadurch über sich selbst gelernt? Wie könnten diese Momente zu dem Gefühl einer sich entfaltenden positiven Erzählhandlung in Ihrem Leben beitragen? Versuchen Sie, zu jedem Wendepunkt einen Absatz oder zwei zu schreiben, und denken Sie sich ein Bild oder Symbol aus, das für den jeweiligen Wendepunkt stehen könnte. Vielleicht ermitteln Sie fünf oder sechs Schlüsselmomente, die eine entscheidende Rolle spielten, und fünf oder sechs entsprechende Symbole.

5. Die Figuren in der Geschichte

Wer hatte einen bedeutsamen Einfluss auf Ihr Leben? Gibt es Personen, von denen Sie getrennt sind und mit denen Sie gern wieder in Verbindung treten würden? Wen hätten Sie in Ihrer Zukunftsgeschichte gern dabei? Schreiben Sie die Namen auf und überlegen Sie, wie Sie diesen Menschen dienen möchten und was Sie von ihnen empfangen könnten.

6. Die Geschichte, die Sie gern erzählen (und leben) möchten

Fangen Sie jetzt an, die Schlüsselmomente aus der Vergangenheit ebenso wie Ihre Hoffnungen für die Zukunft zu sammeln. Dabei ist es allerdings sehr wichtig, dass Sie im Auge behalten, wie sich diese Elemente mit dem größeren Bild, das Sie früher ermittelt haben, verbinden lassen. Welchem höheren Ziel würden Sie Ihr Leben gern widmen? Wie könnten Sie sich diesem Ziel voll und ganz verschreiben? Wie könnten Sie durch das, was Sie sind und tun, eine Verbindung zu den Elementen des größeren Bildes herstellen? Wie kann Ihre Geschichte von mehr handeln als einfach nur von Ihnen? Wie sollte Ihre Geschichte sich entwickeln, damit sie anderen zeigen kann, wie *sie* Ziel und Richtung in ihrem gegenwärtigen Dasein finden können? Schreiben Sie eine Erzählung darüber, woher Sie gekommen sind und wohin Sie Ihrer Ansicht nach gehen und warum Ihr Sein und Tun dadurch Sinn und Bedeutung im Jetzt erhält.

7. Denken Sie an Ihre „Zuhörer"

Wer würde am meisten davon profitieren, eine sinnerfüllte Geschichte Ihres Lebens zu hören? Für wen wäre sie hilfreich oder inspirierend? Wer hätte Vorteile von Ihrer Art der Transformation? (Die Menschen in Ihrer Umgebung? Die Armen und Unterdrückten? Ihre Kunden? Ihre Nachbarn?) Wie würden Sie Ihre Geschichte für Ihr spezielles Publikum abwandeln?

8. Überprüfen Sie Ihre Integrität

Überlegen Sie, welche Geschichte diese Zuhörer ihrerseits über Sie erzählen würden. Wie würde deren Version von der Geschichte abweichen, die Sie selbst gern erzählen möchten? Was könnten Sie tun, um die Geschichte, die andere über Sie erzählen, mit Ihrer eigenen zu integrieren? Wie könnten Sie dafür sorgen, dass Ihre Geschichte an Einheit und Geschlossenheit gewinnt und andere in ihren Bann ziehen kann?

9. Fangen Sie an, Ihre neue Geschichte zu erzählen, und bitten Sie um Rückmeldungen

Vergessen Sie nicht, dass Ihre Geschichte am wirkungsvollsten sein wird, wenn Sie zeigen können, wie Ihre eigene Geschichte sich auf bedeutungsvolle Weise in den größeren Zusammenhang fügt. Denken Sie immer wieder darüber nach, wie Sie durch das Erzählen Ihrer Geschichte anderen helfen können, selbst eine bedeutungsvolle Geschichte zu erzählen und zu leben.

10. Was für eine gemeinsame Geschichte (die Geschichte des „wir") würden Sie gern durch Ihre unmittelbaren Beziehungen fördern?

Das kann etwas sehr Spezifisches sein – die Geschichte Ihres Teams oder Ihrer Abteilung im Unternehmen, Ihres Literaturkreises, Ihrer Familie, Ihrer Ehe oder Ihres Freundeskreises. Wer ist an dieser Geschichte beteiligt? Wie könnten diese anderen ihre eigene Stimme in der Geschichte finden? Wie könnten Sie selbst vorangehen und den Weg weisen, indem Sie diesen Menschen, ganz abseits von Ihrem Ego, in selbstverschwenderischer Liebe dienen?

Es ist kein Wunder, dass Wirtschaftsunternehmen sich in wachsendem Maße der Kraft von Geschichten bewusst werden und erkennen, dass sie ihren Mitarbeitern dabei helfen müssen, wieder einen Sinn in ihrem Arbeitsleben zu finden und sich mit einem höheren Ziel zu verbinden. „Geschichten sind die wirkungsvollste Waffe im Arsenal einer Führungskraft", schreibt Howard Gardner, Professor an der Harvard University. Wenn Unternehmen sich für etwas interessieren, kann man in der Regel davon ausgehen, dass sie einen guten Grund dafür haben.

Aber konzentrieren Sie sich nicht aus egoistischen Gründen auf die Zusammenstellung Ihrer Geschichte. Bleiben Sie vielmehr der Vorstellung von der „Weitergabe des Guten" treu, wenn wir das Ende der zweiten Ebene unserer Symbolreise erreichen. Denn das Ziel ist, dass Sie Ihr Ego transformieren, Ihr ganzes, unvergleichliches Selbst entdecken und anfangen, die positiven Veränderungen durch Ihre Entdeckungsreise an andere Menschen weiterzugeben.

Zum Geschichtenerzählen abschließend noch ein wichtiger Punkt: Wir haben uns insbesondere darauf konzentriert, wie Sie über Ihre eigene Geschichte reflektieren und sie zum Ausdruck bringen können. Aber sehr wichtig ist auch, dass wir lernen, den Geschichten anderer aktiv und wissbegierig zuzuhören.

Die Dichterin Maya Angelou sagte einmal: „Es gibt nichts Quälenderes, als eine unerzählte Geschichte in sich zu tragen." Damit hat sie zweifellos recht. Vielleicht hat man Sie nie aufgefordert, Ihre Geschichte zu erzählen. Vielleicht hat sich niemand dafür interessiert. Das ist sogar sehr wahrscheinlich. Und sehr wahrscheinlich haben auch Sie die Menschen in Ihrer Umgebung nicht gebeten, Ihnen ihre Geschichte zu erzählen (vor allem nicht die Menschen, die besonders zurückhaltend sind).

Oft verfügen wir über gefährliches Teilwissen. Man glaubt vielleicht, einen anderen Menschen zu kennen, einfach weil man seit langer Zeit mit ihm vertraut ist. Aber haben Sie ihn wirklich schon einmal gebeten, Ihnen seine Geschichte zu erzählen? Wenn nicht, sollten Sie es tun. Sie werden mit Sicherheit sehr überrascht sein von dem, was Sie hören, und davon, wie wenig Sie tatsächlich gewusst haben.

Und wenn Sie zuhören, sollten Sie das als heiligen Akt betrachten. Etwas ganz Besonderes geschieht, wenn Sie einem anderen Menschen tatsächlich den Raum und die Möglichkeit geben, seine Geschichte zu erzählen. Sie schaffen ein ganz außergewöhnliches und machtvolles Bündnis zwischen Erzähler und Zuhörer. Wenn Sie einem anderen Menschen Ihre Aufmerksamkeit schenken und seine Geschichte ehren, dann ehren Sie sein gesamtes Sein.

Gott weiß, dass jede Geschichte zählt. Und in unserer heutigen verwirrenden Welt müssen wir die Kunst des Geschichtenerzählens neu entdecken und wieder lernen, wie wir durch unser Leben eine große Geschichte über das Leben erzählen können.

Ebene 3
Das wahre Selbst

Kapitel 9: Erwachen

Deine Toten werden leben, die Leichen stehen wieder auf; wer in der Erde liegt, wird erwachen und jubeln. Denn der Tau, den du sendest, ist ein Tau des Lichts; die Erde gibt die Toten heraus.
Jesaja 26,19

Auf Ebene 3 angekommen, beginnen wir (hoffentlich), uns selbst zu finden. Es ist an der Zeit, sich die Möglichkeiten unseres wahren Selbst bewusstzumachen, zu erkennen, wie wir wirklich sind und unter der Oberfläche immer gewesen sind, auch wenn es uns nicht bewusst war, und wie wir sicherlich werden können, wenn wir vorangehen.

Zu erkennen, wer wir nicht sind, ist eine schwierige, aber zu bewältigende Aufgabe, vor allem, weil es nicht besonders schwerfällt, das ständige Geplapper des vom Ego getriebenen Verstandes wahrzunehmen, wenn wir erst einmal darauf aufmerksam geworden sind. Doch es erfordert Geduld, Zutrauen und Mut, nun allmählich zu dem Menschen zu erwachen, der von Anfang an in uns angelegt ist.

Innehalten, um nachzudenken
Wir alle gehen durch Zeiten der Transformation, auch wenn es nicht immer leichtfällt, sie zu erkennen, wenn wir mitten drinstecken. Manchmal geht uns erst auf, wie sehr wir uns verändert haben, nachdem eine solche Zeit hinter uns liegt. Als ich

zu joggen anfing, nahm ich allmählich ab, im Laufe eines Jahres ungefähr zwölf Kilo. Doch erst als mir jemand sagte: „Du hast ja abgenommen!", wurde mir bewusst, dass ich mich tatsächlich verändert hatte. Ich hatte mich ganz darauf konzentriert, tagein, tagaus aus dem Haus zu gehen und zu laufen; der angenehme Nebeneffekt des Joggens war, dass mein Äußeres sich sehr zum Vorteil verändert hatte.

In Kapitel 8 habe ich Sie gebeten, über Ihr Leben nachzudenken und einige entscheidende Situationen zu ermitteln, in denen Sie eine Wandlung oder Transformation durchlaufen haben. Denken Sie nun an eine dieser Zeiten und fragen Sie sich, wie Sie sich verändert haben. Wann ist Ihnen aufgefallen, dass sich die Dinge irgendwie gewandelt hatten? Wie ließe sich die Veränderung, die sie erlebten, beschreiben? War sie eher beglückend oder unangenehm? Erinnern Sie sich daran, wie die Menschen in Ihrem Umfeld auf das reagierten, was mit Ihnen geschehen ist? Inwiefern haben sich diese Personen dadurch vielleicht selbst verändert?

Denken Sie an einen bildlichen Ausdruck für Veränderung und wenden Sie ihn auf sich selbst an. Sie könnten zur Metapher der Reise zurückkehren, um weiter darüber zu reflektieren, wie weit Sie gekommen sind, und darüber, was im Augenblick mit Ihnen geschieht. Alternativ könnten Sie über ein transformierendes Geschehen nachdenken – beispielsweise die Verwandlung einer Raupe in einen Schmetterling, oder an einen Samen, der sich in eine Pflanze verwandelt. In beiden Fällen muss die ursprüngliche Gestalt „sterben", damit das volle, unvergleichliche Potenzial verwirklicht werden kann.

Wie würden Sie Ihre Gefühle beschreiben, wenn Sie daran denken, Ihr unvollständiges, vom Ego getriebenes Selbst „sterben" zu lassen, und stattdessen anfangen, erfüllt von Ihrem authentischen Selbst zu leben? Fällt Ihnen eine Metapher ein, die Ihnen beim Nachdenken darüber, wer Sie sind und werden, helfen könnte?

Wenn wir überlegen, was es bedeutet, zum wahren Selbst zu *erwachen*, sollten wir uns eine wichtige Wahrheit in Erinnerung rufen, nämlich dass wir geheilt werden *wollen* und den Wunsch haben müssen, jene Bindungen aufzugeben, die unsere wahre Identität verzerren.

Wie William P. Young, Verfasser des ungeheuer populären Romans *Die Hütte*, sagt, klammern wir uns oft weiter an wenig hilfreiche Dinge, auch wenn wir die Möglichkeiten von etwas Besserem erblickt haben. „Die Menschen verteidigen sehr hartnäckig den Schatz ihrer eingebildeten Unabhängigkeit", so Young. „Sie halten an ihrem Leiden fest und horten ihre Erfahrungen. Sie finden ihre Identität und ihr Selbstwertgefühl in ihrer Gebrochenheit und schützen diese mit aller Kraft. Kein Wunder, dass die Vorstellung der Gnade so wenig Anziehungskraft besitzt. Die Menschen haben versucht, die Tür ihres Herzens von innen abzuschließen."[1]

Jesus stellt einen Mann zur Rede, der seit Jahr und Tag neben einer Heilquelle sitzt, „dem Teich von Siloam". Im Johannesevangelium wird eine Legende berichtet: Ein Engel werde das Wasser des Teichs aufwallen, und die erste Person, die sich in den Teich gleiten lasse, werde geheilt.

Jesus fragt den Mann: „Willst du gesund werden?" Das klingt zunächst wie eine offensichtlich empörende Frage. Natürlich möchte der Mann gesund werden. Oder? Er hat doch den Großteil seines Lebens dort gesessen und auf die Gelegenheit gewartet, geheilt zu werden. Und dennoch weiß Jesus, dass man *willens* sein muss, gesund zu werden, damit man geheilt werden kann. Man kann eine Heilung nicht von außen erzwingen. Und manchmal kann man sich allzu sehr an seine Gebrechlichkeit gewöhnen.

Wir stehen hier also an einem Scheideweg, einem Ort, an dem wir spüren, wir können gesund werden und in ein neues, von Ganzheit bestimmtes Leben eintreten. Die Frage ist nur: Sind wir bereit, eine solche Heilung vorbehaltlos anzunehmen und in unserem Leben voranzugehen? Sind Sie bereit, Ihre Identität aufzugeben, die Sie aus Verletzungen, Unsicherheiten und Defiziten erschaffen haben?

Denken Sie daran, dass es vorerst in diesem Kapitel nur um das Erwachen geht. Ihre Aufgabe besteht in kaum mehr als darin, etwas *zu bemerken*. Wollen Sie die äußeren Zeichen einer Identität hinter sich lassen, die ein Verstand geschaffen hat, der in Ihrem Namen abwehrend und angreifend gehandelt hat? Achten Sie einmal darauf, wie Sie sich fühlen, wenn Sie sich diese Frage stellen. Möglicherweise müssen Sie, vorerst und vor allem, für die Vorstellung wach werden, dass Sie aus einer Vielzahl von Gründen gar nicht den Wunsch haben, in einen tieferen Bereich der Ganzheit vorzudringen.

Anfangen zu handeln

Reflektieren Sie eine Zeitlang still über folgende Frage: Wollen Sie „heil und ganz" werden? Sind Sie bereit, Ihrem vollständigen Selbst zu begegnen – den Teilen, die so lange verschüttet gewesen sind?

Das Licht spüren

Wenn jemand merkt, dass er gerufen wird, kann das plötzlich wie ein Donnerschlag kommen oder ihm nach und nach aufgehen. Aber gleich, wie schnell diese Erkenntnis kommt, immer ist da etwas Übernatürliches im Spiel. Man kann es nicht beschreiben, aber es geht ein „Feuer" von ihm aus. Das Bewusstsein dieses unberechenbaren, übernatürlichen, überraschenden Gerufenwerdens kann dich jeden Augenblick treffen, es ergreift dich und hält dich fest.
Oswald Chambers[2]

Es fällt nicht immer leicht, loszulassen und das Neue zu erfahren. Mitunter müssen Sie einfach gewillt sein, es auszuprobieren. Es ist ein Akt des Glaubens. Doch stellen Sie sich einen Augenblick lang vor, Sie seien tatsächlich von einem liebenden Gott geschaffen; wenn das stimmt (und Sie können es glauben oder darüber nachdenken), dann haben Sie nichts zu verlieren außer Ihre falschen Erwartungen, Ängste und Bindungen. Nur der Same, der zu Boden fällt und stirbt, wächst und wird Frucht tragen.

Eckhart Tolle ist von den positiven Wirkungen des Erwachens zum authentischen Selbst überzeugt. „Sobald du beginnst, den Denker zu beobachten", schreibt er, „wird eine höhere Bewusstseinsebene aktiviert. Dann beginnst du zu erkennen, dass es einen enormen Bereich von Intelligenz jenseits des Denkens gibt, dass dein Denken nur einen winzig kleinen Aspekt dieser Intelligenz ausmacht. Du erkennst auch, dass alles, was dem Leben wahren Wert verleiht – Schönheit, Liebe, Kreativität, Freude, innerer Friede –, seinen Ursprung jenseits des Verstandes hat. *Du beginnst zu erwachen.*"[3]

Vielleicht kann man es damit vergleichen, dass man aus tiefem Schlaf erwacht und das Licht anschaltet. Man kann die Augen nicht sofort weit öffnen; sie müssen sich erst an die Helligkeit gewöhnen. Dennoch spüren Sie das Licht; vor Ihnen liegt ein neuer Tag, voller unbekannter Möglichkeiten: Und wenn zu diesen Möglichkeiten gehört, dass wir „Schönheit, Liebe, Kreativität, Freude, inneren Frieden..." entdecken, lohnt es bestimmt, sich nicht zur Seite zu drehen und wieder einzuschlafen.

Innehalten, um nachzudenken

Oswald Chambers spricht vom „Gerufenwerden" in Ihrem Leben. Was meint er wohl mit diesem „Ruf"? Auf welche Weise könnten Sie einen Ruf Gottes vernommen haben? Haben Sie sich jemals dazu hingezogen – vielleicht auch gezwungen – gefühlt, in Ihrem Leben einen bestimmten Weg einzuschlagen oder eine bestimmte Entscheidung zu treffen? Haben Sie dabei die Gegenwart Gottes gespürt? Wenn ja, wo? Wie würden Sie die kreative Spannung zwischen den Zuständen beschreiben, wenn Sie Ihr ganzes, wahres Selbst und den „Ruf" Gottes außerhalb von Ihnen vernehmen? Gibt es einen Unterschied? Woran liegt es nach Ihrer Meinung, dass es umso leichter fällt, die Stimme Gottes wie auch die Stimme in Ihrem Herzen zu hören, je leiser wir werden und je mehr wir uns von unserem Ego distanzieren?

Und Gott sah, dass es gut war

Die wichtigsten Dinge, zu denen wir in diesem Prozess erwachen können, sind der Kampf zwischen Gut und Böse, auch dass wir in diesen Kampf hineingeraten können. Es ist ein Kampf zwischen dem unvollständigen und ganzen oder wahren Selbst, zwischen dem Menschen, wie er ursprünglich geschaffen wurde, und dem anderen, zu dem wir schließlich geworden sind. Diesen Kampf müssen wir täglich ausfechten. Wir lernen, zu spirituellen Kriegern zu werden, weil uns ein höheres Gut bewusst wird, für das es sich zu kämpfen lohnt.

Natürlich ist dieser Widerstreit im Laufe der Jahrhunderte in vielen Kunstwerken und Romanen in mannigfaltiger Form dargestellt worden. Denken Sie nur an *Dr. Jekyll und Mr. Hyde* oder an eine dieser Comicfiguren mit einem Engel auf der einen Schulter und einem Teufel auf der anderen...

Es ist sehr schwierig, keine schlechte Meinung von der „menschlichen Natur" zu haben, wenn man bedenkt, was dem Menschengeschlecht im Laufe der Geschichte alles widerfahren ist. Das blutigste Jahrhundert in der Geschichte der Menschheit ging erst vor zehn Jahren zu Ende. Aber wir kämpfen nicht nur im globalen Maßstab.

Möglicherweise ertappen Sie sich dabei, wie Sie sich mit beunruhigender Regelmäßigkeit einreden: „Ich kann einfach nicht anders: *Ich bin schließlich auch nur ein Mensch.*" Man verwendet diesen Satz als Erklärung und Entschuldigung; allerdings neigen wir tatsächlich auch zu der Annahme, dass wir „eben nur Menschen" sind und dass Menschsein bedeutet, im Nachteil zu sein. Natürlich haben wir Schwächen und straucheln und stürzen immer wieder. Das gehört zum Leben dazu. Doch wenn wir nicht Acht geben, konzentrieren wir uns auf diese Schwächen und übersehen dabei den Abdruck des Schöpfers auf unserem Menschsein.

Deshalb haben wir im 1. Kapitel über die Person nachgedacht, die uns morgens, wenn wir uns nach dem Aufstehen die Zähne putzen, aus dem Spiegel entgegenstarrt. Es fällt so leicht, nicht zu mögen, was man dort sieht. So viele von uns betrachten sich im Spiegel und wünschten, sie wären anders – jünger, hübscher, lebhafter, kurvenreicher...

Und so vermeiden sehr viele von uns jede tiefere Art von Nachdenken – beispielsweise Meditation oder Kontemplation –, denn sie fürchten, dass ihnen, ähnlich wie beim Blick in den Spiegel, nicht gefällt, was ihnen da entgegenstarrt.

Doch wenn die genauere Betrachtung nun viel besser ausfällt, als wir erwartet haben? Was ist, wenn wir, wie Aschenputtel, innerlich schon immer eine Prinzessin waren? Vielleicht waren wir in Lumpen gekleidet und vernachlässigt, aber es war unsere Bestimmung, königlich und schön zu sein und verehrt zu werden. Was ist, wenn wir, wie Quasimodo, ein edler Mensch im Körper eines Scheusals wären?

Das Buch Genesis erzählt von jener geheimnisumwitterten Zeit, als die Welt durch den Odem Gottes ins Dasein trat. Der Musiker Moby hat ein bezauberndes Klavierstück mit dem Titel „Und Gott schwebte über den Wassern" aufgenommen. Es ist wie eine bedeutungsschwangere Pause, ein Werk des Mysteriums, das den Augenblick vor der Geburt der Schöpfung einfängt.

Manche Menschen nehmen die Schöpfungsgeschichte wörtlich; viele andere glauben, sie berge ein uraltes Wissen über unsere Anfänge, ausgedrückt in Form einer Erzählung. Doch was immer Sie von dem Text halten, Theologen haben hervorgehoben, dass er einen radikalen, revolutionären Gedanken enthalte, den wir im Laufe der Zeit beinahe aus den Augen verloren haben, nämlich dass Gott uns geschaffen hat und sah, dass wir „sehr gut" sind.

Gott war zufrieden mit seiner Schöpfung. Und so wurden wir geboren mit dem, was manche Theologen den „Ursegen" nennen; geboren mit dem Stempel des Schöpfers, der sagte: „Lasst uns Menschen machen als unser Abbild, uns ähnlich."

Erst im Anschluss daran lebten wir nicht mehr im Zustand der Gnade. Das Buch Genesis spricht davon, Adam und Eva seien im Garten Eden von der Schlange verführt worden. In der Bibel heißt es, sie hätten von der verbotenen Frucht vom Baum der Erkenntnis gegessen und dann erkannt, dass sie nackt waren, sich geschämt und vor Gott versteckt. Wie auch immer wir diese Erzählung interpretieren, die meisten von uns würden vermutlich einräumen, dass wir in der Tat nicht mehr im Zustand der Gnade leben. Fernsehmoderatoren und Prediger, Künstler und Publizisten bläuen es uns seither geradezu ein. Wir ahnen, dass irgendetwas sehr schiefgegangen ist. Christen nennen es „die Erbsünde" – was heißt, dass wir alle sündig geboren werden –, aber in unserer Gebrochenheit vergessen wir leicht, dass wir ursprünglich als gut erschaffen wurden und dass die Menschheit selbst mit dem Erbsegen geboren wurde.

Wenn wir versuchen, es im Leben langsamer angehen zu lassen und das Hintergrundrauschen unserer schnelllebigen Kultur auszusperren, wenn wir Kontemplation praktizieren, in der Stille wohnen und die unablässig kreisenden, vom Ego getriebenen Gedanken abschalten, dann haben wir die Chance, uns nicht nur daran zu erinnern, wozu wir als Individuen, sondern auch, wozu wir als Menschheit erschaffen wurden. Und wenn uns dies gelingt, dann weitet sich etwas ganz tief in unserem Inneren und will wieder mit dem Urzustand des Segens verbunden werden.

Wir sehnen uns danach, in den Garten Eden zurückzukehren.

Innehalten, um nachzudenken

Wie ging es nach Ihrer Meinung in jenen ersten, großartigen Tagen der Schöpfung zu? Wie war es wohl, in einer ungebrochenen Beziehung zu anderen Menschen, zu Gott und zur Schöpfung zu stehen, in die Gott uns gestellt hat? Was vermissen Sie aus jenen Zeiten? Womit will sich nach Ihrem Empfinden Ihr Tief-Innerstes sehnsüchtig „wieder vereinen", woran will es sich „er-innern"?

Vielleicht sehnen Sie sich danach, nichts beweisen zu müssen. Möglicherweise vermissen Sie auch die gelassene Gewissheit, dass Sie wirklich wichtig sind. Womöglich vermissen Sie, den Schöpfer zu kennen, der Sie ins Dasein geholt hat. Vielleicht fehlt Ihnen dieses tiefste Gefühl von Zugehörigkeit. Vielleicht vermissen Sie Frieden.

Natürlich wird uns diesseits der Ewigkeit nichts völlig ganz machen. Wir leben „jenseits von Eden", als fragmentierte, gebrochene Menschen, gefangen in einem Kampf. Wir sprechen wörtlich davon, „zusammenzubrechen" oder „zu zerbrechen"; und wenn es uns bewusst wird, spüren wir unseren Mangel an Ganzheit mit aller Schärfe.

Aber wir sollten nicht verzweifeln. Denn die Reise zurück zur Ganzheit beginnt nicht, wenn oder falls wir in den Himmel kommen. Sondern jetzt. Und sie fängt damit an, dass wir uns bewusstmachen, dass wir „gut" erschaffen wurden – als Kinder Gottes.

Innehalten, um nachzudenken

Manchmal brauchen wir andere Menschen, damit wir auf die Schönheit unseres wahren Selbst hingewiesen werden. Wir neigen dazu, uns selbst eine Geschichte über uns zu erzählen, die höchstwahrscheinlich nicht positiv ist (anderen erzählen wir diese Geschichte eher selten). Mitunter reagieren wir regelrecht bestürzt auf ein Wort der Ermunterung, auch wenn solche Worte selten geäußert werden. Manchmal können andere eine Schönheit in Ihnen erkennen, die Ihrem eigenen Blick vielleicht verborgen bleibt. Denken Sie an eine Situation, als Ihnen jemand ein entwaffnend positives Feedback gab. Lassen Sie nicht zu, dass die Erinnerung Ihrem Ego schmeichelt; empfangen Sie die Bestätigung vielmehr von neuem. Hören Sie ihr zu. Rufen Sie sie sich ins Gedächtnis. Sie sind schließlich nicht nur schlecht. Mehr noch: Es schlummert viel Gutes in Ihnen.

Sollte Ihnen diese Übung schwerfallen, dann stellen Sie sich jemanden vor, den Sie kennen, und wenden Sie sie einen Augenblick lang auf ihn an. Manchmal ist es leichter, das Gute in anderen zu sehen. Es können Freunde oder Arbeitskollegen sein. Selbstverständlich haben sie ihre Schwächen; schließlich handeln sie hauptsächlich aus dem Reich des vom Ego getriebenen Verstandes und haben daher ihre eigenen gigantischen Kämpfe auszufechten. Vermutlich aber können Sie durch das Ego dieser Personen hindurchschauen, vorbei an ihren Unsicherheiten und Eigenheiten, und einen Blick darauf erhaschen, wie sie wirklich sind.

Anfangen zu handeln

Denken Sie konkret an jemanden, den Sie recht gut kennen. Vielleicht wäre es hilfreich, gleich darauf zu achten, wie Sie auf diese Person reagieren; es kann sich um ein kompliziertes Durcheinander von Ablehnung und Zuneigung handeln. Versuchen Sie, zu erkennen oder zu belauschen, wie Ihr Ego über die Fehler der betreffenden Person urteilt, und gehen Sie darüber hinweg. Lassen Sie die Kritik an dieser Person los.

Überlegen Sie nun, was an diesem Menschen schön ist und welche seiner Eigenschaften eine freundliche, gütige Haltung in Ihnen weckt. Was im Einzelnen an der „Tiefe" dieser Menschen

„spricht zu Ihrer Tiefe", und wie trägt dies zu Ihrer Transformation bei? Welchen Besonderheiten im Handeln, Sprechen, Arbeiten, Leben dieses Menschen versuchen sie nachzueifern? Was ist es, das Sie aufrichtig an ihm schätzen? Was könnten Sie über ihn auf seiner Hochzeit oder Beerdigung oder in einer Abschiedsrede sagen?

Denken Sie nun darüber nach, was die betreffende Person auf die gleiche Weise konkret an Ihnen schätzen könnte. Wenn Sie richtig wagemutig sein wollen, können Sie das Thema sogar ansprechen (indem Sie dieses Buch zum Anlass nehmen) und die günstige Gelegenheit ergreifen, ein Gespräch über die Geschichte zu beginnen, die Sie über den jeweils anderen erzählen.

Im Rahmen der Beratungstätigkeit in Unternehmen und Organisationen habe ich zusammen mit meinen Kollegen am MCA die von uns so genannte „Großartigkeitsübung" ersonnen, um den Teilnehmern zu helfen, sich ihre eigene „Größe" bewusstzumachen. In der Regel geschieht das bei einem Glas in der Bar nach einem Workshop, damit die Teilnehmer sich entspannen und ein wenig lockerer werden können. Es kann schwerfallen, offen über solche Dinge zu sprechen (die spirituell intelligente Person kann das allerdings auch ohne Alkohol!).

Alle Teilnehmer wurden gebeten, aufzuschreiben, inwiefern jeder der anderen aus ihrer Sicht großartig ist. Dann gehen wir in der Gruppe herum, wobei alle an die Reihe kommen. Jeder Teilnehmer erklärt, weshalb er die betreffende Person schätzt – was ihre „Größe" ausmacht –, während ein anderer die Äußerungen notiert. Fast immer ist die Erfahrung zutiefst bewegend, oft fließen Tränen. Manche Teilnehmer haben noch nie erlebt, dass sich eine Arbeitskollegin oder ein Arbeitskollege so freundlich über sie äußert, häufig hört man den Satz: „Ich hatte ja keine Ahnung, dass du so von mir denkst." Wenn wir uns doch nur die Mühe machten, einander ohne Anstoß etwas Freundliches zu sagen, und das nicht nur bei Workshops, Hochzeiten oder Beerdigungen!

Aber wir alle tragen ein Bild von Größe in uns, denn wir wurden nach dem Ebenbild eines großen Gottes geschaffen. Wie in Kapitel 7 angesprochen, müssen wir trotzdem zur Reue bereit sein, uns von nicht hilfreichen oder lieblosen Urteilen und Verhaltensweisen lösen, die offenbar werden, wenn wir uns verteidigen und andere durch unser Ego-getriebenes „Selbst" angreifen; aber das ist Teil unserer Transformation. Wenn wir bereuen und unser unfertiges, falsches Selbst „sterben" lassen, erwachen wir allmählich zu unserem ganzheitlichen, wahren Selbst, das von Anfang an in uns angelegt war. Und dieses Selbst ist sehr gut.

Kapitel 10: **Mit anderen Augen sehen**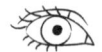

Im Kern geht es bei unserer neuen Weltsicht darum, dass wir uns selbst, andere und das Leben insgesamt nicht mit den Augen unseres kleinen, irdischen Selbst sehen, das in der Zeit lebt und in der Zeit geboren ist. Sondern vielmehr mit den Augen der Seele, unserem Sein, dem Wahren Selbst.

Russell E. DiCarlo[1]

Das ist eines der Rätsel der Liebe: Sie schenkt uns die Kraft, ihre Verzauberungen zu durchschauen und trotzdem nicht desillusioniert zu sein.

C. S. Lewis[2]

Das Auge gibt dem Körper Licht. Wenn dein Auge gesund ist, dann wird dein ganzer Körper hell sein. Wenn aber dein Auge krank ist, dann wird dein ganzer Körper krank sein. Wenn nun das Licht in dir Finsternis ist, wie groß muss dann die Finsternis sein!

Matthäus 6,22

Setzen wir nun unsere Reise zu einer noch tiefer gehenden Sichtweise fort. Wir haben schon innegehalten, um zu überlegen, wie wir uns und die Welt ringsum sehen, und ansatzweise zu erkennen versucht, wie wir sie eigentlich betrachten und ob wir sie auch auf andere Weise betrachten könnten. Und wir haben überlegt, dass es nicht hilfreich ist, allein mit den Augen des Verstandes, aus dem Blickwinkel des vom Ego getriebenen Selbst zu sehen. Jetzt ist es an der Zeit, genauer über die Schönheit und das Potenzial nachzudenken, das wir möglicherweise erkennen – in uns, in anderen, in der Welt, in der wir leben, und in Gott –, wenn wir von einem anderen Ort in unserem Innern, nämlich unserer Seele, zu sehen beginnen.

Erinnern wir uns, dass unsere Aufgabe darin besteht, unser

Tun mit unserem Sein zu verbinden. Bei den ersten beiden Symbolen unserer Reiseabschnitte – „Erwachen" und „Mit anderen Augen sehen" – sind wir ein bisschen stärker auf unser Sein konzentriert: Wir halten inne, um das Leben auf eine andere Weise wahrzunehmen, zu sehen, zu hören, zu schmecken und zu berühren. Dennoch bewegen wir uns auf unserer Reise auch die ganze Zeit durch unser zielstrebiges Tun voran, in Richtung einer ganzheitlichen, neuen Lebensform, in der unser Tun unserem Sein entspringt – das heißt, wir streben nach Integrität, Wohlbefinden und Ganzheit in uns und anderen, indem wir unsere spirituelle Intelligenz fördern.

Transformation heißt, etwas neu zu sehen

Die Kunst des Sehens beflügelt seit jeher die Fantasie all derer, die ihre spirituelle Intelligenz ausschöpfen. Möglicherweise kennen Sie die Geschichte des Saulus von Tarsus nicht, aber die meisten von uns dürften die Redewendung „Damaskuserlebnis" schon einmal gehört haben. Saulus war ein Verfolger der Juden, die sich schon bald nach dem Tod Jesu zum Christentum bekannt hatten. Auf einer Reise nach Damaskus, die er antrat, um die dort lebenden neuen Gläubigen zu verhaften, blendete ihn eine Lichterscheinung aus dem Himmel; er stürzte vom Pferd, hörte eine Stimme und büßte sein Augenlicht ein. Als er drei Tage später wieder sehen konnte, hatte er eine Wandlung durchlaufen; „es fiel ihm wie Schuppen von den Augen", und er wurde zum leidenschaftlichen Anhänger der neuen Glaubensrichtung.[3] Saulus' Transformation war untrennbar damit verbunden, dass er „neu sehen" konnte.

Er begann, sich selbst, andere und seine Umwelt auf andere Weise zu betrachten; und diese neue Sicht bewog ihn nicht nur zu einer grundlegenden Änderung seiner Lebensanschauung, sondern auch seiner Identität. Daher änderte er seinen Namen in Paulus.

Wenige von uns können wohl von einem „Damaskuserlebnis" von so dramatischer, durchschlagender Wirkung berichten. Die meisten würden sich vermutlich sogar stärker mit einem anderen Ausspruch des Paulus identifizieren, demzufolge wir „in einen Spiegel schauen und nur rätselhafte Umrisse sehen" – mit anderen Worten: Wir müssen demütig eingestehen, dass wir diesseits der Ewigkeit nicht alles ganz verstehen. Dennoch ist es ausschlaggebend, dass wir danach streben, nicht nur zu sehen, sondern wahrzunehmen, und zwar selbst dann, wenn nicht alles klar erkennbar ist; wir müssen darauf achten, *was* wir sehen, aber auch, *wie* wir sehen.

Innehalten, um nachzudenken

Hat es in Ihrem Leben jemals eine Zeit gegeben, in der „es Ihnen wie Schuppen von den Augen gefallen ist" – als Ihnen die Augen aufgingen bezüglich einer Person oder einer Sache und als Sie allmählich irgendetwas in einem anderen Licht sahen? Denken Sie an einen Menschen, den Sie negativ beurteilten, noch ehe Sie überhaupt ein Wort mit ihm gewechselt hatten – wie Sie später erkannten, war er doch ganz anders, als Sie ihn zunächst eingeschätzt hatten. Wo liegt der Unterschied zwischen der Art, wie Sie diesen Menschen damals *sahen*, und der Weise, wie Sie ihn heute *sehen*?

In Verteidigungshaltung (denn aus ihr heraus agiert das Ego) neigen wir dazu, nach etwas zu suchen, womit wir über andere Menschen oder Situationen „richten" können. Wir suchen hastig nach Dingen an der Oberfläche, die unsere Ängste und Vorurteile bestätigen und uns einen Eindruck verschaffen, den wir nutzen können, um uns zu verteidigen oder den anderen anzugreifen. Wie können Sie einen Menschen auf andere Weise sehen? Welche Schuppen müssen Ihnen von den Augen fallen?

Völlig übereinstimmen

Wir haben bereits erörtert, dass jeder die Welt auf einzigartige Weise sieht. Das ist ein Geschenk Gottes. Doch wir müssen uns davor hüten, diese Gabe nur zu benutzen, um im Leben voranzukommen oder, schlimmer vielleicht, um alle anderen davon zu überzeugen, dass sie die Welt aus unserem Blickwinkel betrachten sollten. Die spirituell intelligente Methode des Sehens besteht darin, vieles aus der Perspektive anderer zu betrachten. Dabei spielt es keine Rolle, ob das wahrgenommene Bild völlig übereinstimmt, solange wir versuchen, mit den Augen des anderen zu sehen.

Das ist Wasser

Wenn wir innehalten, um „Bemerkenswertes" wahrzunehmen, werden wir bewusster und wacher. Bewusstheit und Wachheit prägen unser Handeln. Erst „sind" wir, dann „tun" wir. Je mehr wir bemerken, desto bewusster wird uns unsere Sichtweise der Welt und die Weltanschauung, mit der wir aufgewachsen sind oder die wir übernommen haben. So geht uns möglicherweise auf, dass wir im Kapitalismus großgeworden sind und dass es sich dabei um ein veränderbares Gesellschaftssystem handelt, nicht einfach um „die Art, wie die Dinge nun einmal sind" oder immer waren. Möglicherweise bemerken wir, dass wir einer „Standardeinstellung" folgen: Wir haben gelernt, die Welt auf eine bestimmte Weise zu sehen und diese Sichtweise für die Norm zu halten. Vielleicht fällt uns jetzt auf, dass es viele weitere mögliche Auffassungen gibt und dass wir die Welt nicht immer auf die Weise betrachten müssen, wie es die vorherrschende Kultur tut.

Doch selbst wenn wir eine Ahnung von einer größeren Wahrheit erhalten haben und die Dinge mittlerweile in einem anderen Licht betrachten, kann es geschehen, dass wir das schnell wieder vergessen und zu unserer Standardeinstellung zurückkehren, vor allem wenn wir unter Druck stehen. Zu den größten Aufgaben im Leben gehört, dass wir uns Tag für Tag, Stunde für Stunde dafür entscheiden, vieles anders zu sehen und wach und aufmerksam auf die wirkliche Welt um uns herum zu reagieren.

Der verstorbene US-amerikanische Romanautor David Foster Wallace hielt einmal eine Rede vor den Absolventen des Kenyon College im Bundesstaat Ohio. „Da schwimmen zwei junge Fische herum", sagte er, „und treffen einen älteren Fisch, der ihnen entgegenkommt, zunickt und sagt: ‚Morgen, Jungs, wie ist denn das Wasser so?' Worauf die jungen Fische ein bisschen weiterschwimmen, bis der eine schließlich zum andern hinüberblickt und sagt: ‚Was zum Teufel ist das – Wasser?'"

„Der springende Punkt ist", erklärt Wallace, „dass die offensichtlichsten, universell wichtigen Tatsachen häufig die sind, die besonders schwer zu erkennen sind und über die man besonders schwer sprechen kann."

Oft haben wir die Wahl, wie wir die uns umgebende Welt sehen wollen. Allerdings neigen wir automatisch dazu, die Dinge so zu betrachten, wie es uns beigebracht und anerzogen wurde. Und da wir normalerweise gelernt haben, dies aus der Perspektive des Egos zu tun, interpretieren wir die Dinge entsprechend diesem engen, begrenzten Blickwinkel.

Wallace meint, wir können und sollten uns gerade in den lästigen, lächerlichen und besonders nervigen Alltagssituationen, wie etwa beim Einkaufen, dafür entscheiden, manches anders zu sehen. Denn gerade in solchen Momenten können wir beschließen, uns auf die Reise zur Ganzheit zu begeben. Vergessen Sie nicht, das Leben in seiner Ganzheit ist wichtig. Es ist heilig, und jeder Augenblick ist kostbar.

Stellen Sie sich folgende Szene vor: „Endlich stehen Sie vorn in der Schlange an der Kasse; Sie bezahlen Ihre Lebensmittel", so Wallace weiter, „warten, bis ein Lesegerät Ihre Scheckkarte akzeptiert, und hören, wie man Ihnen mit absoluter Grabesstimme ‚Schönen Tag noch' wünscht. Dann müssen Sie den Einkaufswagen, in dem Ihre Lebensmittel in viel zu dünnen, potthässlichen Plastiktüten verstaut sind, über den holprigen, mit herumliegendem Abfall übersäten Parkplatz schieben und die Beutel so geschickt im Wagen verstauen, dass nicht alles herausfällt und im Kofferraum herumrollt, und schließlich müssen Sie durch den zähen Feierabendverkehr zwischen dicken Geländewagen nach Hause fahren ...“

Eine solche Situation kann ein Alptraum sein; aber zugleich erwächst aus ihr die Möglichkeit, sich frei zu entscheiden. „Und zwar, weil mir die Verkehrsstaus, die überfüllten Gänge im Supermarkt und die langen Schlangen vor der Kasse Zeit zum Nachdenken lassen; aber wenn ich mich nicht bewusst entscheide, woran ich denken und welchen Dingen ich meine Aufmerksamkeit schenken will, werde ich jedes Mal wenn ich Lebensmittel einkaufen muss, genervt und schlecht gelaunt reagieren...“

Wallace hat nicht unrecht. Wie viel Zeit vergeuden wir damit, zu wünschen, wir wären irgendwoanders, weil wir uns von der Wahrnehmung des aktuellen Geschehens um uns herum niederdrücken lassen?

Wenn Sie andererseits gelernt haben, „aufmerksam zu sein“ – und erkannt haben, dass es andere Sichtweisen auf das gibt, was gerade um sie herum vor sich geht –, dann bieten sich Ihnen andere Optionen. Sie können, zunächst einmal, die Leute um sich herum von der menschlichen Seite betrachten. Oder auch erkennen, dass sich nicht alles um Sie dreht. Sie können sich vor Augen halten, dass Ihre Gegenwart in einer solchen Situation auch das Erleben anderer – zum Beispiel der Kassiererin, von der wir normalerweise keine Notiz nehmen – erheben und transformieren kann.

„Es steht in Ihrer Macht, eine Situation vom Typ überfüllte, laute, träge Konsumentenhölle nicht nur als bedeutungsvoll zu erleben, sondern auch als heilig, brennend mit derselben Kraft, die die Sterne erhellt – Mitgefühl, Liebe, die fundamentale Einheit aller Dinge. Dieses mystische Zeug muss ja nicht unbedingt wahr sein; wahr mit großem W ist allein, dass Sie sich entscheiden müssen, wie Sie versuchen, die Situation zu *sehen*. Sie müssen sich bewusst entscheiden, was Bedeutung hat und was nicht. Sie müssen entscheiden, was Sie verehren."

Mit der Wahl, wie wir unsere Umgebung sehen, beginnt sich auch zu verändern, *was* wir sehen. Und darin liegt ein Mysterium.

Anfangen zu handeln

Wenn Sie das nächste Mal in einem Verkehrsstau stecken, achten Sie doch einmal darauf, wie Sie reagieren. Es kann sein, dass Ihr Verstand so darauf fixiert ist, ans Ziel zu gelangen, dass Sie recht schnell unzufrieden, wütend und frustriert werden; jedes Gefühl der „Präsenz" – das heißt, im Augenblick gegenwärtig sein – kann sich in Luft auflösen, wenn Sie nur im Schritttempo vorankommen und sich wünschten, Sie könnten mit hoher Geschwindigkeit weiterfahren. Und doch sind Sie machtlos, können nicht handeln. Warum wollen Sie dann Ihre Zeit damit vergeuden, immer gestresster zu reagieren?

Während Sie Ihre Gefühle registrieren, versuchen Sie doch einmal, mit Ihrer beobachtenden Präsenz Ihr Ego anzulächeln und Ihre vom Ego getriebenen Gedanken abklingen zu lassen. Seien Sie ruhig. Atmen Sie tief ein, nehmen Sie Ihre Atmung wahr. Und versuchen Sie, völlig gegenwärtig zu sein. Nehmen Sie Ihren Körper wahr, ob er verkrampft oder entspannt ist. Spüren Sie die Verbindung zwischen dem Sitz und Ihren Beinen. Achten Sie auf das, was Ihnen normalerweise entgeht – der Straßenbelag beispielsweise oder einfach, was für ein Gefühl es ist, gemeinsam mit vielen hundert Menschen schweigend dazusitzen und nicht voranzukommen. (Wo sonst bietet sich Ihnen die Gelegenheit, so etwas zu erleben?!) Sie haben die Wahl: Entweder verweilen Sie in diesem Augenblick, aufmerksam für sich selbst und die Menschen ringsum, oder Sie wünschten, Sie wären woanders. Das eine wird Ihnen Frieden schenken, Freude, Zufriedenheit, innere Ruhe, Meditation, Ganzheit, und zwar dank dieser ganz alltäglichen Erfahrung; das andere wird Sie umgehend an einen Ort voll Stress und innerem Aufruhr befördern. Im einen Fall leben Sie aus dem wahren Selbst; im anderen aus dem falschen. Sie haben die Wahl.

Es gibt viele Dinge, die Sie auf andere Weise betrachten können, wenn Sie sich dazu entschieden haben. Wir wollen uns hier jedoch auf vier Relationen konzentrieren: Wir können uns vornehmen, uns selbst, einander, den Planeten und Gott anders zu sehen, wenn wir weiterhin eine stärkere Bewusstheit dafür entwickeln, wer wir in solch einem verschlungenen, schönen Gespinst des Lebens wirklich sind.

Sich selbst mit neuen Augen sehen

„Das Ego-Selbst ist das nicht beobachtete Selbst", sagt Pater Richard Rohr. „Wenn Sie keinen objektiven Standpunkt finden, von dem aus Sie auf sich selbst zurückblicken können, werden Sie stets egozentrisch sein, identifiziert mit sich selbst, und nicht in Beziehung zu sich selbst."[4]

Wir sehen jetzt allmählich (auf andere Weise), dass wir nicht ausschließlich mit dem Selbst identisch sind, für das wir uns irrtümlich halten, dem Selbst, mit dem wir uns identifizieren. Uns wird stattdessen bewusst, dass wir in Beziehung sind. Es gibt ein „Ich", eine bezeugende Präsenz, wie Eckhart Tolle sie beschreibt, die den „Denker beobachtet". Denken Sie einen Augenblick darüber nach: Die Präsenz beobachtet den Denkenden. Sie sind erwacht; beobachten Sie nun! Wenn Sie dies tun, werden Sie sich der Präsenz dieses „Zuschauers" stärker bewusst.

Das Wichtige ist, zuzuschauen, ohne zu urteilen (denn das Urteilen ist Teil der vom Ego getriebenen Reaktion auf Ihre Umgebung). Nehmen Sie wahr, aber urteilen Sie nicht. Und während Sie dies tun, beginnen Sie, sich selbst zu akzeptieren, mit all Ihren Fehlern. Vergessen Sie nicht: Das egoistische Selbst ist es, das normalerweise unbeobachtet bleibt. Mit dieser Übung soll aber nicht bewiesen werden, dass Sie ein besserer Mensch sind, als Sie es sind; ganz im Gegenteil. Wenn wir versuchen, umfassendere Ganzheit zu erlangen, indem wir ein höheres Maß an Bewusstheit entwickeln, besteht auch die Gefahr, dass wir die unangenehmen Dinge, die in uns schlummern – Süchte zum Beispiel, Zorn oder Frustration –, nicht sehen wollen. Wenn wir das Gefühl haben, wir sollten besser sein, als wir es tatsächlich sind, beliebter oder erfolgreicher, witziger oder schlauer ..., dann neigen wir dazu, unsere Defizite unter den Teppich zu kehren, so zu tun, als gebe es sie nicht, und wegzuschauen, weil uns nicht gefällt, was wir sehen.

Religiöse Menschen spielen gar nicht selten Theater, wenn sie mit anderen Gläubigen zusammen sind – so treten sie sonntags beim Kirchgang wie ein ganz anderer Mensch auf, weil sie akzeptiert werden oder beweisen möchten, wie „heilig" oder „spirituell" sie sind, aber in der restlichen Woche geben sie sich ganz anders. Allerdings lässt eine solche Gespaltenheit selbstzerstörerische Charaktereigenschaften weiter bestehen. Wenn Sie Ihr Selbst wirklich in seiner Ganzheit wahrnehmen, erkennen Sie, dass Sie sich auf ganz natürliche Weise verändern. Denn wie Pater Rohr schreibt: „Der wirklich selbstzerstörerische Teil ... wird bloßgestellt und schwächer, weil er nun nicht mehr notwendig ist. Ihn sehen heißt, ihn zu besiegen, denn das Böse beruht auf Verleugnung und Verstellung."

Ihre Aufgabe besteht hier darin, gewahr zu werden, dass Sie in Beziehung mit sich selbst existieren. Anstatt sich mit dem Bild zu identifizieren, das der vom Ego getriebene Verstand für Sie entworfen hat, sollten Sie mehr Zeit damit verbringen, sich selbst zuzuschauen, milde und ohne zu urteilen. Das So-tun-als-ob wird nachlassen, sobald Sie klarer sehen; Sie werden mehr darüber erfahren, wie Sie wirklich sind; und wenn Sie nicht mehr anstreben, etwas zu beweisen, vorzutäuschen oder Leistung zu zeigen, ob nun vor sich selbst, vor anderen (oder sogar vor Gott, der ohnehin alles sieht!), dann werden Sie mit größerer Klarheit

Ihr ganzes, wahres, nach dem Bild Gottes geschaffenes Selbst erkennen. Und Sie werden ein umfassenderes, tiefer reichendes Bewusstsein erlangen.

Andere mit neuen Augen sehen

Und während Sie dies tun, entfalten Sie eine intensivere, tiefer gehende Bewusstheit gegenüber anderen. Sie verstehen, dass auch sie Ego-getrieben sind, versuchen aber nicht mehr so sehr, über sie zu richten und Ihre Angriffs- und Verteidigungswaffen gegen sie einzusetzen, sondern beginnen vielmehr, durch das Ego des anderen hindurchzuschauen, hinein in den Menschen, zu dem Gott ihn geschaffen hat.

John O'Donohue, der über das Mysterium der Zusammengehörigkeit und tiefen Verbundenheit mit anderen reflektiert, schreibt in diesem Zusammenhang: „Der Menschen Gegenwart ist ein schöpferisches, stürmisches Sakrament, ein sichtbares Zeichen unsichtbarer Gnade. Nirgends sonst wird ein solch inniger und erschreckender Zutritt zum Mysterium gewährt. Freundschaft ist jene schöne Gnade, die uns die Freiheit schenkt, dieses Abenteuer anzugehen, anzuerkennen und anzunehmen."[5]

Unsere Freundschaften und Beziehungen können zu unserer Transformation beitragen; denn sie bilden die Arena, in der wir sehen und gesehen werden; und in der wir sein können, wie wir sind, auch wenn wir akzeptieren, wie andere sind. Wir können und sollten nicht hoffen, sie zu verändern; doch wir können die, mit denen uns eine Beziehung verbindet, dazu anregen, sich selbst vollständiger zu sehen, indem *wir* sie vollständiger sehen. Sehr oft entscheiden wir uns, nur die Defizite oder Schwächen zu sehen, weil wir auf „unserem Weg nach oben" über diese Leute hinwegsteigen und unseren eigenen Wert beweisen wollen. Doch wenn wir unser Ego ablegen und mehr in dem Menschen ruhen, der in uns angelegt ist, dann helfen wir anderen zu erkennen, dass sie nicht der „Gegner" oder die „Konkurrenz" sind, sondern Gottes Geschöpfe, mit denen wir in tiefer Gemeinschaft verbunden sind wie sie mit uns.

Wie sehen Sie die Menschen, die Ihnen nahestehen? Es ist an der Zeit, sie mit den Augen des Wohlwollens, des Staunens und der Neugier zu betrachten: mit kindlicher Erwartung.

„Die Welt" um uns herum mit neuen Augen sehen

Sie stehen bereits auf heiligem Boden. Sie müssen sich nicht in einer Moschee oder einer Kirche, in einer Synagoge oder einem Tempel aufhalten, damit Sie das Heilige erleben können. Sie müssen keine Pilgerfahrt zu einer heiligen Stätte unternehmen (auch wenn das sicherlich ein transformierendes Erlebnis sein kann). „Dem Herrn gehört die Erde", sagte der Psalmist, „und was sie erfüllt."[6] Gott ist in Ihnen, Gott ist in anderen, und der Geist Gottes durchströmt auf ewig die Schöpfung, gleich einem Puls, einem Herzschlag, einer lebenspendenden, lebenserhaltenden Kraft.

Zu den einfachsten Möglichkeiten, wie wir die Erde auf andere Weise sehen können, gehört die Erkenntnis, wie es dazu kommen konnte, dass wir sie als etwas betrachten, das sich zu unseren Zwecken ausbeuten lässt. Wir haben die Natur gezähmt, das Wilde unterdrückt und begonnen, die Erde zu unserem materiellen Vorteil auszuplündern, und zwar auf Kosten ihres natürlichen Gleichgewichts. Wenn wir beginnen, uns selbst anders zu sehen, wird sich auch der Blick auf unseren Platz in der Welt notwendigerweise verändern. Die Welt dreht sich dann nicht mehr um uns; sie ist nicht mehr einfach eine Ressource oder eine Ware. Wenn wir uns stärker als Menschen begreifen, die Gott geschaffen und in die größere Schöpfung gestellt hat, können wir erkennen, dass wir mit der Erde verbunden sind. Und wir können sie allmählich in Bezug auf das sehen, was wir ihr geben, wie wir uns um sie kümmern und wie wir sie als Schöpfung Gottes und nicht als persönlichen Besitz lieben können.

Wäre die Erde eine Person, wären wir alle schuldig, weil wir sie misshandelt und ausgebeutet haben; doch wir sind ein Teil von ihr, leben in wechselseitiger Verbundenheit und müssen schrittweise erkennen, was „In-Beziehung-Sein" in diesem Zusammenhang bedeutet.

Anfangen zu handeln

Bei Ihrem nächsten Spaziergang sollten Sie einmal versuchen, einfach stehen zu bleiben, um „den Denker zu beobachten" – und zwar im Hinblick auf die Beziehung zwischen Ihnen und der Sie umgebenden Szenerie. Normalerweise nehmen Sie die schöne Landschaft oder den Himmel über sich wahrscheinlich einfach als eine Art Hintergrund wahr, als ein Bild, das Sie nebenbei konsumieren. Versuchen Sie stattdessen, einen Schritt zurückzutreten und sich ebenfalls in diesem Bild zu sehen. Achten Sie darauf, wie Sie die Welt ringsum – und Ihren Platz darin – allmählich auf ganz andere Weise betrachten.

Gott mit anderen Augen sehen

Gott ist innen und außen. Vielleicht wundern Sie sich jetzt über beide Vorstellungen. Wenn Sie das Gefühl haben, nichts als ein Wurm zu sein, kann die Vorstellung, dass Gott in Ihnen ist, Sie durchaus überraschen. Andererseits: Wenn Sie glauben, dass es bei dieser ganzen Sache mit der Transformation nur um Ihr Selbst geht, könnten Sie bei dem Gedanken erschrecken, dass Gott außerhalb von Ihnen existiert und in Ihr Leben einbricht.

Natürlich bleibt Gott letztlich ein Rätsel, von dem wir nicht hoffen können, es zu lösen. Doch wir können nach ihm suchen und auf unsere Sehweise achten; denn Gott ist kein Flaschengeist, kein Allheilmittel gegen unsere Leiden, kein Haupttreffer in der Lotterie des Lebens. Gott ist Gott, und letztlich finden wir uns selbst, indem wir Gott finden.

Gott ist jenseits von uns, im wörtlichen und im übertragenen Sinne. Ihn können wir nicht benutzen oder kontrollieren; seine Aufgabe besteht nicht darin, uns zu dienen (auch wenn er sich, nebenbei gesagt, bereitwillig entschlossen hat, uns zu dienen). Wenn wir nur innen nach Gott suchen, dann finden wir ihn nur zum Teil. Wir müssen nach außen schauen: auf die heiligen Texte, auf die Propheten, auf große Kunstwerke, auf die Heiligkeit des Alltäglichen, auf die Gesichter der Menschen um uns herum, die nach dem Ebenbilde Gottes geschaffen sind, und auf den Rest der Schöpfung Gottes, von der wir ein Teil sind.

Manchmal sehen, hören oder erleben wir etwas, das unsere Sichtweise auf Gott verändert. Ich erinnere mich noch, als der Song „One of us?" von Joan Osborne herauskam. „Was wäre, wenn Gott einer von uns wäre; nur ein Fremder in einem Bus?" Das Lied hat mir geholfen, Gott in einem etwas anderen Licht zu sehen – zu erkennen, dass unsere Sicht Gottes sich stets vertiefen und verbreitern sollte, weil wir Gott in diesem Leben nie in seiner Ganzheit erkennen werden. Doch so, wie es dem Saulus und danach Paulus auf dem Weg nach Damaskus erging, kann Gott uns überraschen, indem er wie aus heiterem Himmel erscheint, und dann beginnen wir, selbst zu sehen ... Wir sollten darum bitten, darauf hoffen und erwarten, Gott überall zu finden, wo wir nach ihm suchen.

Doch Gott ist in uns. Wer ist – glauben Sie? – die bezeugende Präsenz in Ihrem Leben, jene Gegenwart, die tief in Sie hineinschaut und alles sieht? Hier stoßen wir auf ein erstaunliches Paradox, eine heilige, kreative Spannung: Wenn wir voll Tiefe, Mitgefühl und Schönheit auf uns selbst blicken und die Schichten unseres falschen Selbst ablegen, tun wir dies mit den Augen Gottes, mit den Augen des Heiligen Geistes. Wenn wir nachsinnen, zur Ruhe kommen und die Hand nach Gott ausstrecken, finden wir allmählich die Vereinigung mit Gott in uns. Die bezeugende Gegenwart, die immer schon da war, ist der Zeuge Gottes; wir schauen mit den Augen Gottes. Und was wir sehen, ist gut.

Letztlich geht es bei unserer Suche also darum, mit den Augen Gottes zu sehen und zu erkennen; und wenn wir dies tun, durchläuft die Art, wie wir uns selbst, einander, den Planeten und Gott betrachten, eine Transformation. Denn Gott sieht alles – unsere Fehlbarkeit, unsere Süchte, unser vom Ego getriebenes Selbst, das wir sterben lassen müssen. Und er erkennt auch das unendliche Potenzial, mit dem er uns ausgestattet hat.

„Das Auge gibt dem Körper Licht. Wenn dein Auge gesund ist, dann wird dein ganzer Körper hell sein", sagt Jesus im Matthäusevangelium. Sehen bringt Licht und damit auch Freiheit.

Oder, wie David Foster Wallace meint: „Es gibt unterschiedliche Arten von Freiheit, aber von der kostbarsten wird in der großen Welt da draußen, der Welt des Siegens und Leistens und Zur-Schau-Stellens, kaum gesprochen.

Die wirklich wichtige Art von Freiheit umfasst Aufmerksamkeit und Bewusstheit, Disziplin und Anstrengung, auch die Fähigkeit, sich wahrhaft um andere Menschen zu kümmern und sich für sie zu opfern, immer und immer wieder, in unzähligen kleinen, unspektakulären Gesten. Das ist wahre Freiheit.

Die Alternative dazu ist Unbewusstheit, die Standardeinstellung, das ‚Rattenrennen' – das ständig nagende Gefühl, etwas unendlich Großes besessen und verloren zu haben.

Es geht hier um einfache Bewusstheit – die bewusste Wahrnehmung dessen, was so wirklich und wesentlich ist, so verborgen im Offensichtlichen, dass wir uns wie die jungen Fische immer und immer wieder in Erinnerung rufen müssen: ‚Das ist Wasser, das ist Wasser.'"

Kapitel 11: **Den Wandel leben**

Alle Menschen träumen, aber nicht gleich. Die, die während der Nacht in der staubigen Tiefe Ihres Verstandes träumen, wachen am Tage auf, um zu entdecken, dass alles nur Wahn war; aber die Tagträumer sind gefährliche Menschen, denn sie können ihren Tagtraum mit offenen Augen darstellen, um ihn wahr zu machen.
T. E. Lawrence[1]

Es ist an der Zeit zu handeln; es hat keinen Sinn, ein tieferes Verständnis für unseren Platz im Leben zu erlangen, wenn wir es nicht in die Tat umsetzen. Doch bei der Vorbereitung zum Handeln besteht das große Geheimnis darin, *kontemplativ* vorzugehen und die Frucht unserer Reflexion im Herzen unseres Handelns zu verankern; unser wahres Wesen umfassend in all unserem Tun zum Ausdruck zu bringen.

Es handelt sich hierbei um eine radikale, wiederholte Reise von der Kontemplation zum Handeln. Auf dieser Etappe unserer Reise stellen wir nun fest, dass wir bereit sind, den Schritt in ein „Leben aus dem wahren Selbst" zu wagen – was aber nicht nur hin und wieder geschehen darf. Vielmehr liegt unsere Aufgabe darin, täglich neu aufzubrechen und den schmalen Pfad zu beschreiten, der direkt ins „Jetzt", in die Gegenwart und alles, was das bedeutet, hineinführt. Auf diesem schmalen Pfad gelangen wir zu größerer Gegenwärtigkeit – für uns selbst, füreinander, für den Ort, an dem wir uns befinden, und für Gott.

Denn es handelt sich schließlich um keine sinnlose Reise, keine Aufforderung, ziellos umherzuspazieren. Auf dem Weg werden wir uns immer mehr darauf freuen, dass wir unsere Bestimmung erkennen und *erfüllen* – dass wir unserer einzigartigen Berufung folgen und selbst ein Leben von unvergleichlicher, nach außen strömender Schönheit führen.

Und hier die gute Nachricht: Wir entdecken auch weiterhin, wer wir sind, und zwar nicht nur, indem wir nachdenken, sondern auch, indem wir handeln; indem wir etwas auf unsere eigene, einzigartige Weise tun, aus eigenem Antrieb und nicht reaktiv. Dabei stehen wir vor der Aufgabe, uns nicht zu stark an die konkreten Ergebnisse unseres Tuns zu klammern, damit wir auf allem, was wir berühren, weniger Spuren von uns selbst und mehr göttliche Fingerabdrücke der Gnade und Liebe hinterlassen.

Wenn wir vom „Sehen mit anderen Augen" dazu übergehen, entsprechend zu handeln und unser neues Verständnis „auszuleben", müssen wir lernen, die Hand nach der Welt auszustrecken und sie durch ebendiese neue Seinsweise zu berühren.

Innehalten, um nachzudenken

Welchen Fingerabdruck hoffen Sie insgeheim in der Welt zu hinterlassen? Welchen einzigartigen Unterschied haben Sie immer machen wollen?

Wie viel von diesem Ehrgeiz wurde von Ihrem Ego angetrieben? (Sind Sie eher daran interessiert, Ihr Selbst- und Identitätsgefühl durch Ihre Leistungen zu fördern, oder an den Früchten der Leistungen selbst?)

Wie könnte sich Ihr Ehrgeiz verändern, wenn Sie Ihr ganzheitliches Selbst bewusster wahrnehmen? Wie könnten Ihre Pläne und Träume aussehen, wenn Sie nicht mehr das Bedürfnis verspüren, sich selbst oder den Menschen in Ihrem Umfeld Ihren Wert zu beweisen, sondern schlicht und aufrichtig aus einer Position der Selbstsicherheit handeln können?

Wie würden Sie sich fühlen, wenn Sie Großes erreichten, dadurch aber wenig Spuren Ihrer selbst hinterließen? Und wie viel mehr könnten Sie erreichen, wenn Sie sich darauf konzentrierten, dem höheren Anliegen in Ihrem Leben zu dienen, anstatt *sich selbst* zu diesem höheren Anliegen zu machen?

Bekenntnis

In Kapitel 7 haben wir das Thema Reue angeschnitten – dass Sie sich von hinderlichen Dingen abwenden und ganz bewusst das vom Ego getriebene Selbst „sterben" lassen müssen, damit Sie ein lebendigeres Bewusstsein für das volle Potenzial des Menschen entwickeln, der in Ihnen angelegt ist. Im vorigen Kapitel haben wir außerdem darüber nachgedacht, wie es ist, sich mit den Augen Gottes zu sehen – mit anderen Worten, *alles* zu sehen, alles an uns anzuerkennen und ein Licht auf alles in unserem Leben zu werfen, vor allem auf das unbeobachtete, aber machtvolle, vom Ego getriebene Selbst.

Vergessen Sie nicht: „Das Böse beruht auf Verleugnung und Verstellung", wie Pater Richard Rohr sagt. Es fällt leichter, Handlungen, die mit unserem angestrebten Selbstbild unvereinbar sind, zu ignorieren oder zu entschuldigen; am Ende tragen wir dann Masken und tun so, als wären wir jemand, der wir gar nicht sind, und versuchen, uns selbst und einander vorzumachen, wir würden den eigenen Schwindeleien glauben.

Doch wer will denn, tief im Inneren, wirklich ein Leben voll Täuschung und Verstellung führen? Ich glaube, wir alle wissen, dass sich ein integres Leben – voll zentrierter, verkörperter „Ganzheit" – am Ende als viel bemerkenswerter erweisen wird als ein Leben, das auf einem „guten Auftritt" gründet.

Und deshalb kann ein Bekenntnis – die verbale Anerkennung Ihrer Reue – ein wirkungsvoller Bestandteil des Transformationsprozesses sein. Wenn wir unsere doppelzüngigen oder leugnenden Taten vor uns selbst, einander und Gott eingestehen, können wir sie ans Licht holen und sie, indem wir sie anerkennen, loslassen.

Anfangen zu handeln: Bekenntnis 1

Beginnen Sie, indem Sie in einem privaten, feierlichen Augenblick der Reflexion etwas vor sich selbst bekennen. Was von dem, was Sie – vielleicht im Verborgenen – tun, ist für Sie oder andere am wenigsten hilfreich? Es dürfte vom Ego getrieben sein – obwohl es paradoxerweise vermutlich auch mit dem vom Ego getriebenen Bild unvereinbar ist, das Sie womöglich zu präsentieren hoffen. Benennen Sie, ohne zu urteilen, diesen Teil Ihres „unbeobachteten" Selbst. Sprechen Sie ihn in die Stille hinein. Beichten Sie ihn laut.

Wenn Sie mutig sind, könnten Sie ihn anschließend einem guten Freund, einer vertrauten Person (oder sogar einem Priester, je nach Ihrer Konfession) bekennen – vor allem, wenn Ihre Handlung eine dieser Personen betrifft. Idealerweise wird sie Ihr Bekenntnis annehmen, ohne über Sie zu urteilen (auch wenn es ihr schwerfallen mag). Etwas öffentlich zu beichten erhöht die Wahrscheinlichkeit, dass Sie es loslassen können, noch während Sie es ans Licht bringen.

Versuchen Sie auch, es vor Gott zu bekennen. Bitten Sie Gott um Hilfe, damit Sie es loslassen können. Treten Sie einen Schritt zurück und rufen Sie sich in Erinnerung, dass Sie nicht mit Ihrem Ego identisch sind. Betrachten Sie Ihr gebrochenes, zerbrechliches, gefallenes Selbst zärtlich und einfühlsam, durch die bezeugende Präsenz in Ihnen: durch die Augen Gottes. Und entschließen Sie sich, zu versuchen, von nun an stärker im Licht zu gehen, aber nicht, weil Sie Gott oder gar sich selbst etwas beweisen wollen, sondern weil es Sie zu mehr Ganzheit und Frieden im gegenwärtigen Augenblick führen wird. Denn *jetzt* ist die Zeit gekommen, dass Sie erlöst werden.

Anfangen zu handeln: Bekenntnis 2

Bei einem Bekenntnis geht es aber nicht nur darum, sich von Dingen abzuwenden, die uns an uns selbst nicht gefallen und die wir nur schwer benennen oder zugeben können. Ein Bekenntnis kann auch andere Dinge ans Licht holen, die wir lieben, von denen wir uns aber möglicherweise lösen müssen, wenn wir allmählich immer mehr aus dem wahren Selbst heraus leben.

Manchmal müssen wir vielleicht einfach anfangen, uns nicht allzu stark an die Dinge, die wir lieben, zu klammern. Wenn wir uns auf ungesunde Weise an sie gebunden haben und sie eher dazu benutzt haben, unser Selbstwertgefühl zu steigern oder unseren Begierden zu frönen, dann kann diese Bindung zu einer erstickenden Fessel werden. Zuweilen haben wir auch vergessen, dass wir am Ende sogar die Dinge loslassen müssen, die wir lieben, dann nämlich, wenn wir uns unserer letzten Reise durch den Tod in ein neues Leben gegenübersehen.

Reflektieren Sie also über das, was Sie lieben, aber möglicherweise „aufgeben" oder aufzugeben *gewillt* sein müssen. Wenn Sie beginnen, aus Ihrem wahren Selbst heraus zu leben und mit Menschen und Orten eine Beziehung einzugehen, und zwar nicht wegen der Dinge, die Sie von ihnen nehmen, sondern aufgrund dessen, was Sie mit ihnen teilen können, empfinden Sie Ihre Beziehungen möglicherweise anders. Nehmen Sie die Gründe dafür wahr.

Natürlich gibt es unterschiedliche Arten der Liebe. Vielleicht lieben Sie Schokolade – nicht deswegen, weil Sie etwas für die Schokolade tun können, sondern weil die Schokolade etwas für Sie tun kann. Auf ähnliche Weise verwechseln Sie Ihr selbstsüchtiges Verlangen nach einem Menschen oder einem Gegenstand womöglich mit „Liebe". Wenn wir dieses Verlangen loslassen, gewinnen wir die Freiheit, die Person oder Sache aktiv zu lieben, selbst wenn dies bedeutet, sie aus unserem Zugriff zu befreien.

Wir haben über den Abdruck nachgedacht, den wir in der Welt zu hinterlassen hoffen, und gefragt, ob wir kleinere Spuren von uns selbst und größere des Göttlichen hinterlassen können. Es wäre vielleicht hilfreich, wenn Sie an diesem Punkt darüber nachdächten, wie fest Sie sich an etwas Geliebtes klammern und welche Spuren Ihr Griff bei diesen Menschen, Orten oder Dingen hinterlässt.

Bekennen Sie sich zu den Dingen, die Sie lieben, und versuchen Sie sich vorzustellen, wie Sie unverkrampfter damit umgehen – damit Sie sich, anstatt sich aus Verlustangst daran zu klammern, frei bewegen und anmutige Schritte nach vorn tun können, wie ein Tänzer.

Auszeit / Inzeit

Zu den schwierigsten Dingen in unserer schnelllebigen Kultur gehört es, eine „Auszeit" zu nehmen, um inmitten unserer vielen Tätigkeiten über unser Sein nachzudenken. Wenn Sie begonnen haben, durch Kontemplation und Meditation, ja selbst durch Spazierengehen oder Joggen, das unablässige Geschnatter Ihres Verstandes auszublenden, erfahren Sie allmählich den praktischen Nutzen – Sie entwickeln ein höheres Maß an Bewusstheit, kommen zur Ruhe, erlangen Seelenfrieden, sehen vieles distanzierter, werden kreativer, entdecken, wer Sie wirklich sind und was Sie wirklich wollen.

Die wahre Bewährungsprobe indes liegt darin, die Vorzüge einer solchen „Auszeit" in Alltag und Beruf zu übertragen. Ich nenne das „eine ‚Inzeit' nehmen". Diese „Inzeit" hilft Ihnen, einen kontemplativen Rhythmus in Ihren betriebsamen Tagesablauf zu bringen, und wird zweifellos eine positive Wirkung entfalten. Allerdings müssen Sie dafür die Kraft und den Kampfgeist eines Kriegers aufbringen. Vergessen Sie nicht: Ein Krieger ist ein Mensch, der weiß, dass es sich lohnt, für etwas zu kämpfen – und es dann auch tut. Wenn Sie es lohnend finden, für inneren Frieden, erhöhte Kreativität und Präsenz zu kämpfen, dann ist das Folgende genau das Richtige für Sie.

Innehalten, um nachzudenken

Fertigen Sie eine ehrliche Liste Ihrer üblichen täglichen Aktivitäten an. Sie werden bereits in Kapitel 1 darüber nachgedacht haben, als wir „einen Tag als Spiegel Ihres Lebens" betrachteten – einen typischen Tag, der Ihrem gesamten Leben nahekommt. Vielleicht können Sie sich diese Liste noch einmal anschauen oder eine neue schreiben. Denken Sie nun darüber nach, wo Sie ein wenig „Inzeit" einfügen können – kurze, nachhaltige Zeiten des Nachdenkens und der Stille – sie können die Prinzipien der Kontemplation in die Hektik Ihres beruflichen Alltags oder Familienlebens einbetten.

Möglicherweise schalten Sie auf der Fahrt zum Arbeitsplatz jedes Mal das Radio ein, sobald Sie den Motor gestartet haben. Nehmen Sie sich vor, das Radio, entweder auf dem Hin- oder Rückweg, ausgeschaltet zu lassen – und nutzen Sie diese Zeit, um zur Ruhe zu kommen.

Vielleicht können Sie, bevor Sie Ihren Computer einschalten, fünf Minuten schweigend am Schreibtisch sitzen, die Schultern und das Kinn entspannen, Ihre Gedanken zur Ruhe kommen lassen und sich sehr bewusst durch Kontemplation auf Ihren arbeitsreichen Tag vorbereiten.

Falls Sie Hausfrau oder Hausmann sind: Ihr Kind hält am Morgen oder zur Mittagszeit vielleicht ein Schläfchen; dann könnten Sie sich vornehmen, fünf Minuten dieser Zeit still zu verbringen, bevor Sie den Fernseher einschalten oder sich schlafen legen...

Wenn Sie im Fitnessstudio immer Ihren MP3-Player bei sich tragen, sollten Sie sich vornehmen, zumindest in der Hälfte der Zeit, in der Sie Ihre Übungen machen, keine Musik zu hören, sondern „still" zu trainieren.

Reservieren Sie in Ihrem Terminkalender kurze Zeiten für die „Inzeit" und versuchen Sie, so gut es geht, sich daran zu halten. Vielleicht könnten Sie auch ein Tagebuch führen, in dem Sie diese Zeiten eintragen und in dem Sie über die Ergebnisse bei der beruflichen Arbeit oder über Ihr allgemeines Befinden nachdenken. Möglicherweise wundern Sie sich, wie groß die praktischen Auswirkungen sind.

Anfangen zu handeln

Vergewissern Sie sich, dass Sie darum kämpfen, diese Vorhaben in die Tat umzusetzen: Es besteht immer die überwältigende Versuchung, sofort das Radio einzuschalten, die E-Mails zu lesen oder sich unverzüglich in die Arbeit zu stürzen. Wenn Sie den üblichen Weg einschlagen, handeln Sie weiterhin aus Ihrem falschen Selbst heraus, und die Ergebnisse werden nie ganz so gut sein, als wenn Sie sich aus einer Position innerer Ruhe und mit ganzheitlicher Orientierung ins Geschehen einfädeln.

Vor allem anderen sollten Sie eine größere Präsenz entwickeln – für Ihr Selbst, Ihren Beruf, Ihre Familie (wenn Sie den Tag zu Hause verbringen), Ihre Kolleginnen und Kollegen. Ihre Arbeit wird sich qualitativ verbessern, wenn Sie sich auf die eigentliche Tätigkeit konzentrieren und nicht auf die vielen Dinge, die daneben noch erledigt werden müssen. Auch Ihre Beziehungen werden sich erheblich verbessern, wenn Sie sich voll und ganz auf die Person, die das Zimmer betritt und Sie um Rat oder Hilfe bittet, einlassen, obwohl Sie in Gedanken gerade ganz woanders waren.

Schließen Sie also (wenn möglich) während der kurzen Zeit der Kontemplation die Tür, sitzen Sie still da, atmen Sie tief und entspannen Sie sich. Ihre Arbeit kann durchaus einige Augenblicke warten. Lauschen Sie auf das Geplapper Ihrer Gedanken, die alles daran setzen, endlich wieder weiterzumachen; nehmen Sie diese Gedanken wahr und lassen Sie sie dann los. Vielleicht sollten Sie sich vorrangig darauf konzentrieren, die Vergangenheit ruhen zu lassen und sich damit abzufinden, dass Sie Ihre Fehler nicht ungeschehen machen und sich nicht ewig im Glanz früherer Erfolge sonnen können. Genauso könnten Sie Ihre Aufmerksamkeit darauf richten, die Zukunft in Ruhe zu lassen. Sie leben nicht dort, sondern *hier*. In der Zukunft können Sie gar nichts tun; alles, was Sie erreichen können, geschieht in der Gegenwart.

Versuchen Sie deshalb, in ihrem Erleben gegenwärtiger zu werden, indem Sie auf Ihre Atmung und alle Geräusche und Gerüche um sich herum achten; nehmen Sie kleine Details im Zimmer wahr – Farben, Oberflächen, Schattierungen ... Und bewohnen Sie einfach den Raum, den Sie sich nach Ihren Vorstellungen geschaffen haben.

Dann werden Sie besser darauf vorbereitet sein, sich dem Ansturm der Entscheidungen und Aufgaben zu stellen, auf die Sie normalerweise aus Ihrem falschen oder unvollständigen Selbst heraus reagieren. Vielleicht sollten Sie diese kurze Meditationssitzung beenden, indem Sie dankbar an die Menschen denken, mit denen Sie zusammenarbeiten, auch an die Dinge, die Sie heute erledigen können und die einen echten Unterschied machen werden, oder einfach nur an das Leben selbst. Diese Dankbarkeit wird sie von Ihrem Ort der Ruhe mit einem Gefühl von Offenheit und Gnade in den restlichen Tag führen.

Vor Jahren musste ich mich auf eine österliche Veranstaltung vorbereiten. Es war ein Multimedia-Event, mit Orchester, Solisten und Gemälden der „großen Meister" zum Thema Ostern, und die Organisatoren hatten mich gebeten, einen Vortrag zu halten – eine verlockende Anfrage, und ich hatte zugesagt; doch je näher der Tag rückte, desto ratloser war ich, was ich eigentlich sagen wollte. Außerdem bekam ich Angst, mein Ruf als interessanter und anregender Redner könnte Schaden nehmen, sollte ich die Erwartungen enttäuschen.

Während ich am Schreibtisch saß, ohne dass ich mit meinem Redemanuskript so recht vorankam, entschloss ich mich, zu joggen, um einen klaren Kopf zu bekommen. Ich dachte: „Ich kann die Zeit ja nutzen, um weiter darüber nachzudenken, was ich sagen will". Dann aber ging mir auf, dass es spirituell intelligenter wäre, meinen Verstand zu beruhigen und Inspiration bei meinem ganzen Selbst und in der Tiefe meiner Seele, nicht nur in meiner Ratio zu suchen. Also wagte ich es: zu joggen, ohne über *irgendetwas* nachzudenken – wobei ich darauf achtete, wann mein Verstand „ansprang", die Gedanken aber vorbeiziehen und abklingen ließ.

Während ich mich im Joggen verlor und die Landschaft, die mich umgab, bewusster wahrnahm (ich sah mich als Teil des Ganzen, anstatt die Bilder zu „konsumieren", so als würden sie im Fernsehen gezeigt), stieg etwas in mir hoch – die Idee für einen Aufhänger, an die ich selbst nie „gedacht" hätte. Es war der Durchbruch, den ich brauchte.

Im selben Moment konnte ich mir die Idee merken und meinen Lauf kontemplativ fortsetzen, ohne weiterhin über sie nachzudenken. Durch die Zeit der inneren Beruhigung erschloss sich mir eine kreative Idee, die allem, was mir normalerweise eingefallen wäre, überlegen war. Bei dem Termindruck erforderte es allerdings eine gewisse Courage, die Zeit kontemplativ zu nutzen, anstatt einfach nur mit dem Schreiben fortzufahren. Manchmal muss man dranbleiben und wagen, etwas auf andere Weise zu tun.

Möglicherweise haben Sie etwas Ähnliches erlebt – dass Ihnen eine Idee „zugeflogen" ist, wie man sagt. Überlegen Sie, wann Ihnen das widerfahren ist und was Sie zu diesem Zeitpunkt gerade taten. Oft steigt, wenn unser Verstand nicht auf die vorliegende Aufgabe konzentriert ist, etwas von tief im Inneren, aus dem seelenvollen Raum auf, wo unser wahres Selbst mit dem Göttlichen tanzt.

Meistens neigen wir jedoch dazu, weiter geschäftig zu bleiben oder (noch schlimmer!) *den Anschein* von Geschäftigkeit zu erwecken. Es ist ziemlich schwierig, tagsüber joggen zu gehen, wenn man im Büro arbeitet; noch schwerer kann es fallen, den Computermonitor auszuschalten und in der Stille dazusitzen, weil es so aussieht, als wäre man untätig. Was ja auch stimmt. Aber Ihr Nichtstun hat einen guten Grund.

Innerer Frieden während der Hochs *und* der Tiefs

Während Sie sich immer wieder bemühen, eine „Inzeit" zu nehmen, sollten Sie sich in Erinnerung rufen, bei Ärger und Aufregung *und* in Augenblicken der Freude und des Erfolgs an diesen
Ort der Stille zurückzukehren. Es ist leicht zu erkennen, warum
kurze Zeiten der Kontemplation im Alltag wohltuend sind, wenn
es einmal nicht so gut läuft; trotzdem sollten Sie – wenn möglich
– versuchen, den Ort der Stille auch dann aufzusuchen, wenn Sie
kurz zuvor einen großen Erfolg erzielt haben.

Der ehemalige Trainer der englischen Rugby-Nationalmann-
schaft Sir Clive Woodward pflegte seine Spieler nach einem Sieg
(und nicht nach einer Niederlage) in der Kabine zurückzuhalten,
damit sie darüber nachdachten, was *richtig* gelaufen war. Sehr oft
überlegen wir, was falsch gelaufen ist und wie wir einen Fehler
korrigieren können. Entscheidend aber ist, darüber zu reflektieren, warum etwas gut läuft. Übrigens liegt darin auch eine Chance
für Sie, dafür zu sorgen, dass Sie keine schädlichen Bindungen
an Ihre Erfolge eingehen. Die „Inzeit" kann Ihnen helfen, mit
Höhen *und* Tiefen unverkrampfter umzugehen und dankbar für
sie zu sein, ohne Ihr Ego davon aufblähen zu lassen.

Vom Verstehen zum Verwirklichen

Es gibt unterschiedliche Wege, wie wir uns der Kunst, im Alltag spirituell intelligent zu handeln, nähern können. Deshalb
stelle ich nun einige Möglichkeiten vor. Zum einen lohnt es sich,
daran zu denken, dass wir uns, während wir uns vom „Sehen"
zum „Leben" bewegen, auch vom Verstehen zum *Verwirklichen*
bewegen. Ein großes Wissen, große Kenntnisse oder ein großes Verständnis ergeben erst dann wirklich Sinn, wenn sie in der
Handlung Ihrer Lebensgeschichte zum Ausdruck kommen.

„Verstehen, weißt du, ist eindimensional. Es ist ein Begreifen
mit dem Intellekt", schreibt Dan Millman in *Der Pfad des friedvollen
Kriegers*. „Das Ergebnis ist ein Wissen, wie du es hast. Erkennen

dagegen ist dreidimensional. Es ist ein Begreifen mit dem ganzen Körper – mit Kopf, Herz und Instinkten zugleich. Die Erfahrung dafür ist eine klare Erfahrung."[2]

Auf der elementarsten Stufe beginnen Sie zu „realisieren", dass Sie in eine neue Seinsweise eintreten, wenn Sie etwas ausprobieren. Sie müssen dabei kleine, überschaubare Schritte machen. Doch bei der Reise des Lebens geht es um eine kontinuierliche, immer tiefer reichende Verwirklichung, und sie gipfelt in der vollständigen Umsetzung Ihres erfüllten Lebenswerks.

Innehalten, um nachzudenken

Reflektieren Sie über folgende Sätze und darüber, was sie für Sie bedeuten:

Ich muss mein Potenzial verwirklichen.

Ich muss erkennen, dass mein Potenzial in Dir ruht.

Das höhere Anliegen erkennen

Unser Handeln hat nur dann wahrhaft Bedeutung, wenn wir den Zusammenhang verstehen, in dem wir leben, uns bewegen und unser Dasein haben. Darum haben wir in Kapitel 8 über die Geschichte nachgedacht, die wir durch unser Leben erzählen. Unsere individuellen Erzählungen finden dann ihren Sinn, wenn wir den größeren Zusammenhang erkennen und verstehen, wie unsere Geschichten ihn beeinflussen können.

Überlegen Sie, wem oder was Sie sich schenken – und was Sie schenken. Unser Leben besteht aus zahllosen Handlungen und Transaktionen, die zu unserer Geschichte beitragen; wir widmen unsere Zeit unserem Beruf, unseren Kollegen, unseren Angehörigen; wir schenken unsere Energie unseren Hobbys; wir geben unsere Talente im Austausch gegen Geld oder Dank ...; doch all diese Handlungen bilden ein größeres Ganzes, ein Ganzes, das manchmal leichter zu erkennen ist, wenn man auf das Getane zurückblickt.

Wir können es uns allerdings nicht leisten, bis ans Ende unserer Tage zu warten, um festzustellen, ob wir mutig, leidenschaftlich oder voll Überzeugung gehandelt haben. Deshalb lohnt es sich, einen Augenblick nach vorn zu schauen, um zu überlegen, wie Sie „in Gänze" auf die Person zurückblicken könnten, zu der Sie geworden sind, und was Sie erreicht haben.

„Was für Geschichten werden wohl über uns erzählt, wenn wir an den Lagerfeuern des Himmels zusammensitzen?" Ich erinnere mich noch, wie der Schriftsteller John Eldredge diesen Satz sprach und mir klar wurde, dass ich vor einer gewaltigen Aufgabe stand. Die Frage war nicht als Drohung gemeint, sondern als Denkanstoß. Aber sie lenkte meine Gedanken in eine bestimmte Richtung.

Wie möchten Sie in Erinnerung bleiben? Wer oder was wird sich als das vorrangige Ziel in Ihrem Leben erweisen, als das Anliegen, zu dem (im Rückblick) all Ihre unbedeutenderen Handlungen und Transaktionen beigetragen haben? Wem oder welcher Sache haben Sie Ihr Leben geschenkt? Wem oder welcher Sache haben Sie das Geschenk Ihres Selbst gemacht?

Innehalten, um nachzudenken

Vielleicht reflektieren Sie jetzt zum ersten Mal auf diese Weise über Ihr Leben. Es kann eine ernüchternde und dennoch auch befreiende Erkenntnis sein.

Es könnte hilfreich sein, zu überlegen, wem oder was Sie im Augenblick die meiste Zeit schenken.

Stellen Sie sich vor, Sie „sitzen am Lagerfeuer des Himmels". Von welchen Geschichten aus Ihrem Leben wird an diesen Lagerfeuern wohl in enthusiastischem Tonfall gesprochen werden? Wer könnte sie erzählen?

Wem oder welcher Sache schenken Sie nach Ihrer Ansicht Ihr Leben?

Wem oder welcher Sache würden Sie Ihr Leben gern schenken? Wie könnte sich das auf die Zeit und die Energie auswirken, die Sie den Dingen innerhalb eines typischen Tagesablaufs schenken – beispielsweise dem Fernsehprogramm, den allgemeinen Hindergrundgeräuschen, der Verteidigung und Förderung Ihrer selbst, den Bemühungen, Besitztümer anzuhäufen oder ...

Wem oder welcher Sache schenken Sie Ihr Herz?

Wo haben Sie Ihren Schatz vergraben?

Es gibt bestimmte Dinge, die wir im Leben schätzen. Leider wird aber unser Herz dadurch oft nicht größer. Wir halten unseren Schatz so fest, dass unser Herz eingewickelt, gefesselt, weggeräumt wird, zusammen mit den Dingen, die uns, wie wir glauben, am kostbarsten sind. Manchmal müssen wir uns auf die Suche nach dem Schatz begeben, den wir so lange versteckt haben, damit wir uns daran erinnern, wo wir unser Herz zurückgelassen haben.

Was schätzen Sie denn nun am meisten? Und wo haben Sie es verstaut? Leider vergraben die meisten von uns ihren Schatz irgendwo, aus Angst, ihn zu verlieren. Ist er irgendwo versteckt, wo er „Staub ansetzt und vermodert"? Wenn ja, ist vermutlich auch Ihr Herz dort eingeschlossen.

Manche von uns brauchen womöglich Schatzkarten, die ihnen zeigen, wo ihr Herz die ganze Zeit vergraben war: unter dem Haus, das wir unter Aufbietung aller finanziellen Möglichkeiten gekauft haben; im Kofferraum des Autos, das wir auf Kredit gekauft haben; fest angelegt in der Ausbildung unserer Kinder; angekettet im Verwaltungsratszimmer; auseinandergerissen im falschen Schlafzimmer ...

Anfangen zu handeln

Reflektieren Sie darüber, wo Sie Ihren Schatz vergraben haben. Versuchen Sie eine Karte zu zeichnen, wenn das hilft.

Was sagen Ihre Gedanken darüber aus, wo Ihr Herz vielleicht vergraben liegt?

Was würden Sie wirklich liebend gern schätzen, wenn Sie den Mut und die Freiheit besäßen, so zu leben, wie Sie es tief im Innern wünschen?

Wie kann Ihnen die Schatzkarte dabei helfen, zu überlegen, wie Sie dynamischer, aus dem Herzen heraus leben können? Versuchen Sie eine alternative Karte zu zeichnen, die die Menschen, Orte oder Organisationen zeigt, mit denen Sie diesen Schatz teilen könnten.

Das Territorium kartieren

Scott Peck schreibt: „Die Welt ändert sich laufend. Gletscher kommen und Gletscher gehen. Kulturen kommen und gehen ... Auch der Punkt, von dem aus wir die Welt sehen, verändert sich unablässig und ziemlich schnell ... Was geschieht, wenn man sich lange und intensiv bemüht hat, eine funktionierende Weltsicht zu entwickeln, eine anscheinend nützliche, brauchbare Landkarte, und dann mit neuen Landkarten konfrontiert wird, die nahelegen, dass diese Sicht falsch ist und die Karte weitgehend neu gezeichnet werden muss? Meistens ignorieren wir die neuen Informationen. Und häufig handelt es sich nicht nur um einen Akt passiven Ignorierens."[3]

Wir haben die Wahl: Wir können die neuen Informationen ablehnen, sie ignorieren oder unsere Karten neu zeichnen. Wir können weiter verloren, abgelenkt und resigniert durchs Leben gehen; oder wir können jede Entscheidung, vor der wir stehen, als Gelegenheit nutzen, um uns den Weg durch ein neues Territorium zu bahnen und unsere Karte neu zu zeichnen.

Denn letztlich bestimmt die Entscheidung, wie wir angesichts jedes Dilemmas, jeder Herausforderung, die uns längs des Weges begegnet, handeln wollen, was auf unserer Lebensreise aus uns wird. Es geht nicht darum, das Schicksal passiv hinzunehmen, sondern uns auf Ganzheit und Transformation zuzubewegen, und zwar durch eine aktive, entschlossene Reise des Herzens in die Fülle des gegenwärtigen Augenblicks und in die Fülle unserer eigenen Gegenwärtigkeit in jedem einzelnen Moment.

Oder wie Mike Riddell sagt: „Weder die Vergangenheit noch die Zukunft liefert einen berechtigten Aufschub vor der Herausforderung und Schönheit des Augenblicks. Wenn wir lernen, in jedem Moment ganz gegenwärtig zu sein, entdecken wir, dass es Gelegenheiten und Wahlmöglichkeiten gibt, die unmittelbar vor uns liegen und unsere Vergangenheit ebenso wie unsere Zukunft bestimmen werden.

Hier, auf dem Berggrat des Augenblicks, liegen die Möglichkeiten zur schöpferischen Gestaltung und zur Liebe ... In der Kapsel des Erlebens, die uns in jedem Moment geschenkt wird, bestimmen wir, wer wir sind und was für uns bedeutsam ist. Der gegenwärtige Moment zeigt uns das Ganze unseres Lebens, und jeder Augenblick ist ein Schnittpunkt mit der Ewigkeit, eine Wegkreuzung, an der wir über unser Schicksal entscheiden und uns die Gnade des Werdens angeboten wird. Alles andere ist eine Illusion.“[4]

Wohin wollen Sie sich auf diesem Weg führen lassen? An einen Ort, an den nur wenige andere Wege zu führen scheinen? An einen Ort, der zeit Ihres Lebens unkartiert geblieben ist? An einen Ort, an dem Sie Ihren Schatz finden und die Freude mit anderen teilen können? An einen Ort des bewussten Verzichts? An einen Ort, der mit keinem anderen Ort, den Sie sich je hätten vorstellen können, zu vergleichen ist?

Die Reise geht weiter.

Kapitel 12: **Das Gute weitergeben**

*Das Leben ist ein Geschenk, das wir jeden Tag bekommen. Wenn
wir nicht aufmerksam sind, verschlafen wir das Geschenk des
Lebens.*

Miriam Greenspan, Psychotherapeutin[1]

Freiwillig dienen

Jetzt, da wir uns dem Ende unserer dritten Reise nähern, wollen
wir unsere Gedanken nochmals auf das „Weitergeben" richten.
Entscheidend ist, dass wir unser Augenmerk fest darauf richten,
wie wir anderen durch die Person, zu der wir werden, dienen
können (anstatt ihnen zu erklären, wie sie leben sollen) – wie wir
die Vorzüge unserer Veränderung an die Menschen in unserem
Umfeld weitergeben und dadurch einmal mehr Tiefe zur Tiefe
rufen lassen

Um das Beste aus uns zu machen, sollten wir unser ganzes
„Tun" dem Geist des Dienens widmen. Wenn wir Zugang zu
unserer spirituellen Intelligenz bekommen, erlangen wir die Freiheit, zu dienen. Selbst wenn wir etwas für uns selbst tun, muss
das nicht „selbstsüchtig" sein in dem Sinne, wie wir es vielleicht
bislang verstanden haben. Unseren Taten kommt eine größere
Bedeutung zu, wenn wir verstehen, inwiefern sie dem höheren
Ziel in unserem Leben dienen; deshalb können wir selbst dann,
wenn wir für uns selbst handeln, bewusst entscheiden, auf welche Weise und aus welchen Gründen wir etwas tun.

Es lohnt sich vielleicht, bevor wir fortfahren, David Foster
Wallace' Sätze aus Kapitel 10 zu wiederholen: „Die wirklich wichtige Art von Freiheit umfasst Aufmerksamkeit und Bewusstheit,
Disziplin und Anstrengung, auch die Fähigkeit, sich wahrhaft
um andere Menschen zu kümmern und sich für sie zu opfern,
immer und immer wieder, in unzähligen kleinen, unspektakulären Gesten. Das ist wahre Freiheit."

Erste Schritte auf dem Weg zu einer dienenden Lebenshaltung

Der bedeutendste Akt des Dienens, sowohl gegenüber sich selbst als auch gegenüber nahestehenden Menschen, besteht darin, als Erstes jede Versuchung und jeden Zwang zurückzuweisen, die Erwartungen anderer – und die eigenen – zu erfüllen. Alle derartigen Ansprüche sind unangebracht (auch wenn Sie durch die Erwartungen mancher Leute vielleicht angespornt wurden).

Wir müssen solche Erwartungen zurückweisen, denn sie rufen das unablässige Schnattern des Verstandes hervor, der sich gefräßig von ihnen ernährt und aus ihnen heraus in unserem Namen eine imaginäre Person erschafft. Vielmehr gilt es, auf dem schmalen Weg zur Ganzheit zu erkennen, wer wir wirklich sind, nach welchen Werten wir freiwillig leben und was im Zentrum unseres Seins liegt – jene Schnittstelle der Beseeltheit zwischen dem wahren Selbst und dem Göttlichen. Erst dann können wir allmählich so leben, wie es dem Menschen entspricht, der einst geschaffen wurde, anstatt unser Leben an den Erwartungen oder Forderungen anderer zu orientieren.

Steve Jobs, der Gründer von Apple, hielt einmal vor Absolventen der Stanford-Universität eine mitreißende Rede (die Sie im Internet nachlesen können). Er sprach ganz offen darüber, dass wir ziemlich lange tot sein werden und wie wichtig es ist, im Lichte dieser Wahrheit zu leben. „Eure Zeit ist begrenzt", sagte er, „vergeudet sie nicht damit, das Leben eines anderen zu führen. Lasst euch nicht von Dogmen einengen – dem Resultat des Denkens anderer. Lasst den Lärm der Stimmen nicht eure innere Stimme ersticken. Das Wichtigste: Folgt eurem Herzen und eurer Intuition, irgendwie wissen sie bereits, was ihr wirklich werden wollt. Alles andere ist zweitrangig."[2]

Wir werden den Erwartungen nie voll und ganz gerecht werden; niemand kann das. Wir alle enttäuschen einander in unseren Hoffnungen und Forderungen. Und wir alle enttäuschen ständig die eigenen Hoffnungen und Anforderungen.

Doch im spirituell intelligenten Leben geht es nicht darum,

anderen zu gefallen, ihnen (oder uns selbst) zu imponieren. Es geht nicht darum, Menschen dazu zu bringen, dass sie uns mögen, auch wenn wir auf ihre Bedürfnisse eingehen und bestrebt sein sollten, ihnen in all unserem Tun zu dienen. Vielmehr sollten wir versuchen, zunehmend aus der Gewissheit heraus zu leben, wer wir wirklich sind, und mit Integrität zu entscheiden, was in jedem einzelnen Augenblick im Sinne unseres höheren Anliegens – dem größeren Wohl, dem wir uns am stärksten verpflichtet fühlen – richtig ist.

Auf diese Weise verhalten wir uns nicht mehr *reaktiv* gegenüber den Hoffnungen und Erwartungen der anderen; allerdings werden wir feststellen, dass wir ihnen dadurch wirksamer dienen!

Die heutige Welt zieht und zerrt uns in zahllose unterschiedliche Richtungen; sie nötigt uns, in unterschiedlichen Situationen verschiedene Gesichter aufzusetzen und „Leistung zu zeigen", ob nun im Beruf oder im Bett. Wir spielen unsere verschiedenen Rollen, werden dadurch aber zu sozialen Chamäleons; wir fügen uns ein, ragen nicht heraus und setzen uns nicht für etwas Größeres ein. Einen bedeutungsvollen Weg durch unsere Beziehungen und „Lebenswelten" (wie Soziologen das nennen) steuern heißt, mit zunehmender Integrität zu leben und in jeder Situation, in der wir uns wiederfinden, unserem Selbst, einander und Gott treu zu bleiben.

Und deshalb empfinden wir die größte Freiheit, wenn wir, statt unserem Selbst oder unseren eitlen Ambitionen zu dienen, ganz bewusst beschließen, unser von Angst getriebenes Identitätsgefühl abzulegen und unsere Augen für die Möglichkeit des selbstlosen Dienens durch eine sich selbst schenkende Liebe zu öffnen.

Natürlich müssen wir uns kennen, bevor wir unser falsches Selbst sterben lassen; und wir müssen auch die Reise des „Erwachsenwerdens" antreten, um die Grenzen zu verstehen, die unser Ego zu ziehen versucht hat, damit wir sie überschreiten und uns tiefer ins Leben hineinbegeben können.

Erst wenn wir unser Ego ablegen, beginnen wir zu leben. Und während wir unsere Begierden, Versuchungen, Sehnsüchte und Gelüste preisgeben, finden wir Geschmack an der radikalen Freiheit. Dann stellen wir fest, dass wir nicht mehr die Sklaven unseres Selbst oder anderer sind; vielmehr können wir, erfüllt von den einzigartigen Talenten und Stärken, die uns geschenkt wurden, allmählich unser eigenes, einzigartiges Leben führen. Und anstatt dies als ein Leben anzusehen, dem wir entsprechen müssen, können wir es als einen Tanz betrachten ..., als einen Tanz mit der göttlichen Quelle des Lebens.

Innehalten, um nachdenken

Versuchen Sie, von der Frage: „Welche Geschichten werden wohl über uns erzählt werden, wenn wir an den Lagefeuern des Himmels zusammensitzen?", einen Schritt zurückzutreten und direkter zu fragen: „Wessen Leben lebe ich im Augenblick eigentlich?"

Sie können nur beginnen, wahrhaft *für* andere zu leben, wenn Sie deren (und Ihre ichbezogenen) Erwartungen zurückweisen und zunächst Ihr eigenes Leben leben.

Vielleicht wäre es hilfreich, wenn Sie eine Liste von Personen Ihres Umfeldes zusammenstellen, deren Erwartungen Ihr Handeln weiterhin auf wenig hilfreiche Weise prägen. Warum nicht mit diesen Personen sprechen, die Sie auf diese Weise ermittelt haben?

Fertigen Sie nun eine Liste von Personen an, die Ihnen nahestehen und von denen *Sie* etwas erwarten. Wie könnten Sie diese Personen von *Ihren* wenig hilfreichen Erwartungen befreien und damit wiederum dazu beitragen, dass diese Menschen stärker aus ihrem authentischen Selbst heraus leben? Wie können Sie die Vorzüge Ihrer eigenen Transformation auf diese Weise weitergeben?

Führungsqualitäten zeigen

Wenn Sie beginnen, Ihr Selbst von wenig hilfreichen Erwartungen zu befreien, und Ihr höheres Anliegen erkennen, können Sie anderen zeigen, wie sich Ihre Geschichte auf bedeutungsvolle Weise in den größeren Zusammenhang fügt und ihn verständlich macht. Durch die Art, wie Sie diese Geschichte mit Leben erfüllen, werden Sie in der Lage sein, sie zu erzählen.

Sie nehmen dann nicht mehr bereitwillig hin, was Ihnen im Leben begegnet; Sie werden dem größeren Bild nicht mehr einfach nur möglichst viel entnehmen und sich angesichts der Ereignisse nicht mehr machtlos fühlen oder vom Gewicht der ganzen Welt erdrücken lassen. Stattdessen werden Sie *sich selbst* in den größeren Zusammenhang einbringen und im Einklang mit den Werten Ihres Herzens anbieten, was nur Sie allein wahrhaft anbieten können.

Dabei werden Sie feststellen, dass Sie ganz von selbst dienen, so wie ein spiritueller Krieger, der zeigt, dass es eine Sache gibt, für die es zu kämpfen lohnt – ein Anliegen, das so entwaffnend ist, dass Sie bereit sind, alles dafür aufzugeben.

Und so werden Sie für Ihre guten Freunde zur natürlichen Führungsfigur – aber nicht, indem Sie ihnen befehlen, was sie zu tun haben, oder indem Sie laut schimpfen, sondern indem Sie ihnen einen anderen Weg aufzeigen. Das heißt nicht, dass diese Menschen zwangsläufig den gleichen Weg beschreiten; sie müssen ihren eigenen finden. Aber sie müssen vom Sofa aufstehen und ins Freie hinaus!

Heiterer Gleichmut des wahren Dienens

Ein Vorzug Ihrer Transformation besteht also darin, anderen Menschen den Weg zeigen zu können. Ein weiterer liegt darin, dass sich Ihre Beziehungen grundlegend wandeln; Sie werden nicht mehr versuchen, anderen vorzumachen, dass Sie mehr – oder weniger – anzubieten haben, als Sie können. Handeln wir im Geist wahren Dienens, können wir zunehmend selbstbewusster handeln, weil wir nichts zu verlieren haben. Wir geben nicht mehr vor, ein toller Hecht zu sein, der wir nicht sind; stattdessen schenken wir, was wir können, aus unserem authentischen Selbst – nicht mehr und nicht weniger.

Dies trifft zu, ob Sie sich nun einfach nur zu einem anderen hingezogen fühlen, sich um einen geschäftlichen Auftrag bemühen oder für das Amt des Präsidenten der Vereinigten Staaten kandidieren! Sie sind frei und können tun, wozu Sie auf Erden da sind und was Sie am besten können: Sie selbst sein.

Ein solches Selbstvertrauen ist ansteckend und anziehend. Vergessen Sie nicht: Sie geben dann Ihr Bestes, wenn Sie sich daran erinnern, dass Sie absolut unvergleichlich sind. Sobald Sie das Gefühl haben, dass ein anderer eine Aufgabe besser lösen kann oder in dieser oder jener Sache talentierter oder begabter ist, gehen Sie in die Defensive und versuchen nur, Ihre Position zu festigen. Wenn Sie sich nicht mehr mit anderen vergleichen, erlangen Sie die Freiheit, die dem Wissen entspringt, dass niemand außer Ihnen kann, was Sie am besten können, vor allem, wenn es im Geist des Dienstes an anderen, nicht am eigenen Selbst angeboten wird. Sie werden mit einer ganz anderen Einstellung in Geschäftsbesprechungen hineingehen!

Was hilft es dem Menschen, wenn er die ganze Welt gewinnt, und nimmt doch Schaden an seiner Seele?[3]

Jesu Worte liefern uns hier einen nützlichen Fingerzeig. In unserer vom Konsum beherrschten Kultur streben wir nach schnellem Profit, indem wir uns „billig verkaufen": Wir setzen unsere Moralvorstellungen außer Kraft, unsere Instinkte, unser natürliches Gefühl für Richtig und Falsch, um zu bekommen, was wir vom Leben haben wollen. Und doch fühlen wir uns beraubt. Kein noch so großer materieller Komfort (über die Grundbedürfnisse hinaus) wird je dem Gefühl gleichkommen, das sich einstellt, wenn Sie Ihrer wahren Berufung folgen und aus Ihrem Herzen heraus leben.

Es kann so aussehen, als ginge es beim seelenrettenden, schmalen Pfad des Aufgebens in erster Linie um Verlust; tatsächlich aber geht es um den größten vorstellbaren Gewinn. Denn Sie werden profitieren, weil Sie Ihre Seele zurückgewinnen. Und dies ist die beste Position, um anderen zu helfen, aus Ihrer Transformation Nutzen zu ziehen – denn Sie werden feststellen, dass alles, was Sie zu geben imstande sind, sich unermesslich vermehrt. Anstatt den Schatz für sich zu horten, streben Sie nur noch danach, die Schätze Ihres Herzens mit anderen zu teilen.

Ihre „Marke" leben

Wir alle in den westlichen Gesellschaften sind extrem „markenbewusst": Die meisten von uns erschaffen sich eine Identität durch die Markenwaren, die sie kaufen, und die Logos, die sie tragen. Und das wird schließlich inflationär und bedeutungslos. Trotzdem können wir unser Markenbewusstsein nutzen, um genauer darüber nachzudenken, was das innere „Markenzeichen" unseres Lebens sein soll und welche Werte wir damit den Menschen in unserer Umgebung durch unsere Liebe zeigen wollen.

Innehalten, um nachdenken

Was sind Ihre bevorzugten Konsummarken? Was sagen diese – wie Sie hoffen – über Sie aus, wenn Sie sie kaufen, tragen oder anderen vorführen? Zu welchen „Markenwerten" fühlen Sie sich hingezogen? Auf welche Weise scheinen sie bei Ihnen eine Empfindung von Identität hervorzurufen, wie oberflächlich auch immer?

Jenseits von oberflächlich

Vertreter der Werbeindustrie sprechen davon, dass wir bestimmten Marken „treu" sind. Wir alle sind vermutlich bestimmten Marken „treu", ob wir uns dessen nun bewusst sind oder nicht und ob es uns nun gefällt oder nicht. Dabei treffen wir nicht immer eine bewusste Entscheidung, sondern irgendetwas an der Marke spricht uns an und ermuntert uns, Loyalität zu demonstrieren. Manchmal kaufen wir ein Kleidungsstück auch allein wegen des Logos, weil es, wie wir glauben, etwas Bestimmtes über uns aussagt.

Heutzutage ist mancher „seinem" Firmenzeichen derart „loyal" verbunden, dass er es sich sogar tätowieren lässt. Es ist kaum zu glauben, aber es stimmt: Diese Kunden sind ihrer Marke so unverbrüchlich treu, dass sie Schmerzen in Kauf nehmen, um ein Zeichen zu tragen, das ihnen für den Rest des Lebens in die Haut eingeritzt bleibt.

Unsere Logos zeigen unser Zugehörigkeitsgefühl; eine Marke (engl. brand) war ursprünglich natürlich das Brandmal, das einem Tier (oder einem Sklaven) mit dem Symbol des Besitzers eingebrannt wurde. Haben Sie schon einmal daran gedacht, dass die Marken, die Sie tragen oder zur Schau stellen, etwas darüber aussagen, wem Sie gehören?

Die meisten Menschen lassen sich natürlich keine Tätowierung mit einem Firmenzeichen stechen; aber viele tragen eben doch Tattoos – ein kulturelles Phänomen in westlichen Gesellschaften. Was immer Sie von ihnen halten, Sie können anderen Menschen etwas Tiefreichendes über Ihr Selbst, Ihre Identität und Ihre Loyalität verraten – die Namen der Menschen, die Sie lieben, ein spirituelles Symbol, das Ihnen wichtig ist, oder das Vereinsabzeichen der Sportmannschaft, die Sie bis ans Ende Ihres Lebens unterstützen werden ...

Innehalten, um nachzudenken

Wenn Sie sich für eine Tätowierung entscheiden würden, wie sähe sie aus? Denken Sie ganz ernsthaft darüber nach (selbst wenn Sie sich nie im Leben tätowieren lassen würden!), denn ein Tattoo kann auf sehr persönliche Weise zum Ausdruck bringen, was Sie für Ihr authentisches Selbst halten. Sie müssen sehr sorgfältig überlegen, weil das Tätowieren äußerst schmerzhaft sein wird und das Tattoo nie wieder entfernt wird. Welches dauerhafte Zeichen der Zugehörigkeit, der persönlichen Beziehung oder Loyalität würde also am besten zusammenfassen, was Ihre Identität im Kern ausmacht? Vielleicht handelt es sich ja um ein Symbol, einen Namen, einen Satz oder ein Bild. Es wäre hilfreich, dieses Zeichen in Ihr Tagebuch einzutragen, nur um sich daran zu erinnern.

Anfangen zu handeln

Natürlich ist kein Tattoo erforderlich, um nach einem Kanon von Werten zu leben, die Ihnen am Herzen liegen, oder um diese Werte zum Ausdruck zu bringen. Doch wenn Sie beginnen, freier, aus Ihrem wahren Selbst heraus zu leben, ist jetzt der geeignete Zeitpunkt gekommen, sich diese Werte in Erinnerung zu rufen und zu überlegen, wie Sie sie im weiteren Verlauf klären und artikulieren möchten.

Viele Firmen formulieren heute ihre „Unternehmenswerte". Wenn Sie die „Werte, die mich auszeichnen", auflisten müssten – wie würden diese lauten? Wenn irgendwelche offenbar mehr mit Ihrem Ego als mit Ihrem wahren Selbst zu tun haben, was würden Sie am liebsten damit tun?

Vielleicht kann ja ein Satz – anstatt einer Liste – die Art und Weise, wie Sie leben möchten, und die Werte, nach denen Sie sich in allen denkbaren Situationen richten wollen, am besten zusammenfassen. „Ihre Marke leben" kann Ihnen helfen, darüber nachzudenken, wie Sie in jeder nur möglichen Lage mit Integrität bestehen können.

Der Prophet Micha sagt: „Das Rechte tun, Güte und Treue lieben".[4] Diese Maxime kann bestimmen, wie Sie sich in Ihrem ganzen Leben verhalten sollen. Laut der Tora, den ersten fünf Büchern Mose, lässt sich das Gesetz mit den Worten zusammenfassen: „Liebe Gott, liebe deinen Nachbarn". Auch dies ist eine prägnante Formulierung, die ein ganzes Leben auf den Punkt bringen und anleiten kann.

Welcher Satz – entweder Ihr eigener oder eine Formulierung, die Sie gelesen oder gesehen haben – würde Ihre „Markenwerte" am treffendsten beschreiben? Versuchen Sie etwas zu schreiben oder zu finden, das Ihnen als besonders treffend erscheint.

Wenn Sie über einen Kanon von Werten reflektieren, nach dem Sie sich richten können, ist es wichtig, sie zu artikulieren, damit Sie sie „zum Leben erwecken" – sie sozusagen realisieren. Denn Werte sind nichts, wenn sie nicht umgesetzt und mit Leben erfüllt werden.

Viele Menschen wurden nie aufgefordert oder ermuntert, über die Werte, nach denen sie leben, nachzudenken; es ist ein Ergebnis unserer spirituell „dummen" Kultur, dass wir uns nicht dafür rüsten, mit dieser Art von Integrität zu leben. Doch es ist ein Geschenk, das Sie anderen machen können, wenn Sie Ihre Werte durch Ihre Lebensweise klar und deutlich zum Ausdruck bringen. Durch Ihre Maxime – oder Ihr imaginäres Tattoo – regen Sie andere vielleicht dazu an, über die eigenen Werte nachzudenken; Sie können andere „anstecken", sobald Sie anfangen, aus dem Potenzial Ihrer innersten Werte heraus zu leben und es dadurch zu verwirklichen.

So wie eine Tätowierung ein Gesprächsstoff sein kann und wie ein T-Shirt mit einem Logo etwas darüber aussagt, was Sie lieben oder wer Sie sind, kann Ihr starkes Identifikationsgefühl anderen zeigen, dass Sie sich einer größeren Sache, einem Leben des Dienens, einer einzigartigen Weise des Sehens oder Berührens der Welt verpflichtet haben.

Und dieses Gefühl kann Ihnen helfen, leidenschaftlich und unerschütterlich aus dem Herzen heraus zu leben, ganz gleich welche Irrungen und Wirrungen in Ihrem Leben auftauchen. Sie können es sich als Ihren moralischen Kompass vorstellen. Handeln Sie beseelt.

Ihrem Gewissen vertrauen

Eine andere Möglichkeit besteht darin, über das „Gewissen" zu reflektieren. Fragen Sie sich, was Ihr „Gewissen" wirklich ist und woher es kommt. Sie können es sich als leise Stimme irgendwo tief in Ihrem Innern vorstellen, die Sie auf der Spur halten und Ihnen helfen will, das Richtige zu tun.

Wenn Sie in Ihrem Erleben bewusster oder achtsamer werden, werden Sie feststellen, dass Sie allmählich einen stärkeren Zugang zu Ihrem „Gewissen" bekommen. Sie können sich besser darauf einstimmen, es deutlicher wahrnehmen und die lautere Stimme Ihres Egos dämpfen.

Sie können sich das Gewissen als Ihre Beseeltheit oder auch als Ihre Seele vorstellen – als die Schnittstelle am tiefsten Punkt Ihres Selbst, zwischen dem Göttlichen und der höchsten Entfaltung des Menschlichen. Wenn Sie Ihr wahres Selbst genauer belauschen, lernen Sie, Ihr „Gewissen" deutlicher zu hören und ihm zu folgen.

Innehalten, um nachzudenken

Wann haben Sie das letzte Mal die Stimme Ihres Gewissens vernommen? Was hat sie von Ihnen erbeten? Haben Sie sich danach gerichtet?

Vielleicht können Sie – als Ausgangspunkt – diese Zeiten in Ihrem Tagebuch notieren, wenn Sie glauben, die Stimme Ihres Gewissens zu hören, und niederschreiben, was sie Ihnen zu sagen hat.

Woher kommt nach Ihrer Ansicht Ihr „Gewissen"? Wie kann es Ihnen helfen, moralisch integer zu handeln? Welche Beziehung herrscht zwischen Ihrem Gewissen und Ihrer „Persönlichkeitsmarke"?

Liebe deine Feinde

Das freiwillige Dienen führt Sie tiefer ins Mysterium des Lebens hinein, als Sie normalerweise vielleicht bereit sind zu gehen. Der Weg kann Sie an Orte führen, die feindselig sind oder Opfer verlangen. Es handelt sich um keine „weiche" Option. Vielmehr befinden Sie sich auf einer Reise der Selbstmeisterung, der Disziplin und der Verpflichtung, einen schmalen Weg zu beschreiten. Die bloße Entwicklung voller Präsenz erfordert unbeirrbare Entschlossenheit.

Doch Sie brauchen auch eine Menge Mut, um Ihren Feinden entgegenzutreten und sie zu entwaffnen, damit auch sie von Ihrer Transformation profitieren können. Sie können also dazu beitragen, den Kreislauf der Gewalt in dieser Welt zu durchbrechen, der durch das Ego verlängert wird, indem Sie etwas ganz Einfaches, aber Wunderbares tun: Ihre Feinde lieben.

Sie lieben sie, indem Sie als Erstes die Kategorien Freund und Feind auflösen. Wir alle sind Menschen, und Feindschaften werden vom Ego geschaffen, im Kontext unseres leidvollen Sündenfalls. Wir reagieren angstvoll aufeinander und nicht liebevoll, denn unser Ego trachtet danach, eine deutlich abgegrenzte Identität von „ich" im Gegensatz zu allen anderen zu erschaffen. Doch wenn Sie Ihr Ego abstreifen, kann die Gegnerschaft verschwinden.

Als Nächstes geht es darum, alle Menschen mit neuen, spirituellen Augen zu sehen – nicht als potenzielle Feinde, sondern auf eine viel umfassendere, tiefer reichende Weise.

Mike Riddell meint: „Einer der Schlüssel zum spirituellen Wachstum liegt darin, jeden, dem wir auf dem Weg begegnen, als jemanden zu betrachten, der uns mit einem Geschenk gesandt wurde. Diese Menschen haben uns etwas zu lehren, können eine Eigenschaft in uns erwecken, uns einen Segen spenden, irgendein Bedürfnis hervorrufen, das wir erfüllen können, oder eine Frage an uns richten."

Weiter heißt es: „Wenn wir die Menschen auf diese Weise betrachten, hören wir auf, auch die scheinbar widerwärtigsten Leute als Feinde zu betrachten, sondern beginnen, nach ihrem essenziellen Mysterium zu suchen. Es ist erstaunlich, wie eine derart einfache Veränderung der Einstellung gegenüber anderen Menschen bei denen, die willens sind, den Versuch zu wagen, Anmut und Entdeckerlust hervorrufen kann. Doch zunächst müssen wir lernen, unsere Vorurteile und Ängste zu überwinden."[5]

Die Frage lautet: Sind Sie bereit, „Ihre Vorurteile und Ängste zu überwinden"? Wenn Sie die Art, wie Sie Ihre Feinde sehen, verändern, nützen Sie natürlich nicht nur anderen, sondern profitieren auch selbst davon – Sie befreien sich von den Anforderungen des Ego und beginnen, die Kunst einzuüben, Ihre inneren Tiefen zu den Tiefen anderer sprechen zu lassen. Möglicherweise stellen Sie – wie auch viele andere – dabei fest, dass Sie sich dadurch von der jahrelangen Fesselung an erlittene Kränkungen und Verletzungen und an Ängste und Unsicherheiten hinsichtlich der Zukunft befreien.

Innehalten, um nachzudenken: Was ist Ihr Geschenk?

Wenn Sie die Gaben bei anderen Menschen erkennen wollen, sollten Sie zunächst über Ihre eigenen nachdenken. Wir sind nur selten erfolgreich darin, positiv (auf nicht-selbstbezogene Weise) über uns zu denken, aber das ist wichtig. Denken Sie an eine Gabe, die Sie besonders auszeichnet. Was haben andere Menschen an Ihnen bemerkt, das Ihnen irgendwie „gegeben" ist – etwas, das Sie ohne allzu große Mühe hervorragend beherrschen?

Überlegen Sie nun, wie Sie Ihre „Gabe" anderen schenken. Auf welche Weise profitieren diese davon? Inwiefern bereitet Ihre Gabe den anderen Freude? Wie setzen Sie Ihre Gabe gelegentlich zum Nutzen anderer ein?

Wie würden Sie Ihre Gabe gern einsetzen, um anderen freiwillig zu dienen – nicht nur Freunden, sondern auch Ihren Feinden?

Wir sind nun am Ende unserer dritten Reise angelangt, und ich möchte zum Schluss noch einmal daran erinnern, dass es zwar besser sein kann, zu geben als zu nehmen, dass wir aber trotzdem auch das Nehmen üben sollten. Denn auch andere Menschen haben Gaben, die uns stärken, anspornen und inspirieren können. Aber diese Gaben können wir nur empfangen, wenn wir den Menschen in unserer Umgebung aufgeschlossen begegnen und uns ihnen nicht abwehrend, sondern im Geist der Verbundenheit nähern.

In unserer Gesellschaft haben wir oft das Gefühl, wir müssten uns das Recht verdienen, etwas zu bekommen; wir müssen arbeiten, um Geld zu verdienen, und wenn wir arbeitslos werden und Arbeitslosengeld beziehen, spüren wir das Stigma, etwas ohne Gegenleistung zu erhalten. Deshalb kommen wir uns mitunter auch unwürdig vor, wenn wir etwas von anderen empfangen, oder meinen, das „Geschenk" erwidern zu müssen – und das ist schwierig, wenn das Geschenk etwa große Gastfreundschaft ist. Es gibt natürlich einen wichtigen Unterschied zwischen Geben und Nehmen; trotzdem aber finden es viele von uns schwierig, etwas im richtigen Geist zu empfangen.

Letztlich können wir nur durch das Empfangen vom Geist Gottes einüben, etwas ohne Angst vor Bedingungen zu empfangen. Denn das Geschenk des Lebens strömt zu uns hin, durch den Geist; doch wir haben nichts getan, um es zu verdienen. Wir *müssen* es einfach nur empfangen. Und wir empfangen nicht nur *vom* Geist Gottes. Wir empfangen den Geist selbst, der uns durchströmt und dem Leben Kraft spendet. Wenn wir uns weigern, den Geist Gottes anzunehmen, weigern wir uns höchstwahrscheinlich auch, die meisten anderen Dinge im Leben anzunehmen; genauso wie wir, wenn wir uns weigern, andere Menschen anzunehmen, nie imstande sind, etwas *von* ihnen anzunehmen.

Aber ebendies macht unsere Verbundenheit, unsere tiefe Gemeinschaft aus. Es ist die radikale wechselseitige Abhängigkeit des Lebens, des Gebens und Empfangens, des Vertrauens und Öffnens unserer Herzen gegenüber anderen und, indem wir ihre Gaben annehmen, deren Bestätigung und Lob. Wir brauchen Demut, um von anderen etwas zu empfangen, und Selbstvertrauen; indem Sie nehmen, helfen Sie anderen, selbst etwas zu geben, und begegnen ihnen, indem Sie sich ebenfalls öffnen.

„Wie können wir dem Leben etwas geben, wenn wir nicht gelernt haben, etwas vom Leben zu empfangen?", fragt Mary Saunders, die seit mehr als 20 Jahren chinesische Medizin praktiziert. „Das Leben ist ein Geschenk, das wir jeden Tag erhalten. Wenn wir nicht aufmerksam sind, verschlafen wir das Geschenk des Lebens", schreibt Miriam Greenspan, eine Psychotherapeutin. Beide Zitate stammen aus einem großartigen Artikel mit dem Titel „Open Hands, Open Heart" im *Ode Magazine*.[6] Wenn wir nun die letzte Etappe unserer Reise antreten, gewinnen – und geben – wir am meisten, wenn wir dies mit einem offenen, empfänglichen Geist tun, durch vorbehaltloses Dienen.

Kapitel 13: **Erwachen**

Die Welt ist ein Rätsel. Ist doch egal, ob wir sie verstehen.
Dan Millman[1]

Schnall dich an, Dorothy, wir verduften jetzt aus Kansas City.
Cypher zu Neo in Matrix[*]

Toto, ich glaub, wir sind nicht mehr in Kansas.
Dorothy im *Zauberer von Oz*

Auf dieser letzten Etappe unserer Reise wenden wir nun unsere
Aufmerksamkeit dem „Flow" zu – dem kreativen, dynamischen
Fließen zwischen unserem Sein und unserem Tun. Auf dieser
Ebene gilt es zu versuchen, das Mysterium zu bewohnen, und
zu verstehen, dass wir nicht alle Antworten kennen müssen, um
spirituelle Reife zu erlangen.

Wessen Wirklichkeit?

Das Leben ist kein Film, und vermutlich werden wir auch nicht,
so wie Dorothy und Toto, per Tornado nach Oz befördert oder,
so wie Neo, aus dem Tod-Schlaf der Matrix erweckt, indem wir
die rote Pille schlucken.

---

[*]   In der dt. Synchronfassung übersetzt mit: „Das bedeutet, dass du dich
lieber anschnallen solltest, hier wird's nämlich gleich ungemütlich."

Dennoch helfen uns diese Mythen natürlich, die „Wirklichkeit" intensiver zu erkunden. (Der Autor Marcus Borg schreibt, Thomas Mann zitierend, „das Wesen des Mythos [ist] zeitlose Immer-Gegenwart", eine Geschichte darüber, wie die Dinge niemals waren, aber immer sind.[2]) Wenn wir engagiert bleiben, müssten wir eines Tages erwachen und erkennen, dass das Leben, so wie die genannten Filme andeuten, anders ist, als es erscheint. Es spielt sich darin sehr viel mehr ab, als auf den ersten Blick zu sehen ist.

Wenn Sie den Kinofilm *Die Truman Show* gesehen haben, erinnern Sie sich sicherlich, dass Truman in einer Reality TV-Filmkulisse zur Welt kam und kein anderes Leben kannte, bis er schließlich im Erwachsenenalter Risse in der Fassade seiner Welt bemerkte und ihm allmählich aufging, dass jenseits der Grenzen des Lebens, das er für real hielt, eine andere Welt existierte – eine einprägsame Metapher für unser kleines Leben, das viele von uns in selbstvergessener Benommenheit und völlig blind gegenüber größeren Möglichkeiten verbringen. Truman hat nie sein eigenes Leben gelebt – all seine Entscheidungen wurden von Christof, dem Regisseur der Reality Show, und den Zuschauern der Show getroffen. Erinnern Sie sich daran, was Steve Jobs sagte: *„Eure Zeit ist begrenzt, vergeudet sie nicht damit, das Leben eines anderen zu führen."*

Warum hat Truman nicht früher begriffen, wie irreal sein Leben ist? Christof sagt zu einem seiner Mitarbeiter: „Wir nehmen die Wirklichkeit der Welt hin, so wie sie uns präsentiert wird." Wenn wir das Potenzial unserer spirituellen Intelligenz entfalten wollen, müssen wir aufhören, uns mit dieser Version der Realität abzufinden. Doch hierzu sind Mut und Kraft erforderlich.

Dennoch ein Wort zur Warnung: Wenn wir uns nun auf den letzten Abschnitt unserer vierteiligen Reise begeben, müssen wir uns damit abfinden, dass uns kein Gerüst oder Modell, wie das in diesem Buch beschriebene, je zum vollständigen

Erwachen führen kann. Es geht hier einfach nur um den Versuch, Bruchstücke der Wahrheit zu sammeln und neue Möglichkeiten zu entdecken. Derartige Modelle sind kein Evangelium, und es ist entscheidend, unsere Bindung an sie aufzugeben. Sie müssen die Reise antreten. Es ist Ihre Gelegenheit, sich über die eigenen Möglichkeiten in einer alternativen Wirklichkeit klar zu werden, und das sogar auf dieser Seite des Regenbogens.

Es liegt allein bei Ihnen, ob Sie empfänglich und aufmerksam werden; ob Sie bereit sind, manches wahrzunehmen und die Verantwortung für Ihre Erweckungserlebnisse zu übernehmen. Diese können und werden, wie gesagt, in unterschiedlicher Gestalt daherkommen. Aber während sich diese Erfahrungen anhäufen, erkennen Sie vielleicht eines Tages, dass sich die Welt – für Sie – verändert hat und das Wesen der Wirklichkeit nie mehr so sein wird wie vorher.

Im Buch Genesis findet sich der berühmte Traum des Patriarchen Jakob von einer Treppe, „die auf Erden stand und bis zum Himmel reichte. Auf ihr stiegen Engel auf und nieder."[3] John Eldredge schreibt: „Er wacht auf, und zwar ist er dank des Traums jetzt wacher als je zuvor in seinem Leben. Zum ersten Mal überhaupt erkennt er, dass um ihn herum mehr passiert, als er sich jemals vorstellen konnte. ‚Sicherlich ist der Herr an diesem Ort, und ich war mir dessen nicht bewusst', denkt er".[4] Gott ist in Ihnen und um Sie herum – wenn Sie sich nur der Gültigkeit dieses Satzes bewusst wären. Sie stehen auf heiligem Boden, denn in Gottes Welt, der Wirklichkeit, ist jeglicher Boden heilig.

Wach werden für den Schatz, den wir schon immer in uns getragen haben

Vor einiger Zeit erlebte ich einen Moment des Erwachens, der mir sehr deutlich in Erinnerung blieb. Ich hatte ein Retreat-Zentrum aufgesucht, um einen Tag allein zu meditieren, und konnte nicht lange stillsitzen, ohne etwas „tun" zu wollen. Also unternahm ich einen Spaziergang. Zum Glück war die Landschaft sehr schön, so dass ich meinen unruhigen Gedanken besänftigen und einen Ort der Stille jenseits des Geplappers meines Egos finden konnte.

Während ich über einen Feldweg neben einem gepflügten Acker ging, bekam ich kalte Hände und steckte sie in die Hosentaschen. Zwischen dem Kleingeld und den Schlüsseln fühlte ich einen kleinen Stein, der seit mehreren Tagen dort gewesen sein musste. Mir fiel ein, dass mein Sohn mir den Stein geschenkt hatte: „Das ist ein Schatz", so seine Worte, „und du sollst ihn haben." Unmittelbar darauf fielen mir die Worte Jesu ein: „Denn wo dein Schatz ist, da ist auch dein Herz."⁵

Im Weitergehen sann ich darüber nach, dass man sich in den vielen falschen Dingen, die man schätzt und liebt, durchaus vergraben kann (wir haben dies in Kapitel 11 erörtert), und dachte dankbar – aufmerksam – an den Schatz, den ich soeben wiedergefunden hatte. Und plötzlich ging mir auf, warum es sich lohnt, Raum für das Selbst zu schaffen. Sie müssen dafür nur einen schmalen Spalt in Ihrer alltäglichen Geschäftigkeit öffnen, dann finden Sie womöglich etwas, das Sie vernachlässigt, aber schon immer in sich getragen haben. Ich trage den kleinen Stein immer bei mir, damit er mich an dieses Erwachen erinnert.

Häufig finden wir gerade in den kleinsten Details die größte Erleuchtung. Wenn wir zu angestrengt nach der großen Vision oder der Schrift am Himmel suchen, kann uns entgehen, was von Anbeginn in unser alltägliches Leben – und in unsere Herzen – gelegt wurde, damit wir es entdecken. Wie gesagt, manchmal geht es darum, ob wir bewusst erleben, was uns bereits geschenkt wurde.

Wach werden für den Zauber

Auf der Reise zur Ganzheit kommt ein wundervoller Punkt, an dem wir lernen müssen, mit dem Unerwarteten zu rechnen. Es ist der Ort, in dem wir wahrhaft erwachen und bewusst erleben, wo wir stehen und wie alles sein kann. Stellen Sie sich diesen Ort als etwas Magisches vor: Wir sprechen vom „Zauber des Weihnachtsfestes" und betreten eine Welt, in der wir zumindest für kurze Zeit erwarten dürfen, dass die Engel im Himmel „Friede auf Erden" singen und dass Gott einer von uns wird – „Immanuel", was „Gott mit uns" bedeutet, der, in Armut geboren, alles aufgibt und die Welt dabei von Grund auf verändert.

Manchmal müssen Sie sich ganz bewusst in die Position der Erwartung manövrieren (so wie das geborene Anführer tun). Glauben Sie daran, dass große Dinge geschehen können, und legen Sie sich auf Ihren Weg fest. Wenn Sie der Vorsehung ein wenig Raum geben, kommen allmählich aufregende Dinge zum Vorschein. Der Business- und Spiritualitätsexperte Peter Senge, der sich mit der Frage befasst, wie es manchen Menschen gelingt, „Dinge geschehen zu lassen", schreibt in diesem Zusammenhang: „Es wäre falsch zu behaupten, dass extrem erfolgreiche Innovatoren damit rechnen, dass magische Kräfte im Spiel sind, doch insgeheim akzeptieren sie sie als nahezu unvermeidlichen Bestandteil dieses Prozesses."[6] Senge vertritt die Auffassung, dass es mitunter darum geht, bewusst offen für das zu sein, was geschehen will. Nicht nur für das, was geschehen könnte – sondern für das, was geschehen will.

Innehalten, um nachzudenken

Können Sie sich an eine Zeit erinnern, als Ihnen etwas Magisches, Unerwartetes, Zufälliges oder Willkommenes widerfuhr? Was „wollte" Ihrer Ansicht nach geschehen? Haben Sie es zugelassen?

Wie hat sich dieses kleine bisschen Magie in Ihrem Leben auf Sie ausgewirkt? Haben Sie sie als Geschenk empfangen? Haben Sie sich durch sie gestört gefühlt?

Wie könnten Sie genussvoller mit dem Unerwarteten rechnen? Müssen Sie vielleicht auf ein wenig Kontrolle über Ihr Leben verzichten, damit das Unerwartete seinen Zauber entfalten kann? Wenn ja, wie können Sie Raum dafür schaffen? Bei welchen Dingen müssen Sie immer noch lernen, den Griff zu lockern?

Eine Rückkehr zu neuen Erfahrungen

Während wir Raum für das Unerwartete schaffen, müssen wir uns gleichzeitig unsere größere Verbundenheit mit der Welt ringsum bewusst machen – mit den uns nahestehenden Menschen, dem Ort, an dem wir leben, und dem Heiligen Geist, der durch alles atmet. Wir erwachen zu dem, was durch uns geschehen will, wenn wir uns der Möglichkeit öffnen, unser Selbst einem höheren Anliegen zu schenken und willkommene – nicht vom Ego getriebene – Spuren zu hinterlassen. Möglicherweise nimmt Ihr Leben eine unerwartete Wendung, wenn Sie die Pläne aufgeben, die Ihr Verstand aus Angst um Sie ersonnen hat. Stattdessen können Sie den Weg der Liebe einschlagen.

Wann haben Sie sich das letzte Mal auf wunderbare Weise vom Leben überrascht gefühlt? Wenn Sie sich nicht mehr an den genauen Zeitpunkt erinnern, kann Kontemplation hilfreich sein. Sie hilft uns, die Welt neu zu erleben, wenn wir unsere üblichen Reaktionen aufgeben und uns stärker für etwas im positiven Sinne Unvorhersehbares öffnen. Anstatt sich an der Zukunft auszurichten, damit Ihre Pläne Wirklichkeit werden, reagieren Sie dann womöglich in jedem Augenblick des Wandels voller Staunen. Wenn Sie Ihr Selbst für die Möglichkeiten von ein klein wenig Magie öffnen, können Sie die einschränkenden Möglichkeiten und Anforderungen Ihres falschen Selbst zu Grabe tragen und das Unvorstellbare empfangen.

Wir alle können zur Spontaneität erwachen und dadurch den einengenden Teufelskreis des Egos durchbrechen, um stattdessen in einen positiven Kreislauf einzutreten – den Tugendkreis der Kreativität, Freiheit, Ehrfurcht und Feier. Wer aus dem Teufelskreis ausbrach, ist – wie wir alle wissen – ein wunderbarer Mensch, in dessen Nähe man sich wohl fühlt. Er begnügt sich nicht mit Banalitäten und fällt auch nicht den eigenen egozentrischen Gedankenmustern zum Opfer. Er führt ein offenes, großzügiges, anregendes Leben voller Überraschungen.

Es ist ein lebendiger neuer Ort, an dem Sie Ihr Selbst im Innern finden, ganz gewiss – und eine neue, bislang nicht vorgestellte Art von Wirklichkeit, doch eine, die von Anbeginn der Zeit auf Sie gewartet hat.

Fremder in einem fremden Land

Wo fühlen Sie sich am meisten zu Hause? Der Apostel Paulus spricht davon, er sei „ein Bürger des Himmels", der auf Erden lebe. Er war ein Migrant, wenn Sie so wollen. Überlegen Sie, wie Sie sich gefühlt haben, wenn Sie ins Ausland reisten. Es kann eine furchteinflößende, spannende und inspirierende Erfahrung sein; Ihre Sinne sind geschärft, Sie sind *hellwach*. Möglicherweise fühlen Sie sich anders, gar schutzlos. Vielleicht nehmen Sie die winzigsten Dinge an sich selbst und auch anderen wahr. Und obwohl es schwierig und manchmal beängstigend sein kann, Fremder in einem fremden Land zu sein, kann man sich dadurch auch „lebendig" fühlen.

Paulus sagt nicht, dass wir unser Leben damit vergeuden sollen, von einer Flucht von der Erde zu träumen, dorthin, wo wir wirklich hingehören, in den Himmel; aber er bittet uns inständig, unsere Identität in etwas oder jemandem zu suchen, der oder das nicht ganz von dieser Welt ist, und nach einem ganz anderen Kanon von Werten und Erwartungen zu handeln als denen, die wir normalerweise auf unseren Reisen durch den Ort erfahren, den wir nicht mehr unser Zuhause nennen. Dadurch werden wir vielleicht wach für die Möglichkeit, Hoffnung in der Hoffnungslosigkeit zu finden, kleine Lichtstrahlen in der Dunkelheit zu schaffen und erste Früchte einer neuen Welt zu tragen, die wir hier und jetzt schmecken können.

' Jesus sagte, geheimnisvoll: „... das Reich Gottes ist nahe".[7] Es umgibt uns von allen Seiten – wenn wir es nur erkennen würden. Ein solches Reich ist nicht von dieser Welt, doch es findet seinen Ort in unserem Sein und Tun – im Herzen und im Leben der Menschen in dieser Welt, die offen sind für die Möglichkeit, ihr gottgegebenes Potenzial zu verwirklichen.

Jesus verwendete zur Schilderung dieses Reiches viele unterschiedliche Metaphern – es ist, so lehrte er, wie ein Mann, der einen Schatz auf einem Feld findet und seinen ganzen Besitz verkauft, um das Stück Land zu erwerben. Es ist wie ein Same, der zu einem großen Baum heranwächst, in dem die Vögel Schutz finden und ruhen können. Es ist wie eine „wertvolle Perle".[8]

Welche Metapher fällt Ihnen für eine andere, heraufkommende Welt ein?

Nur eine weitere „Lifestyle"-Entscheidung?

Es ist eines, einen Blick auf Möglichkeiten zu erhaschen; etwas anderes ist es, sich ganz in diese Möglichkeiten hineinzubegeben. Natürlich kann man sie nicht kaufen. Man kann eine neue Art des Seins und des Tuns nicht einfach vom Regal nehmen und eine Zeitlang all den Äußerlichkeiten eines scheinbar angesagten gegenkulturellen Lebensstils frönen.

Kontemplation ist kein trendiges neues Vehikel, kein Abzeichen, das man am Revers trägt, kein bloßes Gesprächsthema auf einer Dinnerparty. Wenn wir uns nur damit brüsten, haben wir eine vom Ego getriebene Fingerübung daraus gemacht. Deshalb sollten wir unser Augenmerk letztlich nicht auf uns selbst, sondern auf Gott richten. Denn es geht hier schließlich nicht um eine Reise, die egozentrischen Bedürfnissen dient, und nicht um einen Wellness-Kurs, der uns einen Wohlfühlfaktor fürs Leben liefert. Gott ist keine Ware, die Sie kaufen oder verkaufen können, um Ihren persönlichen spirituellen Nimbus zu pflegen.

Letztlich dürfen wir uns nicht einmal an unsere Erfahrungen – ob nun magisch, kontemplativ oder jenseitig – binden, die uns zu einer ganzheitlichen, neuen Seinsweise erwecken können. Anstatt von den Erlebnissen allein zu zehren, werden wir sie nutzen müssen, um den Eingang zu diesem Reich selbst zu finden und in einen Zustand dauerhafter Wachheit einzutreten.

Ganz eintreten

Die Pevensie-Kinder betraten die Welt von Narnia durch einen Kleiderschrank. Er war das Tor zu einer Welt voll magischer Möglichkeiten, einer völlig neuen Art des Sehens, Begreifens und Lebens in einem anderen Reich. Sie traten durch den Kleiderschrank in eine Welt voller Wunder ein.

Nun, Sie könnten sich eine Beule am Kopf zuziehen, wenn Sie versuchen wollten, durch Ihren Kleiderschrank zu gehen. Und ich bin mir sicher, viele Kinder haben es schon einmal versucht. Die Geschichte handelt nicht von wirklichen Geschehnissen, aber sie enthält eine Wahrheit; sie erzählt davon, wie die Dinge *sind*.

Jesus verwendete das Bild eines Tores in der Stadtmauer von Jerusalem mit Namen „das Nadelöhr". „Eher", sagte er zu seinen Jüngern, „geht ein Kamel durch ein Nadelöhr, als dass ein Reicher ins Reich Gottes gelangt."[9] Wir alle müssen unglaublich viel Gepäck – ob nun materielles, emotionales oder spirituelles – ablegen, bevor wir durch ein zweifellos sehr schmales Tor, eine kleine Öffnung in eine andere Welt, eintreten können. Mit all dem Gepäck, das wir mit uns herumschleppen, ist dieser Eingang schwer zu finden und auch schwer zu durchschreiten.

Der Weg zum Leben, der durch eine solche Öffnung führt, sagt Jesus, ist schmal, und nur „wenige finden ihn". Geäußert von einem spirituellen Führer, hört sich das seltsam an. Würden Sie Ihr spirituelles Programm nicht „verkaufen" wollen, es für alle zugänglich machen, die Schar Ihrer Anhänger vergrößern und Anerkennung dafür beanspruchen, eine große Bewegung ins Leben gerufen zu haben? Nun, das würden Sie, wenn Sie bestrebt wären, durch Ihre vom Ego getriebenen Motive zum spirituellen Führer aufzusteigen. Doch eine echte Führungspersönlichkeit geleitet die Menschen in die Wahrheit; und die Wahrheit ist, dass es nur wenigen Menschen in dieser Welt gelingt, durch das Tor zu gehen oder den Weg dahinter zu finden, ganz zu schweigen davon, ihn zu begehen.

Der Geburtskanal

Ein Mann namens Nicodemus trat einmal mitten in der Nacht auf Jesus zu und fragte ihn, was er tun müsse, um in das Leben einzutreten. Nun, Nicodemus war kein Dummkopf. Er kannte die alten Schriften auswendig; er war ein Rechtsgelehrter. Und doch hatte er weder das Tor noch den Weg gefunden, der ins Leben führt. Er saß in der Falle – das Entscheidende jedoch war: Er hatte es erkannt.

„Du musst wiedergeboren werden", antwortete Jesus. Auch dies ist eine Metapher über einen schmalen Pfad, auf dem Sie in eine authentische, neue Welt gelangen. Wenn Sie Ihr Selbst und Ihr Ego wirklich sterben lassen und die neue Welt, das magische Reich betreten wollen, wenn Sie den Weg finden wollen, der ins Leben führt, und nicht nur von Ferne einen Blick davon erhaschen möchten, sondern bereit sind, ihn zu beschreiten – dann müssen Sie wiedergeboren werden. Denken Sie an die Raupe und den Schmetterling: Sie gelangen an einen Punkt, ab dem es keine Rückkehr mehr gibt. Sie wenden sich um und verwandeln sich in das Kind Gottes, als das Sie erschaffen wurden. Sie werden zu einer neuen Schöpfung. Das Alte ist fort; das Neue ist nahe.

Stellen Sie sich vor: Dies kann nur geschehen, wenn Sie beginnen, mit dem Unerwarteten zu rechnen.

Kapitel 14: Mit anderen Augen sehen

Er erleuchte die Augen eures Herzens ...
Epheser 1,18

Mystiker sind die Augen des Leibes Gottes ... Sie richten den ehr-
fürchtigen Blick auf das Unendliche. In ihnen inspiriert das Leben
des Gebetes das Leben des Handelns; ihre Kontemplation der
Wirklichkeit macht alles, was sie tun, wirklicher.
Evelyn Underhill[1]

Das Bindeglied zwischen Wachheit und Wachsamkeit

Wir haben darüber nachgedacht, was es bedeuten könnte, in einen Zustand dauerhafterer Wachheit einzutreten, wobei wir unsere vielen kleinen „Erweckungserlebnisse" nutzen, damit sie uns helfen, achtsamer zu werden. Wenn wir nun zum nächsten Symbol, „Mit anderen Augen sehen", voranschreiten, wollen wir, zum letzten Mal auf unserer Reise, die Beziehung zwischen Wachheit und Wachsamkeit betrachten.

Ein Tor. Ein Schrank. Ein Nadelöhr. Ein Geburtskanal. Am Eingang zur ganzheitlichen, neuen Welt, die uns einlädt, ihr Bürger zu werden, gelangen wir an einen Punkt, an dem es kein Zurück mehr gibt. Sind wir bereit, so müssen die Dinge nie mehr die gleichen sein: Wir werden nicht nur eine andere Perspektive auf die Welt gewinnen, sondern auch beginnen, das Leben selbst – im Zuge des alltäglichen Lebens – zu sehen, zu beobachten und bewusster wahrzunehmen.

Peter Senge beschreibt diese Transformation mit der Form des Buchstabens „U" – Verzicht auf dem Weg zunächst hinunter, Transformation am unteren Bogen und dann Handeln auf dem Weg nach oben auf der anderen Seite. „Am Boden des U", schreibt er, „liegt eine Art inneres Tor, das von uns verlangt, das auf unserer Reise erworbene Gepäck fallen zu lassen". Er spricht weiter vom Mysterium „des Loslassens und Kommen-Lassens". Wenn wir durch das U gehen, so Senge, „beginnen wir aus der Quelle heraus zu sehen, was erscheint, und lassen es durch uns ins Dasein treten". Dies ist das Mysterium: Wir werden erst erkennen, was durch uns erscheint, wenn wir loslassen, was nach unserem Eindruck durch uns zum Vorschein kommen sollte. Ziel ist nicht, etwas zum Auftauchen zu zwingen, sondern zuzuschauen, wie es kommt, während wir es loslassen.

Am Beginn dieses U ist die Welt, „wie sie ist" – die Welt, die wir beobachten und der wir uns umfassend bewusst werden müssen. Auf der rechten Seite des U ist die Welt, die „durch uns ins Dasein tritt". Wenn wir (durch Rückzug und Reflexion) vom Boden des U wieder aufsteigen, beginnt die Welt durch uns zu entstehen. Das ist eine hilfreiche Art, diesen Vorgang zu verstehen. Hier „verwandelt sich das Selbst in eine Quelle, durch die die Zukunft allmählich erscheinen kann".

Einige der von Senge befragten Personen, die Zeiten tiefgreifenden persönlichen Wandels durchlaufen haben, beschreiben den Boden des U als „Membran" oder „Schwelle". „Einige sahen sie sogar als eine Art Kreislauf von Tod und Wiedergeburt", so Senge. „Loslassen und Aufgeben gehören zum Todes-Teil dieses Zyklus, wohingegen die entstehende Gegenwärtigkeit eines anderen Selbstgefühls offenbar zu den frühen Stadien einer Neugeburt gehört."[2]

Der schmalste Spalt der Gegenwart

Ganz gleich, wie wir es nennen wollen, der schmalste Spalt (der Boden des U, das Tor, die Schwelle oder die Membran) ist nur in der Gegenwart zu finden – und kann auf geheimnisvolle Weise als die Gegenwart selbst begriffen werden. „Finde das ‚schmale Tor, das zum Leben führt'", empfiehlt Eckhart Tolle. „Es heißt: das Jetzt. Reduziere dein Leben auf diesen Moment ..."[3]

Dies ist zweifellos eine radikale, spirituell intelligente Sichtweise. Die Transformation vollzieht sich niemals in der Vergangenheit oder Zukunft, denn Vergangenheit und Zukunft sind nur eine Illusion – unsere Art, zu verstehen, was geschehen ist oder was unseres Erachtens geschehen wird. Doch dort geschieht nichts Neues. Vergangenheit und Zukunft bestehen aus Erinnerungen und Sehnsüchten, Bindungen, die unser Ego für uns eingegangen ist. Wenn wir diese Bindungen nicht aufgeben, leben wir für den Rest unserer Tage in der Vergangenheit oder sehnen uns nach der Zukunft – Illusionen, die einfach nicht existieren.

Der schmale Spalt, durch den wir wirklich im Innern gehen müssen, befindet sich genau hier, in der Gegenwart. Und die Gelegenheit, in diesem engsten aller Räume transformiert zu werden, ist an jedem Tag für uns präsent. Nur sehen wir die Möglichkeit normalerweise nicht, weil wir danach suchen.

Sogar wenn wir verstehen, dass wir nach einem Tor suchen, eine Membran durchschreiten oder durch ein Nadelöhr gehen müssen, laufen wir weiterhin Gefahr, zu glauben, dass es etwas ist, das wir eines Tages irgendwo längs des Weges entdecken werden. Aber das stimmt nicht. Es ist zwar schwer zu finden, aber es ist nur in der Gegenwart verfügbar.

Tolle erinnert uns daran, dass wir durch *die Art, wie wir beobachten*, gegenwärtiger werden können. „Benutze deine Sinne. Sei völlig da, wo du bist. Schau dich um. Schau nur, interpretiere nicht. Sieh das Licht, sieh Konturen, Farben, Materialien. Sei dir der stillen Gegenwart aller Dinge bewusst. Sei dir des Raumes bewusst, der es allem ermöglicht, hier zu sein ... Erlaube das ‚So-Sein‘ aller Dinge. Bewege dich tief ins Jetzt hinein.“[4]

Das klingt allzu simpel, aber die Kunst, präsenter zu werden – für alles um Sie herum, für sich selbst, für Ihre Aufgaben, Ihre Familie, Gott –, ist wesenhaft damit verknüpft, dass Sie die Welt um sich herum unvoreingenommen beobachten und sie nicht mehr als konsumierbare Abfolge von Bildern wahrnehmen, sondern allmählich erkennen, dass Sie, in diesem gegenwärtigen

Augenblick, Teil des Bildes sind. Es kann hilfreich sein, Ihre Hand oder Ihr Bein einfach anzuschauen und im Kontext des Zimmers, in dem Sie sich befinden, zu beobachten. Erkennen Sie, dass Sie weder Subjekt noch Objekt, sondern auf göttliche Weise mit allem um Sie herum verbunden sind.

Dan Millman berichtet, dass seine persönliche Entdeckungsreise – die Disziplin, Opfer, Entdeckung, Selbstüberwindung, Tod und Leben umfasste – Jahre dauerte, bis ihm allmählich klar wurde, dass er nach einem Tor suchte. Sein spiritueller Mentor, den er Socrates nannte, erklärte ihm: „Du sollst nicht *irgendwo hinkommen*, sondern *hier sein* ... Es wird Zeit, dass du dich selbst ein bisschen anstrengst, falls du eine Chance bekommen willst, die Pforte zu finden. Denn sie ist hier, genau vor dir, öffne die Augen, jetzt!"[5]

Wir ringen darum, die Pforte zu finden, weil wir im Reich der Trugbilder danach suchen, anstatt genau dort, wo wir sind. Das Tor ist hier, nicht irgendwo anders.

Innehalten, um nachdenken

Versuchen Sie noch immer, irgendwo hinzukommen? Wenn ja, wohin?

Wie lenkt Sie der Wunsch, an jenen Ort zu gelangen, davon ab, im Hier und Jetzt zu sein?

Sind Sie so sehr darauf fixiert, eine Aufgabe erfolgreich abzuschließen, dass Sie nie innehalten, um sich einfach an diesem Vorgang zu erfreuen? Machen Sie sich so große Sorgen, die Woche zu überstehen, dass Sie die einzelnen Tage nie genießen? Fahren Sie so schnell, um ans Ziel zu gelangen, dass Sie den Weg dorthin und alle Gelegenheiten zur Ruhe und Vereinigung, die eine Reise bietet, nicht auskosten können?

Das Tor liegt in der Gegenwart; wenn Sie die ganze Zeit vorwärtsstreben, um irgendwo „hinzukommen", kommen Sie nie an.

Ehrfurcht wiederentdecken

Evelyn Underhill, christliche Mystikerin des 20. Jahrhunderts, schrieb darüber, dass Mystiker – diese Menschen, die eine „bewusste Vereinigung mit Gott und stets eine Vereinigung der Liebe auszeichnet" – nicht nur mit den Augen sehen; sie werden selbst zu Augen. „Mystiker sind die Augen des Leibes Gottes", schrieb sie. „Sie richten ihren ehrfürchtigen Blick auf das Unendliche."[6]

Glücklicherweise hat es lange vor uns Menschen gegeben, die Mysterien geschaut haben. Auch wenn wir diese Mysterien vielleicht nicht selbst sehen, helfen uns die Beispiele dieser „Seher" beim eigenen Sehen. Wenn wir allmählich mehr in der Gegenwart leben, werden auch wir allmählich anfangen, die Welt in jedem Augenblick neu wahrzunehmen und uns in „Augen" für die Menschen um uns herum zu verwandeln.

Es ist keine Kleinigkeit, das Unendliche zu sehen. Doch die Mystiker schauen nicht weit in die Ferne, um es zu erkennen; sie brauchten kein übernatürliches Teleskop. Denn das Unendliche ist nicht messbar im Raum und in der Zeit, sondern liegt jenseits der Zeit. Es ist einfach. Hier und jetzt. Das Unendliche transzendiert die Zeit und hebt sie auf. Das ewige Leben fängt hier an.

Natürlich brauchen wir die Kategorien von Raum und Zeit, um gewisse Dinge erledigen zu können – wohin und wann wir zur Arbeit fahren, wie lange ein Ei kochen muss ... Doch wenn wir beginnen, mit ehrfürchtigen Augen zu sehen, über die Begrenzungen von Vergangenheit und Zukunft hinaus, verschmilzt die Zeit mit der Unendlichkeit der fortdauernden Gegenwart.

Dies bedeutet jedoch nicht, dass wir uns in einer Art spirituellen Benommenheit einfach treiben lassen. Wenn wir Zugang zu unserer spirituellen Intelligenz finden und sie freisetzen, fließt die Schönheit dieses Prozesses aus unserem Sein in unser Tun. Underhill sagt von den Mystikern: „... das Leben des Gebets inspiriert das Leben des Handelns; ihre Kontemplation der Wirklichkeit macht alles, was sie tun, wirklicher".[7]

Wenn Sie beginnen, die Welt mit Staunen und nicht mit umherhuschendem Blick wahrzunehmen, und wenn Sie anfangen, die Wirklichkeit auf radikal neue Weise zu betrachten, als Bürger einer neuen, anbrechenden Welt, in der man Sie willkommen geheißen hat, wird Ihr Tun sehr viel „wirklicher". Es wird Sinn und Ziel haben und von dem inspiriert sein, was Ihnen wirklich am Herzen liegt. Sie werden mit anderen Augen sehen, was wirklich getan werden muss – anstatt zu versuchen, um der Geschäftigkeit willen beschäftigt zu wirken. Und was noch wichtiger ist: Sie werden erkennen, warum Sie handeln. Womöglich stellen Sie dabei fest, dass Sie weniger tun, dies aber mit umso größerer Energie, Kraft und Konzentration.

Beseelter Blick

Es geht hier nicht um eine fadenscheinige Ausrede für Trägheit, wie uns John O'Donohue in seiner Definition der Seele mahnt: „Eine Seele zu haben", sagte er einmal, „ist verdammt gefährlich. Sie macht dich ruhelos, verbindet dich mit dem Unendlichen, ob es dir nun gefällt oder nicht, und lässt es nicht zu, dass du dich selbstzufrieden in deiner Mittelmäßigkeit und deinem Eskapismus einrichtest."[8]

Haben Sie Seele? Möglicherweise haben Sie noch nie darüber nachgedacht. Es gibt natürlich viele Definitionen der Seele, und weil man sie weder sezieren noch unter einem Mikroskop untersuchen kann, werden wir sie letztlich selbst finden müssen. Vielleicht lässt sich Seele aber am besten als jener Ort tief in Ihnen beschreiben, an dem Ihr wahres Selbst der göttlichen Präsenz begegnet. Sie ist die Schnittstelle zwischen dem Menschen, als der Sie geschaffen wurden, und Gott; der heilige Raum, in dem absolut keine egoistische Illusion wohnt, in der Ihre Präsenz der Gegenwart Gottes begegnet, Sie mit dem Unendlichen verbindet, wie O'Donohue sagt, Sie in sich hineinzieht und weitergehen lässt.

Wenn Sie Ihrer Seele Raum geben und Ihr wahres Selbst belauschen, das mit dem Göttlichen zusammenkommt, können Sie sich einfach nicht „selbstzufrieden in Ihrer Mittelmäßigkeit und Ihrem Eskapismus einrichten". Die Wirklichkeit verwandelt sich dann in etwas, dem man nicht entfliehen, das man nicht überleben oder ausbeuten will, sondern vorbehaltlos annimmt und durch die eigene transformierende Gegenwart verwandelt. Die Wirklichkeit besteht nicht aus den Seifenoper-Charakteren und Markennamen, die unseren Kopf bevölkern; sie besteht nicht aus Häusern und Autos und dem Prestige unserer Jobs. Die Wirklichkeit ist ganz anders für jene, die Augen haben, um zu sehen.

Die Letzten werden die Ersten sein

Zunächst einmal ist die Wirklichkeit ein Ort, an dem Verlierer zu Siegern und Sieger und zu Verlierern werden; wo „die Ersten die Letzten und die Letzten die Ersten sein werden"; wo die Armen, irgendwie, reich sind; wo Sie sich nicht um das Morgen sorgen müssen, weil das Morgen sich um sich selbst kümmert; wo die Angst keinen Einfluss hat und die Liebe regiert.

Die Wirklichkeit ist eine Beleidigung für alle, deren Ego das Ziel anstrebt, die Nummer eins zu werden, um jeden Preis zu gewinnen, bereit, auf dem Weg nach oben über Leichen zu gehen. Darum sind wir ständig auf der Flucht vor der Realität. Aber wenn Sie sie mit neuen Augen sehen, erscheint Ihnen Ihr Ort darin allmählich in einem ganz anderen Licht.

Pfeil und Bogen eines unerhörten Glücks

Als ich etwa zehn Jahre alt war, fuhr ich in ein Sommerlager. Eines Nachmittags wurde eine Gruppe von uns zu einem Feld geführt, um Bogenschießen zu üben. Am Rand stand eine große Kiste mit Bögen, und der Leiter forderte uns auf, sich einen davon zu schnappen und dann ein paar Pfeile zu holen. Kaum hatte er uns das gesagt, verwandelte sich unsere Gruppe braver Jungs in eine wilde Horde. Alle rannten los, um sich den besten Bogen zu besorgen. Eine innere Stimme riet mir, zu warten, mich aus dem Gedränge herauszuhalten und den Bogen zu nehmen, der übrig geblieben war. Ich gehorchte der Stimme und blieb stehen, bis sich alle einen Bogen genommen hatten. Als ich den letzten aus der Kiste nahm, lachte der Lehrer und sagte: „Du hast den allerbesten bekommen."

Ihre Gegenwart fühlbar machen

Sie sind hier. Jetzt. Manche Menschen begreifen das nie ganz. Aber die, denen es gelingt, kultivieren ein Gefühl der dankbaren Präsenz. Sie ragen heraus. Menschen mit Präsenz haben gelernt, stärker im gegenwärtigen Augenblick zu leben. Sie haben eine gewisse Ausstrahlung, eine bestimmte, nicht beschreibbare, verkörperte Eigenschaft, die uns tiefer in ihre Gegenwart hineinzieht. Wir reagieren positiv auf Menschen, die sich durch eine würdevolle Haltung, Anmut, Selbstsicherheit, Gelassenheit und *Liebe* auszeichnen – weil sie nicht versuchen, bedeutend zu sein oder irgendwo hinzukommen; sie sind einfach so, wie sie sind, im unendlichen Jetzt.

Im Gegensatz dazu werden Menschen, die sich angestrengt bemühen, etwas darzustellen, und den Illusionen ihres Egos hinterherjagen, um in Raum und Zeit irgendwo hinzukommen, höchswahrscheinlich bei Ihnen bewirken, dass Sie sich verunsichert oder übersehen fühlen, weil das Ego dieser Menschen zwangsläufig unsicher ist.

Es ist wichtig, außerhalb von sich zu stehen, um zu sehen, wie andere uns sehen – und um zu erkennen, wie wir „sein" können –, wenn wir in jeder Situation, in die wir kommen, und bei jeder Person, der wir begegnen, präsenter sein wollen: aufmerksam, achtsam, konzentriert, nicht an andere Dinge denkend, die wir eigentlich erledigen müssen, nicht über die Schulter der Person blickend, mit der wir sprechen (um zu sehen, ob da nicht noch jemand kommt, der interessanter ist).

Sie würden einen solchen Menschen lieben, wenn Sie ihn träfen (es gibt nur sehr wenige – deshalb ragen sie ja aus der Masse heraus!); doch Sie selbst können dieser Mensch sein.

Das ist natürlich schwierig. Wenn Sie beruflich viel zu tun haben und durch eine unerwünschte Unterbrechung abgelenkt werden, haben Sie vielleicht keine Lust, auf die Person einzugehen, die Ihnen einen Besuch abstattet. Aber es wird Ihnen viel besser gehen, wenn Sie Ihrem Selbst erlauben, ganz bei der Person zu sein, und sei es nur, um ihr höflich zu sagen, dass jetzt nicht der richtige Zeitpunkt ist. Ihre Beziehung wird sich vertiefen, andere werden Ihre Gegenwart schätzen und intensiver auf Sie reagieren, und Sie werden mit erhöhter Konzentration an die Arbeit zurückkehren.

Kindliches Staunen

Beim Sehen geht es natürlich um die Sichtweise, die Vision. Häufig wird das Wort „Vision" auf eine langweilige Art verwendet und soll beschreiben, was unsere Firma oder Organisation zu erreichen versucht. Sehr oft wird „Vision" auch zum bloßen abstrakten Substantiv in einem Absatz auf einer Internetseite neben den „Werten", wo sie eines langsamen Todes stirbt. Doch geht es bei der Vision in Wirklichkeit darum, wie wir sehen und was wir sehen.

Aber wenn wir den Punkt erreicht haben, an dem es kein Zurück mehr gibt, wenn wir die Gegenwart mit Ehrfurcht betrachten und allmählich das Wesen ihrer Wirklichkeit (und unseren Platz darin) erkennen, dann können wir erwarten, die Dinge neu zu sehen, so, wie wir sie noch nie gesehen haben, und darüber staunen. Und wenn wir ein neues Land betreten wollen, ein magisches Reich, in dem das Unerwartete wirklich ist, können wir damit rechnen, dass wir das Undenkbare, das Unvorstellbare, direkt vor unseren Augen sehen.

Die meisten von uns sind mittlerweile blind für die Farben und Formen der Welt, die Gott für uns geschaffen hat. Wir haben zugelassen, dass wir sie einzig mit den Augen unseres unsicheren Egos sehen. Wenn wir in die Gegenwart eintreten, beginnen wir stattdessen, mit den Augen des Herzens zu sehen.

Innehalten, um nachzudenken

Wie sehen Sie Ihr Leben? Es ist absolut entscheidend, darüber zu reflektieren. Sie haben jetzt die Gelegenheit, Ihr Leben neu zu justieren und unter einem völlig anderen Blickwinkel zu betrachten. Die Augen des Egos haben uns das ganze Leben hindurch ein verzerrtes Bild vermittelt. Es ist, als hätten wir durch dickes, trübes Milchglas geblickt. Möglicherweise dauert es eine Weile, bis sich Ihre Augen neu einstellen. Das Leben kann furchterregend anders wirken, wenn Sie etwas erstmals mit dem Herzen sehen. Wie haben Sie Ihr Leben bis zum jetzigen Zeitpunkt betrachtet? Inwiefern erscheint es anders, wenn Sie beginnen, es mit dem Herzen zu sehen?

Im positiven Sinne desillusioniert werden

Wenn wir beginnen, mit den Augen des Herzens zu sehen, kann es geschehen, dass wir desillusioniert werden. Mit Desillusionierung verbinden wir oft etwas Negatives. Aber in Bezug auf die Art, wie Sie das Leben fortan betrachten, ist diese Ent-Täuschung vermutlich das Positivste, was Ihnen überhaupt widerfahren kann.

Entscheidend ist, desillusioniert zu bleiben. Jeder Tag wird ein Kampf sein. Aber wenn Sie den Punkt ohne Rückkehr erreicht und das Tor durchschritten haben, werden Ihre Illusionen stetig schwächer werden. Der Apostel Paulus schrieb an die Korinther: „Darum werden wir nicht müde ... Denn die kleine Last unserer gegenwärtigen Not schafft uns in maßlosem Übermaß ein ewiges Gewicht an Herrlichkeit, uns, die wir nicht auf das Sichtbare starren, sondern nach dem Unsichtbaren ausblicken; denn das Unsichtbare ist ewig."[9]

Das Mysterium sehen

Wenn wir beginnen, mit den Augen des Herzens zu sehen, dürfen wir jedoch nicht erwarten, alle Antworten auf die Geheimnisse des Lebens zu finden.

Wir dürfen nie aufhören, nach der Wahrheit zu suchen, denn unsere Wahrheitssuche ist ein grundlegender Bestandteil dessen, was uns wahrhaft menschlich macht. Gott hat schließlich die Ewigkeit in unser Herz gelegt. Wir spüren die Anziehung der Ewigkeit, und unser Herz reagiert auf den Ruf. Doch gleichzeitig können wir von der Sucht, den Alleinanspruch auf die Antworten des Lebens zu besitzen, befreit werden.

Reisen Sie daher voll Offenheit: mit offenen Augen und offenem Herzen. Mit Augen, die weit offen sind, die wahrnehmen, beobachten, Ausschau halten nach der anbrechenden Welt Gottes, von der wir aufgefordert sind, ein Teil zu werden; und mit offenem Herzen, das neugierig ist, mitfühlend, staunend, hoffnungsvoll, sanft und kindlich in seiner Wertschätzung und Freude.

Wir leben in einem wundervollen Paradox, das uns aber niemals stolz machen sollte: Denn zugleich sind wir alle nichts als Narren, die dem ständigen Genörgel ihres fragilen Egos unterworfen sind und sich von ihrem Selbst lösen müssen; doch wir sind auch die Kinder Gottes. Erst wenn wir uns selbst verlieren, werden wir uns finden.

Wir leben in einer schöpferischen Spannung, und wenn wir unser Ego genau im Blick behalten, können wir sicherstellen, dass unsere Vision klar und rein bleibt.

Kapitel 15: Den Wandel leben

Die wahre Freude im Leben besteht darin, zu wissen, dass man
für einen bestimmten Zweck, den man selbst als einen mächtigen
anerkennt, gebraucht wird ... Zu wissen, dass man eine Naturkraft
sein kann, statt eines fieberkranken, selbstsüchtigen Bündels von
Schmerzen und Nöten, das jammert, weil die Welt sich nicht der
Aufgabe widmet, einen glücklich zu machen.
Georg Bernard Shaw[1]

... nicht mehr ich lebe ...
Galater 2,20

Über Mutter Teresa schrieb Malcolm Muggeridge in seiner Biografie dieser bedeutenden Frau: „Sie gab sich Christus hin und durch ihn ihrem Nächsten. Das war das Ende ihrer Biografie und der Anfang ihres Lebens; da sie sich aufgab, fand sie sich, dank jener einzigartigen christlichen Verwandlung, die in Kreuzigung und Auferstehung sich offenbart, durch die wir sterben, um zu leben."

Weiter schreibt Muggeridge: „Man spricht heute viel von der Entdeckung der Persönlichkeit, als ob sie etwas sei, nach dem man streben muss wie nach einem Lotteriegewinn, und die, einmal gewonnen, gehortet und gehegt werden muss. Tatsächlich aber wird sie nach einer Art Keynes'schem Prinzip umso reicher, je mehr man davon ausgibt. So wird Mutter Teresa, indem sie sich auslöscht, sie selbst. Ich habe nie einen bemerkenswerteren Menschen getroffen."[2]

Als Mutter Teresa das Ende ihrer Biografie erreichte, versank sie jedoch keineswegs in Anonymität und Bedeutungslosigkeit, sondern es kam durch sie eine andere, wirkungsvollere Geschichte zum Vorschein. In Kapitel 8 haben wir über die Macht von Geschichten reflektiert, und in der Tat sind Geschichten eine machtvolle Art, wie wir über die eigene Reise nachdenken und die Weisheit und Schönheit an andere weitergeben können. Doch auf dieser tiefsten Ebene spiritueller Transformation können wir bei unserer Suche nach umfassenderer Ganzheit und Menschlichkeit nach etwas streben, das nur sehr wenige Menschen je erreichen: Wir können unsere eigene Geschichte abstreifen und eine göttliche Erzählung erschaffen, die durch uns hindurch und in die uns umgebende Welt hineinströmt.

Indem Mutter Teresa ihr Leben dem Dienst an den Ärmsten der Armen widmete, opferte sie ihr Ego, und indem sie dies tat, schuf sie eine faszinierende Geschichte darüber, was geschehen kann, wenn wir unserer tieferen Vorstellungskraft eine Stimme verleihen.

Wenn wir aufhören, eine Sache mit den Augen unseres ichbezogenen Verstandes zu betrachten, fangen wir stattdessen an, mit den Augen des Herzens zu sehen. Und wenn wir es üben, diesen Blick zu nutzen, entdecken wir am Ende, was sich unser Herz für uns „vorstellen" kann; dies ist die Quelle einer Vorstellungskraft, die wir normalerweise verschlossen und verriegelt halten, weil wir angst haben, dass unser Herz uns aus der Sicherheit der angst-getriebenen Sehnsüchte des Egos fortziehen wird – hinein in etwas weitaus Lebendigeres und Faszinierendes.

Innehalten, um nachzudenken

Wo könnte Ihre eigene „Biografie" enden und Ihre wirkliche Geschichte anfangen?

Denken Sie eine Zeitlang tief und intensiv über diese Frage nach. Bitten Sie andere, denen Sie vertrauen können, Ihnen dabei zu helfen. Welche Geschichte will Ihr Herz, wie Sie glauben, darüber erzählen, wer Sie sind und wofür Sie leidenschaftlich eintreten? Wie können Sie beginnen, diese Geschichte dort erscheinen zu lassen, wo Sie sind – am Arbeitsplatz, in Ihrer Familie, unter Freunden ...? Wohin würden Sie sich durch diese Geschichte führen lassen?

Anfangen zu handeln

Versuchen Sie, irgendetwas aus Ihrem Herzen heraus nieder-
zuschreiben. Vielleicht könnten Sie mit einer Phase der Kontemplation beginnen, Ihre Gedanken beruhigen und das unaufhör-
liche Geplapper Ihres Egos stoppen. Sobald Sie das getan haben,
schreiben Sie einfach drauflos: Vielleicht ist es eine Geschichte, die Sie über Ihr Leben erzählen möchten, einfach ein kurzes
Stück kreative Prosa oder eine Beobachtung. Aber versuchen
Sie, aus dem Herzen, nicht aus dem Kopf heraus zu schreiben.
Wohin wird dieses Schreiben Sie führen? (Wer ungern schreibt,
zieht es vielleicht vor, etwas zu zeichnen oder vielleicht Musik
zu machen; wählen Sie einfach die Methode, durch die Sie Ihr
wahres Selbst am leichtesten zum Ausdruck bringen können.)
Wie könnten Sie am besten auf das reagieren, was Sie gerade geschaffen haben, und entsprechend handeln?

Wahrhaftig handeln

Wie im vorherigen Kapitel erwähnt, liegt es Peter Senge zufolge
nun an Ihnen, sensibel für das zu werden, was durch Sie her-
auskommen und entstehen will. Sie sind nicht mehr Beobachter,
sondern werden zu einer Quelle, durch die die Zukunft allmählich aufzutauchen beginnt. Rufen Sie sich die konstante Beziehung zwischen Sein und Tun in Erinnerung: Das eine erfrischt,
inspiriert und stärkt das andere in einem positiven Kreislauf der
Hoffnung. Wenn wir nun zum letzten Mal auf unserer Reise vom
„Sehen mit anderen Augen" dazu übergehen, „den Wandel zu
leben", sollten Sie weiterhin darüber reflektieren, wie sich Ihr
Sein in Ihr Tun verwandelt: mühelos, nahtlos, mit zunehmender
Ganzheit und Integrität.

Unsere Sehnsüchte, Leidenschaften, Werte, Träume sind
nichts, wenn sie nicht Fleisch werden, wenn sie nicht *verwirklicht*
werden.

Zunächst erkennen wir, dass sie da sind. Und dann verwirklichen wir sie. Doch wie aufregend ist es, so zu gehen: Anstatt Ihre Absichten zu forcieren, können Sie darauf warten, dass das, was Ihnen vorher nicht bewusst war, seine Stimme und seinen Platz in Ihrem Leben findet. Wer weiß, wohin Sie dies vielleicht führen wird? Ihre Handlungen werden zum präzisen Ausdruck Ihres wahren Selbst, Ihres Herzens und Ihrer Beseeltheit in dieser Welt. Sie müssen nicht warten, bis Sie in den Himmel gelangen, um das zuvor Unausdrückbare zu artikulieren. Das Leben beginnt jetzt, in diesem herrlich schmalen Spalt der Gegenwart. Treten Sie durch das Tor.

Tiefe Gemeinschaft ist eine dynamische Handlung, kein passiver Zustand

Mit dem Loslassen beginnt auch das Kommen-Lassen. Man könnte auch sagen: Sie fangen an, „Gott zu lassen". Wenn Sie Ihr Ego abstreifen und jenen seelenvollsten Ort in Ihrem Sein betreten, an dem Ihr wahres Selbst (ohne egoistische Bindungen) mit Gott in Gemeinschaft ist, können Sie einen Ort dynamischen Seins, der beständigen Kommunikation mit der Quelle des Lebens entdecken. Dies ist kein passives Ende Ihrer Reise, sondern ein aktiver Ort, an dem wir anfangen, in eine dynamische Beziehung zu treten. Nicht nur, um zu entdecken, wer Sie sind, sondern wer Gott ist. Vergessen Sie nicht: Dies ist keine selbstsüchtige Reise; vielmehr suchen Sie, während Sie nach Gott suchen, auch nach dem, wer Sie in Gott sind; und wenn Sie Gott entdecken, entdecken Sie die Beziehung, die Ihnen Ihren Ehrenplatz in der geschöpften Ordnung sichert: als Kind Gottes.

Richard Rohr schreibt: „Lebe in ständiger Entscheidung für Gott, in ständiger Vereinigung mit Gott. Das Gebet ist eine tägliche Entscheidung, aus dem Großen Selbst heraus zu leben, nicht aus dem kleinen Selbst; dem Gott-Selbst, nicht dem Ich-Selbst."[3]

Stellen Sie sich den Strom der möglichen Handlungen und Ergebnisse vor, die aus Ihrem wahrhaften „Sein" und „Tun" fließen könnten, weil es nicht an irgendwelche vom Ego getriebenen Wünsche gebunden ist, sondern aus der dynamischen Beziehung zur Quelle und der Inspiration des Lebens selbst hervorgeht!

Innehalten, um nachzudenken

Wie könnten Sie in einer solchen Beziehung handeln? Was würden Sie sich sehr gern ausmalen? Welche Überraschungen warten vielleicht auf Sie, wenn Sie eine Geschichte lediglich durch sich selbst zum Vorschein kommen lassen, anstatt sie herbeizuzwingen?

Immer innehalten, um sich zu belauschen

Sie werden diesseits der Ewigkeit niemals jenen Zustand der Vollkommenheit erreichen, den man als reines „Fließen" bezeichnen könnte. Wir bleiben in unserem Zustand der Sünde, und kein noch so großes Maß an Selbsthilfe oder Engagement wird eine vollständige Entfaltung unseres Potenzials bewirken. Wir müssen realistisch bleiben, damit wir nicht auf ineffiziente Weise idealistisch werden.

Darum ist es entscheidend, dass Sie – sobald Sie damit begonnen haben – das reflexive, kontemplative Leben beibehalten. Lassen Sie mich ein Beispiel geben.

Kürzlich wurde ich gebeten, in einer renommierten Londoner Rechtsanwaltskanzlei einen Vortrag zu halten. Je näher der Termin rückte, desto nervöser wurde ich, während ich die richtigen Formulierungen zu finden versuchte. Am Morgen des Vortrags und bevor ich den Zug bestieg, ertappte ich mich dabei, dass ich mich zunehmend nervös und defensiv fühlte. Ungeordnete Gedanken über die Menschen, zu denen ich sprechen sollte, gingen mir durch den Kopf. Ich überlegte, was sie wohl denken und wie sie mich wahrnehmen würden. Und da wurde mir klar, dass ich aus dem Reich meines Egos heraus reagierte. Es ging mir darum, meinen Ruf zu schützen, und ich konzentrierte mich darauf, den Vortrag unbeschadet zu *überstehen*, anstatt darauf, wie ich meine Zuhörer positiv inspirieren könnte.

Aber zumindest hatte ich es bemerkt; bis vor kurzem wäre mir wahrscheinlich nicht einmal klar gewesen, was mir widerfuhr, während ich mich verkrampfte und mich im falschen Sinn dafür wappnete, in den Kampf zu ziehen.

Also entschloss ich mich, innezuhalten und still dazusitzen, um mich zu beruhigen und vorzubereiten. Und da geschah etwas sehr Seltsames. Kurz nachdem ich mich still hingesetzt hatte, merkte ich, dass ich ein Lied sang; ich sang aus vollem Hals, aber unbewusst (bis mir aufging, was ich da tat!). Und das Lied, das ich da trällerte, war höchst verräterisch. Es war der Refrain aus einem Song der Gruppe *Fairground Attraction*, der lautete: „It's got to be ... *perfect.*"

Da hätten wir's. Ohne dass ich es überhaupt bewusst wahrgenommen hatte, trieb ich mich an, aus eigener Kraft perfekt zu sein. Viele von uns glauben, man käme ihnen auf die Schliche und sie würden bloßgestellt, ausgelacht, gedemütigt, wenn ihre Arbeit nicht perfekt ist. Aber das stimmt natürlich nicht.

In Wirklichkeit ist das Unvollkommene und Gebrochene von einer großen Schönheit. Es liegt eine ungeheure Kraft darin, sich vor anderen entwaffnet, verletzbar, zerbrechlich und aufrichtig zu zeigen.

Nun, da ich mich wahrhaft belauscht hatte, konnte ich mein Streben nach einem perfekten Vortrag abstreifen und mich darauf konzentrieren, etwas zu präsentieren, so unvollkommen es auch sein mochte (denn nichts ist wirklich vollkommen!), das meine Zuhörer inspirieren und ihnen weiterhelfen würde. Ich konnte die Reise zu diesen Menschen, wörtlich und metaphorisch, im Geist des Dienens antreten, und als ich das tat, entspannte ich mich allmählich und wusste, dass ich etwas Wertvolles zu sagen hatte.

Infolgedessen lief mein Vortrag viel „besser", als wenn ich unbewusst danach gestrebt hätte zu beweisen, dass ich der Beste (oder wenigstens nicht der Schlechteste) war. Faszinierend war auch, dass ich das übliche Urteilen über meine Leistung aufgeben konnte. Hinterher schüttelte mir einer der Zuhörer die Hand und sagte: „Sehr gut." Aber ich war nicht besonders eingenommen davon – zumindest empfand ich weniger Stolz, als ich es früher getan hätte. Ich erkannte, dass es nicht so wichtig war, ob die Zuhörer beeindruckt waren oder nicht, sondern dass der Vortrag sie tatsächlich aus der Reserve lockte. Und hinterher stellte ich voll Freude fest, dass er einige Zuhörer wohl inspiriert hatte – nicht mehr und nicht weniger. Mein Ruf spielte kaum eine Rolle. In 20 Jahren, möglicherweise bereits in zwei, erinnert sich ohnehin niemand mehr an den Vortrag; aber vielleicht hat er ja ein oder zwei Menschen in einen offeneren Raum geschoben, wo sie den Sinn ihres Lebens erkunden können.

Anfangen zu handeln

Wenn Sie demnächst wieder eine Aufgabe angehen, die Ihnen vielleicht ein gewisses Maß an „Anerkennung" einbringt (für eine Dinnerparty kochen, im Büro eine Präsentation vorlegen oder sogar eine Runde Golf spielen!), beobachten Sie doch einmal, wie Sie sich kurz davor fühlen. Nehmen Sie sich Zeit, um zur Ruhe zu kommen – nicht nur, um Ihren Verstand zu beruhigen, sondern um zu belauschen, in was Ihr Ego die Veranstaltung zu verwandeln versucht. Sobald Sie Ihre Ängste oder Ihre Abwehrhaltung erkannt haben, lassen Sie sie ganz bewusst und absichtlich los und nähern Sie sich der Aufgabe in dem Wissen, dass Sie die Freiheit haben, anders zu handeln. Es könnte auch hilfreich sein, ein Tagebuch zu führen und mehrmals über diesen Vorgang nachzudenken, während Sie üben, in den Fluss aus Ihrem wahren Selbst zu kommen.

Kleine Schritte

Mutter Teresa meinte: „Man kann nichts Großes tun, sondern nur kleine Dinge mit großer Liebe." Das ist wahre Befreiung. Wenn Sie darüber reflektieren, wie Sie Ihr Sein in Tun umsetzen können, haben Sie möglicherweise das Gefühl, dass Ihnen das alles zu viel ist – dass Sie auf keinen Fall dem gerecht werden, worüber wir hier nachdenken. Und doch: Sie können es; natürlich nicht ständig, aber immer öfter und immer erfolgreicher. Ebendies ist auch der Grund, warum Sie nicht aufgefordert sind, die Welt zu verändern, sondern die Art, wie Sie darin handeln.

Hier nun wenden wir uns wieder dem Gesicht der Liebe zu und verlassen den Ort der Angst. Man kann gar nicht überschätzen, welch große Rolle Liebe und Angst dabei spielen, Sie in einen bedeutungsvollen, ganzheitlichen Seinszustand zu entlassen. Die vollkommene Liebe wirft die Angst hinaus, wie der Evangelist Johannes sagt.[4] Mutter Teresas Beispiel bringt all denen Hoffnung, die sich fehl am Platze oder ängstlich fühlen. Wir können nur klein anfangen (und annehmen, klein weiterzumachen): Wenn wir unser Augenmerk darauf richten, die ganze Welt zu verändern, werden wir nie etwas tun. Möglicherweise sind wir begnadete Redner, aber irgendwann müssen wir die Tribüne verlassen, das Spielfeld betreten und spielen.

Anstatt groß zu denken, denken Sie also klein. Welche alltäglichen Handlungen verrichten sie beinahe unbewusst? Welche Ihrer alltäglichen Aktivitäten könnten Sie liebevoller ausführen?

Als Mark Greene noch sehr jung war, hatten seine Eltern einmal einen prominenten Redner beim Abendessen zu Gast. Greene selbst konnte sich an den Besuch nicht mehr erinnern, fand aber Jahre später heraus, dass dieser Mann – sein späteres Vorbild – einmal mit seiner Familie diniert hatte. Er fragte seine Mutter, wie dieser Mann denn gewesen sei: Hatte er mit brillanten Einsichten aufgewartet? Hatte er sie intellektuell herausgefordert und ihre Ansichten in Frage gestellt? Sie angeregt, hinauszugehen und die Welt zu verändern? Worauf seine Mutter einfach nur antwortete: „Er hat den Braten so anmutig geschnitten."

Mark war verdutzt. Das war nicht die Antwort, auf die er gehofft hatte. Einige Monate, nachdem er entdeckt hatte, dass dieser Mann zum Abendessen bei ihm zu Hause gewesen war, begegnete er ihm zufällig. „Meine Mutter hat mir erzählt, dass Sie bei uns zu Abend gegessen haben, aber sie sagt nur, dass Sie den Braten so anmutig zerlegt hätten."

„Warum hätte ich das nicht tun sollen?", erwiderte der Mann schlagfertig. „Das Tier hat doch sein Leben gelassen, damit wir etwas zu essen haben."

Durch die kleinen Dinge, die wir mit großer Liebe tun, zeigen wir unsere Transformation und inspirieren die Menschen in unserer Umgebung. Gewiss, dieser angesehene Redner hatte ein „Podium" im öffentlichen Leben, aber seine integre Botschaft durchströmte sein Leben auf eine Weise, die darüber bestimmte, wie er einen Braten schnitt, was einen viel nachhaltigeren Eindruck bei seiner Gastgeberin hinterließ, als noch so viele Worte es vermocht hätten.

Anfangs müssen wir klein denken, nicht groß. Erst wenn wir liebevoll auf die kleinen Dinge Acht geben, kann schließlich auch das große Ganze schrittweise transformiert werden.

Einfache Akte der Schönheit

In einer kleinen Handlung, die in großer Liebe vollzogen wird, liegt Schönheit. Der Jain-Mönch und Friedensaktivist Satish Kumar erinnert sich an einen Vorfall aus der Kindheit, als seine Mutter, eine gute Näherin, einen wunderschönen Schal für seine Tante gefertigt hatte. Seine Tante war so begeistert davon, dass sie verkündete, sie wolle den Schal an die Wand hängen, weil er so schön sei, dass er keinen Schaden nehmen dürfe.

„Ich habe den Schal doch angefertigt, damit du ihn trägst", erwiderte seine Mutter. „Er ist doch kein Ausstellungsstück.

Also trage ihn! Lerne, schöne und nützliche Dinge zu fertigen, die haltbar sind, damit, wenn die alten allmählich verschleißen, die neuen fertig sind. "

Kumar erinnert sich: „Die Wände in unserem Haus waren kahl, aber alles, was wir benutzten – Töpfe, Werkzeug, Schuhe und andere Gegenstände des täglichen Lebens – war handgemacht und wunderschön. Schönheit war etwas Wesentliches."[5]

Wir sollten uns bemühen, jede kleine Handlung mit einer inneren Schönheit auszuführen, die unsere Lebensgeschichte prägt und anderen Schönheit bringt. Wie bereits an früherer Stelle in diesem Buch erörtert, können wir die Schönheit nicht einfangen. Aber wir können sie freilassen und zeigen, um sie durch jede kleine Sache, die wir tun und erschaffen, fließen zu lassen.

Anfangen zu handeln

Welche kleinen Akte könnten Sie mit innerer Schönheit ausführen? Ist irgendeine Handlung zu „klein" dafür? Wenn nicht, wählen Sie eine scheinbar unbedeutende Sache, die Sie regelmäßig tun, und beschließen Sie, sie mit der Schönheit auszustatten, die in Ihrem Herzen liegt, wenn es sich mit Gott verbindet.

Ihren Abdruck hinterlassen

Satish Kumars Mutter hinterließ einen bleibenden Eindruck bei den ihr nahestehenden Menschen, aber nicht, indem sie der Welt den Stempel ihres Egos aufdrückte – denn dann hätte sie gewollt, dass der Schal zu ihrem eigenen Ruhm, ihrer eigenen Befriedigung an einer Wand ausgestellt wird. Stattdessen hinterließ sie eine Spur der Schönheit im Alltag und im Leben der Menschen in ihrer Umgebung.

Wenn wir aus dem Ego heraus leben, ringen wir darum, einen unauslöschlichen Abdruck in der Welt zu hinterlassen, damit man sich an uns erinnert. Vergessen Sie nicht: Das Ego versucht in seinem von Angst getriebenen Streben, in einer leidvollen Welt zu überleben, ein unzerstörbares Identitätsgefühl für uns zu erschaffen.

Wenn wir aus dem wahren Selbst heraus leben, sind wir frei, in der Welt zu handeln, anstatt *auf* sie einzuwirken. Es ist wie mit Fußabdrücken im Sand. Wir hinterlassen zwangsläufig eine Spur, die zeigt, dass wir da waren, aber wir müssen auch darauf gefasst sein, dass unsere Fußabdrücke auf dem Strand des Lebens wieder verschwinden. Sobald die Flut wieder hereinströmt, werden die Abdrücke weggespült. Warum wollen Sie überhaupt ein haltbareres Zeichen dafür hinterlassen, dass Sie hier waren?

Anstatt darauf zu hoffen, dass unsere Handlungen auf uns verweisen und unsere Identität in den Köpfen der Nachgeborenen zementieren, könnten wir uns wünschen, dass unsere Handlungen über uns hinausweisen, auf Liebe, Schönheit oder Gott – auf das, was wirklich wichtig ist. Dies sind die Dinge, die andere inspirieren und vorbereiten, in Schönheit und Liebe zu leben und zu handeln; sie sorgen für die Leichtigkeit, mit der wir die Welt durch unser Handeln wahrhaft berühren, anstatt rau und harsch auf sie einzuwirken.

Anfangen zu handeln: Wahllose Akte der Güte

Wahllose Akte der Güte und Schönheit können uns dabei helfen, spontan und aus dem Geist der Großzügigkeit zu leben. Es gibt sogar Internetseiten, die sich diesem Thema widmen. Wenn Sie wieder anhalten müssen, um an einer Straße oder Brücke die Maut zu entrichten, versuchen Sie doch einmal (wenn Sie es sich leisten können), für die Person hinter sich zu zahlen – aber nicht wegen des wohligen Gefühls, das Sie dabei unweigerlich selbst empfinden, sondern wegen des Erstaunens, das Sie bei den Fahrern hinter sich auslösen.

Wenn Sie nach Gelegenheiten Ausschau halten, bei denen Sie Akte der Güte ausführen können, werden Sie allmählich erkennen, wie viele Möglichkeiten Sie haben, anderen eine Freude zu bereiten und sich und andere aus der üblichen Routine Ihres egozentrischen Lebens herauszuholen.

Denn sein Joch ist leicht

Ein großzügiges Leben sollte keine Last, sondern eine Freude sein; je mehr Sie anderen geben, desto leichter ist schließlich das eigene Joch! Aber Gott liebt einen fröhlichen Geber, sagt der Apostel Paulus;[6] und wenn Ihre Handlungen beginnen, durch ihr Innerstes hindurchzufließen – wenn Sie sich anderen schenken, anstatt zu versuchen, etwas für sich selbst zu erreichen –, entdecken Sie eine befreiende Leichtigkeit und Großzügigkeit des Seins. Es geht hier schließlich um eine Reise, die unsere Last leichter macht; nicht darum, mehr Dinge anzuhäufen, die man besitzen oder nicht besitzen kann. Und diese Reise wird Sie zu einer Leichtigkeit des „Tuns" hinleiten, die sich im Einklang und im Fluss mit Ihrem „Sein" befindet, und dies auf eine Art, die Sie bislang vielleicht noch nie erlebt haben.

Denken Sie zum Beispiel an die Zehn Gebote, die Gott dem Moses übereignete. Möglicherweise halten Sie diese Gebote für ein Bündel unerfüllbarer Vorschriften – eine Gesetzeslast, wenn Sie so wollen, die einfach nur beweist, dass wir unfähig sind, ein heiligmäßiges Leben zu führen. Du sollst nicht stehlen, du sollst nicht töten, du sollst nicht begehren deines Nächsten Hab und Gut, du sollst nicht ehebrechen . . .

Wenn Sie sich von Ihren Ego-getriebenen Bindungen distanzieren und aus Ihrem wahren Selbst, in tiefer Verbundenheit mit Gott, sich selbst und anderen leben, werden diese Gebote zu Freiheitserklärungen. Sie werden nicht Ihres Nachbarn Besitz begehren, denn Sie sind vom falschen Selbst befreit worden, das Sie dazu treibt, sich mit anderen Menschen zu vergleichen und sich selbst als unzulänglich zu empfinden.

Wie wir bereits erörtert haben, handelt es sich zugleich um die schwierigste und die leichteste Reise der Kontemplation und des Tuns, die Sie je im Leben unternehmen können. Wenn Sie wie ein Krieger kämpfen, um Zeit zu finden, um Raum zu schaffen, um mit den Augen des Herzens zu sehen und um Ihr höheres Anliegen zu finden, entdecken Sie gleichzeitig eine Leichtigkeit und Mühelosigkeit, die Sie von den schädlichen Erwartungen der vom Ego getriebenen Welt um Sie herum entlastet. Sie werden frei sein. Frei, um zu leben und zu lieben wie noch nie. Frei, um mit Freude und Energie zu arbeiten, in guten wie in schlechten Zeiten. Frei, um zu lieben, ganz gleich, wie Ihr Verstand Ihnen Ihre Gefühlslage erklärt und wie Ihre Gefühle reagieren. Frei, um auf dem Berggrat des Augenblicks zu leben, mit einer Aufgewecktheit, die der Förderung der wahren Präsenz entspringt. Endlich frei.

Integrität

Wenn Ihre Handlungen durch Sie auftauchen und entstehen, wenn Sie beginnen, loszulassen und kommen zu lassen, werden Ihr Geist, Ihr Körper, Ihr Herz und Ihre Seele sich allmählich umfassender aufeinander abstimmen. Befreit von seinem unablässigen Gebrabbel wird Ihr Verstand – neu justiert in der Beziehung zu Ihrem Herzen – mehr zu dem rasiermesserscharfen Instrument, als das er überhaupt geschaffen wurde. Es geht hier nicht um eine gedankenlose Reise.

Ihr Herz – aufgedeckt, wiedergefunden – ist mehr denn je bereit, Sie in den Kampf zu führen. Sie sind sich Ihres Körpers bewusst, im Einklang mit Ihrem ganzen körperlichen Selbst; Sie können dadurch Ruhe und Selbstsicherheit erfahren und Sie stärken Ihre *Verkörperung*. Und Ihre Seele kann sich öffnen, damit Ihr wahres Selbst sich, von Augenblick zu Augenblick, mit der göttlichen Quelle allen Lebens vereinigt.

Gott hat die Ewigkeit in Ihr Herz gelegt, und Sie nähern sich immer weiter dem Ziel, im unendlichen Augenblick zu leben, der die Ewigkeit ist und von Beginn an war. Das Warten und Sehnen

– von dem die meisten von uns glaubten, es könne nur an einem ewig fernen Ort in der Zukunft erfüllt werden – können uns in Wirklichkeit mit steigender Intensität in die atemberaubende Schönheit des Hier und Jetzt, den All-Tag hineinziehen.

Geboren unter Schmerzen und in den Schmerz hinein haben wir den Auftrag, uns in Richtung Ganzheit zu bewegen, während sich unser „Sein" und „Tun" wie Partner in einem anmutigen Tanz begegnen. Wenn wir uns auf diese Reise begeben, tun wir dies nicht allein, sondern als Teil eines größeren Ganzen – als Teil der Ganzheit Gottes, unseres Selbst, der Beziehungen der Menschen untereinander und der Schöpfung. Dies ist die große, sich entfaltende Erzählung, in der wir aufgefordert sind, unseren unvergleichlichen Part zu spielen und die innere Schönheit wie einen Strom zu jenen fließen zu lassen, die ihrer am stärksten bedürfen.

Kapitel 16: Das Gute weitergeben

Weil Hiersein viel ist.
Rainer Maria Rilke[1]

Wir sind hier. Wir genießen eine wilde und abenteuerliche
Freiheit.
John Donohue[2]

Kneifen Sie sich

Hiersein ist tatsächlich ungeheuer viel. Wann haben Sie zum letzten Mal wirklich innegehalten, um die simple Tatsache Ihres „Hierseins" dankbar zu würdigen? (Vielleicht müssen Sie sich einfach einmal kneifen.) Erinnern Sie sich noch, was Ihnen dabei bewusst wurde? Wir haben in diesem Buch kaum angefangen, an der Oberfläche dessen zu kratzen, was es bedeutet, hier zu sein und jetzt hier zu sein. Wir haben kaum begonnen, eine flüchtige Ahnung davon zu erhaschen, was es bedeutet, vollständig präsent in der Gegenwart zu leben und uns selbst von den Dingen zu befreien, die uns daran hindern.

Dennoch sind wir angefüllt von dem Potenzial, eine „wilde und abenteuerliche Freiheit zu genießen" und wie ein Krieger um diese Freiheit für uns selbst und die Menschen, die wir lieben, zu kämpfen. Die Freiheit ist unendlich viel größer, als wir uns je vorzustellen vermögen, aber wir müssen es versuchen. Wir haben die Freiheit, wirklich wild und abenteuerlich zu werden, wenn wir danach streben, uns diese Freiheit zu einem liebevollen Sein und Handeln vorzustellen und dann zu verwirklichen.

Zum Abschluss der Reise durch unsere vier symbolischen Etappen auf den vier Ebenen wachsender Sinngebung wollen wir uns noch einmal kurz der Frage zuwenden, wie wir die positiven

Veränderungen, die wir auf unserem Weg erfahren haben, an die Menschen um uns herum weitergeben können – sowohl an jene, die bereits für die lebendigen Möglichkeiten ihrer Existenz erwacht sind, als auch an jene, die noch schlafen.

Die Sehnsucht nach Ewigkeit

Jetzt ist die Zeit (denn die Zeit ist immer jetzt), dem Gefühl der ewigen Gegenwart zu erlauben, sich in uns auszudehnen, uns mit Licht zu erfüllen und zu durchfluten. Gott hat uns eine Seele gegeben; er hat die Fähigkeit zu spiritueller Intelligenz und zur Transformation in uns angelegt, wenn wir ein tiefes Gefühl für unseren inneren Frieden und unsere höhere Bestimmung, für Selbstsicherheit und für Beziehungen zu anderen, für Selbst und Selbstlosigkeit entdecken.

Wir leben im Hier und Jetzt und unser Ziel ist, vollständiger darin zu leben. Und doch müssen wir auch mit Demut anerkennen, dass wir weiterhin, wie der Apostel Paulus sagte, „in einen Spiegel schauen und nur rätselhafte Umrisse sehen". Denn auch wenn wir innerhalb des „Jetzt" leben, bleibt unsere Erkenntnis „unvollkommen". Wir werden erst zu umfassender Erkenntnis gelangen, wenn Gott uns ganz nach Hause führt. Bis dahin werden wir den Gipfel der Erleuchtung nicht erreichen und den Schmerz nicht verbannen. Wenn wir uns von einem Zustand akuter Zersplitterung zu größerer Ganzheit und mehr Authentizität bewegen, werden wir durch den *Weg*, den wir gehen – durch die *Art*, wie wir mit dem Schmerz und dem Unverständnis unserer menschlichen Grundsituation umgehen –, zu einem tieferen Verständnis unserer Menschlichkeit gelangen. Wir leben in einer paradoxen und kreativen Spannung. Und wir leben in einem Mysterium. Das Leben ist, wie wir gesehen haben, kein zu lösendes Problem. Es ist ein sich entfaltendes Mysterium, von dem wir ein einzigartiger Teil sind.

Wenn wir erwachen, fangen wir an, uns umzuschauen und

zu beobachten. Wenn wir die Welt anders sehen, reagieren wir durch unser Handeln. Wenn wir mit Schönheit und Liebe in den kleinen Dingen handeln, wird die Welt um uns herum sich zum Besseren wandeln. Das ist in gewisser Hinsicht alles, was wir tun können. Doch wir können es mit ganzem Herzen tun und die Liebe zum Ansporn unseres Handelns machen.

Sie sind Sie; ich bin ich. Gott hat mich so geschaffen. Mit Hilfe meines Egos habe ich versucht, meinen eigenen Weg zu gehen, so wie Sie mit Hilfe des Ihren versucht haben, den Reichtum Ihres Herzens durch das Gold des Narren zu ersetzen. Wir haben uns verschworen, unsere Augen zu bedecken und in eine stumpfsinnige, banale Form des Funktionierens abzugleiten; aber vielleicht können wir uns noch verabreden, mit ganzem Herzen gegen unsere Trägheit zu kämpfen. Vielleicht finden wir noch eine aktive, dynamische Verbindung zueinander, so dass wir jeder das Herz des anderen befreien und gemeinsam zu einem gerechten Handeln, zu barmherziger Liebe und einem Weg in Demut aufbrechen können. Vielleicht entdecken wir noch, was es bedeutet, in ständiger Verbindung mit Gott zu stehen, wenn wir uns nicht mehr mit all unserer Kraft abmühen, sondern stattdessen allmählich loslassen und Gott kommen lassen.

Freundschaft

In unserer heutigen Welt sind wir stärker verbunden als je zuvor in unserer Geschichte. Wir sind maximal vernetzt. Dennoch ist die Mehrheit unserer Verbindungen und Netzwerke einfach darauf eingeschworen, das vom Ego getriebene Streben nach sozialen und materiellen Vergleichen aufrechtzuerhalten. Wir konkurrieren um unsere Stellung, wir benutzen andere, um voranzukommen, wir kratzen an der Oberfläche unseres gegenseitigen Lebens und halten gemeinsam den Schein aufrecht, dass wir alle weiter in diese Richtung streben müssen, um Schritt zu halten.

Sogar in sozialen Netzwerken wie der Facebook-Website wetteifern wir darum, wer die meisten „Freunde" aufzuweisen hat; wenn wir nicht aufpassen, schaffen wir einen virtuellen Popularitätswettbewerb, bei dem wir „Seelenfreunde" sammeln, ohne ihre Seele je zu berühren oder ihre Bedürfnisse wahrzunehmen.

Wenn wir über die „Weitergabe des Guten" reflektieren, können wir uns das Glück und die Möglichkeiten bewusstmachen, die unserer Seele offenstehen, wenn sie sich in heiliger, mystischer Freundschaft mit anderen verbindet. Schließlich ist die Freundschaft eines der größten Geschenke Gottes.

Wie so vieles im Leben haben wir dieses Geschenk abgewertet und seine Möglichkeiten durch unsere eigene Geschäftigkeit oder unser Streben nach dem größten persönlichen Nutzen vernachlässigt. Doch der Weg der spirituellen Intelligenz erinnert uns daran, dass Freunde viel mehr sind als bloße Sportkameraden oder Arbeitskollegen oder nette Gesellschaft beim Morgenkaffee. Freunde haben das Potenzial, uns lebendig zu machen und für die Möglichkeiten in unserem Innern zu wecken.

Seelenfreundschaft

In der Welt der Kelten gab es die Vorstellung vom „Seelenfreund" oder *Anam Cara*. Heute verwenden wir den Begriff „Seelenfreund" meistens im Zusammenhang mit der Verliebtheit, als Bezeichnung für einen Beziehungspartner, mit dem wir uns auf Anhieb gut verstehen. Doch die Verbindung mit einem *Anam Cara* reicht noch sehr viel tiefer: Er fungiert als Lehrer, Gefährte und spiritueller Mentor; die Verbindung zu ihm schenkt uns das Bewusstsein, verstanden zu werden, und zwar so, wie wir *sind*, ohne Masken oder Verstellungen, und gibt uns ein tiefes Gefühl der Zugehörigkeit.

„Wenn wir uns wirklich verstanden fühlen", schreibt John O'Donohue, „können wir unser Selbst bedenkenlos der Seele unseres Gegenübers anvertrauen." Der *Anam Cara* ist ein kostbares Geschenk Gottes, denn Freundschaft, so O'Donohue, „ist Gottes Natur" – die sich für die Kelten auf vollkommene Weise im christlichen Begriff der Dreifaltigkeit widerspiegelte, dem Symbol immerwährenden Ineinanderfließens von Freundschaft. Demnach ist ein Freund ein geliebter Mensch, „der unser Leben erweckt und die in uns eingeschlossenen wilden Möglichkeiten freisetzt".

Letzten Endes, so Donohue, ist es die Umarmung Gottes, der unser Innerstes kennt und uns ewige Freundschaft bietet, in der „wir es wagen können, frei zu sein."[3]

Die Freundschaft, die Sie anderen anbieten können, lässt sich also in diesem göttlichen Lebenslicht betrachten: Sie ist ein Geschenk, das etwas von der wahren Natur Gottes widerspiegelt (wie verschwommen auch immer); und jede Beziehung zu einem anderen Menschen bietet Ihnen die Möglichkeit, das wahre Selbst des anderen zu erkennen, ihm ein Gefühl der Zugehörigkeit zu geben, wilde Möglichkeiten zu wecken und ihm so viel Mut zu machen, dass er es wagt, frei zu sein.

Kleine Freundschaft

Denken Sie daran, dass Mutter Teresa zu „kleinen Akten großer Liebe" anregte. Das sollte auch für unsere Freundschaften gelten. Wir können nicht mit der ganzen Welt befreundet sein. Aber wir können mit einer kleinen Zahl von Menschen befreundet sein und große Liebe zu ihnen beweisen. Natürlich gibt es eine Menge Leute, die uns nicht einmal sympathisch sind und mit denen wir nie wirklich befreundet sein wollen, denen wir jedoch Liebe durch kleine Akte der Barmherzigkeit, Großzügigkeit und Akzeptanz zeigen können. Wir sollten auch nicht ausschließlich die Freundschaft von Menschen suchen, die uns besonders gut leiden können (oder uns an uns selbst erinnern!); Fremde können ein großes Geschenk sein, wenn wir bereit sind, sie zu empfangen. Aber unseren Freunden können wir die intime Umarmung unserer ganzen Seele anbieten – und dieselbe Umarmung von ihnen empfangen.

Unsere Freundschaften helfen der Liebe, uns zu durchströmen und weiter zu anderen zu fließen; die Liebe ist der größte Beweis der Realität und Präsenz, den wir je anbieten oder erleben können. Wenn Gott Liebe ist, sind wir durch die fließende Präsenz Gottes verbunden und von ihr umhüllt, sobald wir in Liebe handeln. So wie unsere Seele die göttliche Quelle des Lebens in dynamischer, fließender Verbundenheit berühren kann, so können wir auch uns selbst zueinander fließen lassen und die Gegenwart Gottes durch kleine Akte großer Liebe innerhalb der Gemeinschaft anbieten.

Durch die Liebe zu anderen, die nicht wertet, die mit den Augen des Herzens und nicht mit denen des Egos sieht, können wir unserem Gegenüber die Freiheit geben, so zu sein, wie es wirklich ist – befreit von Kritik oder einengenden Erwartungen, befreit von moralischen Urteilen oder Verurteilungen, befreit von Fantasielosigkeit und Banalität. „Niemandem gleichst du", schrieb Pablo Neruda, „weil ich dich liebe." Wir haben die Möglichkeit, uns gegenseitig die Freiheit zu geben, unser nach dem Ebenbild Gottes geschaffenes Selbst zu zeigen und zu entfalten, wenn wir den Mut dazu aufbringen – wenn wir es wagen, uns diese Freiheit vorzustellen, wenn wir um das Herz des anderen und nicht gegen seinen Verstand kämpfen.

Innehalten, um nachzudenken

Wann sind Sie zuletzt durch einen kleinen Akt großer Liebe von einem Freund wunderbar überrascht worden? Was ist zwischen Ihnen geschehen? Wie hat es Sie berührt?

Wann haben Sie zuletzt einen Freund mit einem kleinen Akt großer Liebe überrascht? Wie hat es auf ihn gewirkt?

Wann haben Sie das Gefühl, dass Ihre Freundschaft besonders stark von der Gegenwart der Liebe durchströmt wird?

Was ist das Besondere an diesen Situationen, das diese Präsenz wachruft?

Erinnern wir uns noch einmal daran, dass wir keine Vollkommenheit erwarten dürfen. Wir leben im Zustand der Ungnade, in dem wir alle immer wieder daran scheitern, so zu leben, wie die Schöpfung es für uns bestimmt hat. Freundschaft lässt sich allerdings nicht nach der Abwesenheit von Schmerz beurteilen, auch wenn wir häufig geneigt sind, sie daran zu messen. Wir sollten nicht einfach versuchen, „schmerzstillende" Beziehungen zu schaffen, in denen wir alle gut miteinander auskommen und alles immer reibungslos läuft. Freundschaften werden häufig durch Feuerproben des Schmerzes zusammengeschmiedet. Sie werden inniger durch die Art, wie wir auf unerwartete Umstände und auf Missverständnisse, auf falsche Anschuldigungen und Stimmungsschwankungen, auf mangelnde Sensibilität oder Überempfindlichkeit reagieren. Wir erfahren Schmerz, wenn wir wachsen; und wir erfahren Schmerz durch den Prozess der Geburt und (deshalb auch) durch den Prozess der Neugeburt. Freundschaften machen das ganze Mysterium des Lebens gegenwärtig – geben ihm Gestalt durch das Mysterium unserer Verbundenheit mit anderen.

Mehr Freiheit im Leben durch das Gewahrsein des Todes

Obwohl wir es uns selten eingestehen, ist unsere Zeit auf dieser Erde begrenzt. Wir sind in der Tat nur auf der Durchreise. Wir können den Ort, von dem wir vor unserer Geburt gekommen sind, nicht klar erkennen, ebenso wenig wie wir klar erkennen können, wohin wir gehen, wenn wir durch unseren Tod wiedergeboren werden.

Dennoch können wir uns bewusster machen, dass wir nur für einige kurze Atemzüge auf dieser wunderschönen Erde sind, und entsprechend leben – sicher vor der Angst, dass wir so viel zu verlieren haben. Wir haben nichts zu verlieren. Und wenn wir dieses Bewusstsein erlangen, ist es unsere Pflicht, es an die Menschen um uns herum weiterzugeben – an jene, die wie wir vergeblich darum gekämpft haben, mit den Augen des Egos zu erkennen, wie sie sich eine unvergessliche Identität schaffen können, indem sie sich so lange wie möglich an so viele Dinge wie möglich binden. Wenn wir diese Fesseln abschütteln, erkennen wir, dass wir nichts zu verlieren und alles zu gewinnen haben. Dann können wir unsere Gemeinschaften dazu inspirieren, auf ganzheitlichere Weise in einem Zustand würdevollen Verzichts zu leben und dabei die Realität des Todes anzuerkennen – eine Realität, die dem Leben mehr Freiheit verleiht.

„Wenn ich auch wanderte im finsteren Tal, so fürchte ich kein Unglück", heißt es in den Psalmen.[4] Wir alle haben diese Worte des Trostes wahrscheinlich schon einmal auf einer Beerdigung gehört. Aber sie gelten nicht nur für die Toten, sondern auch für die Lebenden. Wenn wir jetzt zu unserer Reise in eine Neugeburt und ein neues Leben aufbrechen und wenn wir es mit Gott tun, müssen wir kein Unheil fürchten. Und sobald wir von dieser Furcht befreit sind, gewinnen wir die Freiheit, mit mehr Großzügigkeit, Selbstsicherheit und Hingabe in unseren Beziehungen zu leben.

Bei der Geburt wird das Kind aus der scheinbaren Sicherheit des Schoßes hinausgeworfen, aus der ihm vertrauten Dunkelheit in blendendes Licht getrieben und durch die Durchtrennung der Nabelschnur von seinem bisherigen Leben getrennt. Und doch ist es ein Neuanfang, eine Geburt. Wir können den Tod auf ähnliche Weise betrachten. Das Licht auf der anderen Seite erscheint jenen von uns, die im Dunkeln sind, vielleicht blendend hell; wir wünschen uns möglicherweise, an der Vertrautheit und Sicherheit, die wir im Schoß des Lebens spürten, festzuhalten, und schrecken vor der Aussicht zurück, dass die Nabelschnur zu unserem bisherigen Sein durchtrennt wird. Doch wenn wir zur Akzeptanz bereit sind und nicht dagegen ankämpfen, bewegen wir uns einfach nur vollständig in das

Reich von Gottes Gegenwart, das ewige Jetzt, die reine Präsenz zeitloser Gnade und Liebe, von der wir bisher, im Schmerz unserer zersplitterten irdischen Existenz, nur eine flüchtige Ahnung erhascht haben.

Wachstum

Wenn wir tiefer in das Geheimnis unseres eigenen Seins und Tuns vordringen, fangen wir an zu wachsen. In unserer vom Ehrgeiz getriebenen Kultur würden viele von uns „Erfolg" gern am Verkaufserlös oder Profit messen, mit Hilfe von Grafiken und Charts oder indem sie Diagramme darüber erstellen, wie weit sie gekommen sind, doch das persönliche Wachstum ist kaum quantitativ messbar. Vielmehr erleben wir einen qualitativen Wandel, der subtil und fast unsichtbar für das bloße Auge sein kann, vor allem wenn wir anfangen, zunächst durch Subtraktion zu wachsen, weil wir unsere Bindungen verlieren, unsere vom Ego getriebenen Zwänge abschütteln und unser früheres Selbst sterben lassen. Deshalb müssen wir einmal mehr versuchen, unser Wachstum mit den Augen unseres Herzens und nicht mit denen des Egos zu betrachten.

Denken Sie daran, dass Jesus scheinbar gewöhnliche oder unbedeutende Bilder oder Metaphern benutzte, um das Reich Gottes zu beschreiben, die neue Welt, in die wir eintreten und wo wir unseren Part übernehmen können und die uns einlädt, unsere Identität und unsere Zugehörigkeit in ihr zu finden. Er beschrieb das Reich Gottes als Saat, die zu einem Baum heranwächst, der Schatten spendet und in dem die Vögel Schutz finden.

Wir könnten also unsere eigenen „Fortschritte" im Sinne eines organischen Wachstums betrachten, wie bei einem Baum. Bäume sind zweifellos der Inbegriff voller Gegenwärtigkeit, wollen nichts anderes sein als das, wofür sie geschaffen wurden. Sie wirken statisch, doch sie wachsen immer weiter und werden stärker, erleben die Jahreszeiten, den Wechsel von Tod und

Geburt, von Samen, Blättern und Früchten, von abgeworfenem Laub und Kahlheit.

Kürzlich machte ich einen Waldspaziergang. In der Mitte meines schmalen Pfades war eine Absperrung errichtet; sie leitete um eine riesige Buche herum, die ein Stück weiter vorn stand. Es war Winter und der Baum wirkte leblos. Einige herabgefallene Äste lagen auf dem Waldboden. Kein einziges Blatt war zu sehen. Doch das Schild an der Absperrung bat die Spaziergänger, in möglichst großem Abstand an dem Baum vorüberzugehen, „weil er in dieser Jahreszeit ein besonders reiches Habitat für die unterschiedlichsten Tier- und Pflanzenarten bietet".

Innehalten, um nachzudenken

Wenn Sie sich selbst als einen Baum betrachten: Welche Art von Flora und Fauna unterstützen Sie in Ihren Zweigen und Wurzeln? Wer sucht Ihre Unterstützung? Wer sucht – ohne es zu wissen – Zuflucht in Ihrem Schatten?

Wie ist es um Ihre Fähigkeit bestellt, stark und aufrecht zu stehen? Wie sicher und geborgen fühlen Sie sich in dem Wissen, dass Sie nicht versuchen müssen, irgendetwas anderes zu sein als das, wozu Gott Sie geschaffen hat?

Wie bewältigen Sie den Wechsel der Jahreszeiten? Heißen Sie jede Jahreszeit willkommen, oder gibt es einige, die Sie fürchten? Sind Sie fähig, die Kargheit des Winters zu akzeptieren, weil Sie wissen, dass das Leben weitergeht und dass sogar Ihre gebrochenen Zweige einen lebendigen Teil des Sie umgebenden Ökosystems bilden?

Sind Sie zufrieden damit, in dem für Sie angemessenen Tempo zu wachsen? Verspüren Sie mitunter den Drang, das Tempo des Wachstums um des Wachstums willen zu beschleunigen? Ertappen Sie sich manchmal bei dem Wunsch, der größte und stärkste Baum im Wald zu sein? Wenn ja, versuchen Sie, eine neue Vorstellung von sich selbst zu entwickeln, sich selbst so zu sehen, wie Gott Sie sieht – nicht indem Sie Ihre Größe oder Schönheit um ihrer selbst willen feiern, sondern indem Sie sich an dem Part erfreuen, den Sie im größeren Ganzen spielen, und an der organischen Schönheit, die Sie zum sich entfaltenden Leben um sich herum beitragen.

Das Leben ist etwas Organisches, nichts Mechanisches. Doch in unserer mechanisierten Welt greifen wir oft zu Mechanik-Metaphern, um zu beschreiben, wer wir sind und wie wir zusammenpassen. In Großbritannien haben einige Politiker vor kurzem von unserer „zerbrochenen Gesellschaft" gesprochen. Das Problem ist, dass wir, wenn wir uns selbst über mechanische Begriffe beschreiben, zu der Überzeugung neigen, dass wir einfach nur die kaputten Teile reparieren müssten, um wieder in Ordnung zu kommen.

Doch wie D. H. Lawrence in seinem Gedicht „Healing" so treffend feststellt:

I am not a mechanism, an assembly of various sections,
And it is not because the mechanism is working wrongly
That I am ill.
I am ill because of wounds to the soul.[5]
(Ich bin kein Mechanismus, keine Ansammlung verschiedener Bauteile.
Und ich bin nicht krank, weil der Mechanismus nicht richtig funktioniert. Ich bin krank, weil meine Seele verwundet ist.)

Wenn wir uns selbst und die Menschen um uns herum eher als etwas Organisches betrachten, müssen wir begreifen, dass das Leben in und zwischen uns fließt, dass wir alle miteinander verbunden sind, dass wir innerhalb der Schöpfung als Teil eines Ganzen existieren.

Der Apostel Paulus sprach metaphorisch vom Leib und seinen Gliedern, um seiner Gemeinde verständlicher zu machen, wie die Menschen innerhalb der anbrechenden Welt Gottes auf Erden miteinander zusammenhängen, wie sie innerhalb der

Realität von Liebe und Präsenz, die unsere Beziehungen wahrhaft formt, miteinander verbunden sind. Kein Teil ist mehr oder weniger wichtig als ein anderes, stellte er fest. Alle leisten ihren Beitrag. Und wenn ein Teil leidet, fühlt der übrige Leib seinen Schmerz.

Niemand ist eine Insel, heißt es bei John Donne. Wir sind innerlich miteinander verbunden, durch das Glück und das Leid unserer menschlichen Existenz und weil wir Geschöpfe Gottes innerhalb einer von Gott geschaffenen Ordnung sind. Wir übertragen den Schmerz, wenn wir leiden; wir geben die Angst auf spürbare Weise weiter, wenn wir von ihr umgetrieben sind. Und wenn wir selbstsicher, großzügig und hingebungsvoll sind, geben wir das Beste von uns selbst weiter und lösen eine Ansteckungswelle der Hoffnung aus, eine unwiderstehliche Revolution der Liebe, wie Shane Claibourne so schön gesagt hat, indem wir sind, wer wir sind, und indem wir anfangen, uns vorzustellen, was wir wirklich füreinander tun können.

Gute Reise!

Spirituelle Intelligenz bietet uns einen hilfreichen Ansatz, um darüber nachzudenken, wer wir sind und warum wir hier sind. Gott hat uns eine Seele gegeben, damit wir innerhalb der Gegenwart das Geschenk der Ewigkeit, das er uns zugänglich macht, erreichen können. Das ist nicht nur etwas für Heilige, Geistliche oder Verrückte. Wir allen verfügen über spirituelle Intelligenz und jeder kann anfangen, sein Potenzial durch sie zu verwirklichen. Wie Evelyn Underhill schrieb: „Es gibt keinen speziellen ‚Sinn fürs Mystische‘, den einige Menschen besitzen und andere nicht. Es ist wohl eher so, dass jeder menschlichen Seele ein bestimmtes latentes Potenzial für Gott innewohnt und dass es sich bei einigen Menschen mit erstaunlichem Reichtum entfaltet.“[6]

Wenn Sie Ihre spirituelle Intelligenz anzapfen, Ihre Seele freilegen, Ihr Herz entdecken, Ihr falsches Selbst zu Grabe tragen und Ihr wahres Selbst willkommen heißen, wird sich dies in unzähligen praktische Manifestationen niederschlagen, weil Sie präsenter für sich selbst und die Menschen um Sie herum werden – lebendiger für Ihre Aufgaben, aufmerksamer, stets bereit zum Handeln. Sie werden die Fähigkeit zu tiefer Reflexion entwickeln, werden entdecken, wer Sie wirklich sind, die Präsenz und Gnade der göttlichen Quelle des Lebens spüren und zu einer ganzheitlichen neuen Seinsweise finden.

Doch das sind bloße Beschreibungen, Wegweiser auf der Reise. Die Symbole und die Reisen zu einer sich vertiefenden Sinnhaftigkeit liefern Ihnen einfach einige hilfreiche Anhaltspunkte und Informationen; die große Herausforderung besteht darin, einen Kampf zu führen, den Sie nie zuvor geführt haben – gegen die Banalität und ein falsches Selbst und für das Leben und die Liebe in ihrer ganzen Fülle. Es ist die schwerste aller Reisen und zugleich die leichteste. Sie erfordert sehr viel Mut und Ausdauer, aber sie endet nicht an den Grenzen Ihrer eigenen Kraft. Sie werden sich selbst finden, indem Sie sich selbst verlieren. Sie werden das Leben empfangen, auch wenn Sie für die Person, die Sie einmal waren, zu sterben beginnen.

Alles hat seine Zeit, sagt die Bibel. „Eine Zeit zum Gebären und eine Zeit zum Sterben, eine Zeit zum Pflanzen und eine Zeit zum Abernten der Pflanzen ... eine Zeit für den Krieg und eine Zeit für den Frieden."[7] Wir könnten hinzufügen: eine Zeit für die Kontemplation und eine Zeit für das Handeln. Hier werden wir lebendig, entdecken wieder neu, worin der tiefere Sinn unserer Existenz liegt, wie wir unserem wahren Selbst und Gott näher kommen – wir finden und verlieren uns in der kreativen Spannung des großen Mysteriums des Lebens selbst, werden uns tagtäglich seiner unzähligen Möglichkeiten bewusst, schauen mit ehrfurchtsvollen Augen auf die Welt, leben den Wandel mit der ganzen Wildheit und Gefährlichkeit eines Menschen, der nichts zu verlieren hat und der das Gute weitergibt, weil er einfach gar nicht anders kann.

Das Leben beginnt jetzt.
Es ist ein erstaunliches Privileg.
Hiersein ist viel.
Kneifen Sie sich.
Und gehen Sie Ihren Weg.

Es muss nicht die
blaue Iris sein; es können
Wildgräser auf einer freien Fläche oder ein paar
kleine Steine sein; achte einfach darauf, dann füge

ein paar Worte zusammen und versuche nicht
sie auszufeilen; dies ist
kein Wettbewerb, sondern eine Schwelle

zur Dankbarkeit und zu einer Stille, in der
vielleicht eine andere Stimme spricht.
Mary Oliver[8]

Anmerkungen

Einleitung

1. Underhill, E.: *The Mystics of the Church*. Cambridge: James Clarke & Co., 1987, S. 11.
2. Zohar, D. und Marshal, I.: *Spirituelle Intelligenz*. Frankfurt: Scherz, 2000, S. 18.

Kapitel 1

1. de Mello, A.: *Walking on Water*. Dublin: Columba Press, 1998, S. 62.
2. Eldredge, J.: *Finde das Leben, von dem du träumst*. Gießen: Brunnen, 4. Aufl., 2010, S. 243.

Kapitel 2

1. McGregor, J.: *Nach dem Regen*. Stuttgart: Klett-Cotta, 2005, S. 7 f.

Kapitel 3

1. Gladwell, M.: *Der Tipping Point*. Berlin: Berlin Verlag, 2000, S. 20 f.

Kapitel 4

1. Johannes 8,6–7.
2. Matthäus 5,13–14.
3. Psalm 1,3.

Kapitel 5

1. Coupland, D.: *Hey Nostradamus!* London: Flamingo, 2003, S. 33.
2. Eldredge, J.: *Finde das Leben, von dem du träumst*. Gießen: Brunnen, 4. Aufl., 2010, S. 243 f.

3. Matthäus 6,28–29.
4. Das Buch Kohelet 1,2.
5. Kerouac, J.: *Unterwegs*. Reinbek: Rowohlt, 1987.
6. 1. Timotheus, 6,10.

Kapitel 6

1. Fox, M.: „The Hidden Spirituality of Men", *Ode Magazine*, Oktober 2008, Vol. 6, Issue 8, S. 60.
2. Tolle, E.: *Jetzt! Die Kraft der Gegenwart*. Bielefeld: Kamphausen, 2004, S. 56.
3. Tolle, E., a. a. o., S. 122 f.
4. Riddell, M.: *The Sacred Journey*. Oxford: Lion, 2000, S. 144.
5. Gibran, K.: *Der Prophet*. Wien: Ueberreuter, 2006, S. 19.
6. Fox, M., a. a. o., S. 60–64.

Kapitel 7

1. Okri, B.: *In Arcadia*. London: Weidenfeld & Nicolson, 2002, S. 226.

Kapitel 8

1. Okri, B., unbekannte Quelle.
2. Peterson, E.: *Eat This Book. The Art of Spiritual Reading*. London: Hodder and Stoughton, 2006, S. 40.
3. Taylor, D.: *Tell Me a Story: The Life-Shaping Power of Our Stories*. St. Paul: Bog Walk Press, 2001, S. 1.
4. Bass, R., zitiert in Gruber, P.: „The Four Truths of the Storyteller", *Harvard Business Review*, Dezember 2007, S. 56.
5. Gruber, P., a. a. o., S. 59.

Kapitel 9

1. Auszug aus „Something in the Woodshed", Interview Brian Draper mit William Paul Young, *Church Times*, 14. November 2008, S. 22 f.
2. Chambers, O.: *Mein Äußerstes für sein Höchstes*, Wuppertal / Neuhausen: Blaukreuz / Hänssler, 1998, Eintrag 29. September.
3. Tolle, E.: *Jetzt! Die Kraft der Gegenwart*. Bielefeld: Kamphausen, 2004, S. 28.

Kapitel 10

1. DiCarlo, Russell E., in Tolle, E.: *Jetzt! Die Kraft der Gegenwart*. Bielefeld: Kamphausen, 2004.
2. Lewis, C. S.: *Über die Trauer*. Frankfurt am Main und Leipzig: Insel, 2009, S. 78.
3. Apg. 9,1–19.
4. Rohr, R.: Auszug aus Vorlesungsaufzeichnungen.
5. O'Donohue, J.: *Anam Cara*, München: dtv, 1999, S. 15.
6. Psalm 24,1.

Kapitel 11

1. Lawrence, T. E.: *Die sieben Säulen der Weisheit*, 16. Aufl., München: dtv, 2008, S. 851.
2. Millman, D.: *Der Pfad des friedvollen Kriegers*, Interlaken: Ansata, 1987, S. 25.
3. Peck, Scott M.: *Der wunderbare Weg*, München: Goldmann, 2005, S. 61 f.
4. Riddell, M.: *The Sacred Journey*, Oxford: Lion, 2000, S. 87.

Kapitel 12

1. Greenspan, M.: *Healing Through the Dark Emotions*, Boston: Shambala, 2003.
2. Auszug aus Stanford College-Rede 2005. Zugänglich online: www.youtube.com/watch?v=D1R-jKKp3NA.
3. Markus 8,36.

4. Micha, 6,8.
5. Riddell, M.: *The Sacred Journey*, Oxford: Lion, 2000, S. 64.
6. Hart, H.: „Open Hands, Open Heart", *Ode Magazine*, Dez. 2008.

Kapitel 13

1. Millman, D.: *Der Pfad des friedvollen Kriegers*, Interlaken: Ansata, 1987, S. 17.
2. Borg, M.: *Heute Christ sein*, Düsseldorf: Patmos, 2005.
3. Genesis 28,12–16.
4. Eldredge, J.: *Der ungezähmte Christ*, 4. Auflage, Gießen: Brunnen, 2008, S. 38.
5. Matthäus 6,21.
6. Senge, P., Jaworski, J., Scharmer, C. O. & Flowers, B., *Presence: Exploring Profound Change in People, Organisations and Society*, London: Brealey, 2005, S. 160.
7. Markus 1,15.
8. Matthäus 13,31–32,44–46.
9. Matthäus 19,24.
10. Johannes 3,7.

Kapitel 14

1. Underhill, E.: *The Mystics of the Church*, Cambridge: James Clarke & Co, 1987, S. 11.
2. Senge, P., Jaworski, J., Scharmer, C. O. & Flowers, B., *Presence: Exploring Profound Change in People, Organizations and Society*, London: Brealey, 2005, S. 93.
3. Tolle, E.: *Jetzt! Die Kraft der Gegenwart*, Bielefeld: Kamphausen, 2004, S. 74
4. Tolle, E., ebd.
5. Millman, D.: *Der Pfad des friedvollen Kriegers*, Interlaken: Ansata, 1987, S. 206 f.

6. Underhill, E., a.a.O., S. 111.
7. Ebd.
8. O'Donohue, J., in einem Interview mit Brian Draper, „The Business of Spirituality", www.churchtimes.co.uk/content.asp?id=44571.
9. 2. Korinther 4,16–18.

Kapitel 15

1. Shaw, G. B.: „Brief an Arthur Walkley", in: *Gesammelte Dramatische Werke*, Bd. 4: *Mensch und Übermensch*, Zürich: Artemis, 1946.
2. Muggeridge, M.: *Mutter Teresa. Ein Leben für die Ausgestoßenen.* Freiburg, Basel, Wien: Herder, 1973, S. 11.
3. Rohr, R.: Auszug aus Vorlesungsaufzeichnungen.
4. 1. Johannes 4,18.
5. Kumar, S.: *You Are, Therefore I Am: A Declaration of Independence.* Foxhole, Dartington, Totnes Devon: Green Books, 2002, S. 33.
6. 2. Korinther 9,7.

Kapitel 16

1. Rilke, R. M.: aus „Die neunte Elegie" in Rilke, R. M., *Duineser Elegien*. Frankfurt am Main: Suhrkamp, 1985, S. 55.
2. O'Donohue, J.: *Anam Cara*. München: dtv, 1997, S. 247.
3. O'Donohue, J., a. a. o., S. 32, 35–39
4. Psalm 23,4.
5. Lawrence, D. H.: *The Collected Poems of D. H. Lawrence.* 1928.
6. Underhill, E.: *The Mystics of the Church*, Cambridge: James Clarke & Co., 1987, S. 11.
7. Das Buch Kohelet 3,2–8.
8. Oliver, M.: „Praying", aus *Thirst: Poems by Mary Oliver.* Boston: Beacon Press, 2006, S. 37.